全国革命老区县发展史丛书·广东卷

和平县革命老区发展史

和平县革命老区发展史编委会　编

SPM 南方出版传媒、广东人民出版社

·广州·

图书在版编目（CIP）数据

和平县革命老区发展史 / 和平县革命老区发展史编. —广州：广东人民出版社，2021.4
（全国革命老区县发展史丛书·广东卷）
ISBN 978-7-218-14662-1

Ⅰ.①和… Ⅱ.①和… Ⅲ.①和平县—地方史 Ⅳ.①K296.54

中国版本图书馆CIP数据核字（2020）第239089号

HEPING XIAN GEMING LAOQU FAZHANSHI
和平县革命老区发展史
和平县革命老区发展史编委会 编

出 版 人：肖风华

责任编辑：梁　晖
装帧设计：张力平 等
责任技编：吴彦斌　周星奎

出版发行：广东人民出版社
地　　址：广州市海珠区新港西路 204 号 2 号楼（邮政编码：510300）
电　　话：（020）85716809（总编室）
传　　真：（020）85716872
网　　址：http://www.gdpph.com
印　　刷：广州市浩诚印刷有限公司
开　　本：715mm×995mm　1/16
印　　张：17.75　　插　页：12　　字　数：220 千
版　　次：2021 年 4 月第 1 版
印　　次：2021 年 4 月第 1 次印刷
定　　价：72.00 元

微信扫描二维码 ◀◀◀
您立即获得本书主要内容/
丛书介绍。

广东省编纂《革命老区县发展史》丛书
指导小组

组　长：陈开枝（广东省老区建设促进会会长）

副组长：林华景（广东省老区建设促进会常务副会长）

　　　　宋宗约（广东省农业农村厅二级巡视员、广东省老
　　　　　　　　区建设促进会副会长）

　　　　刘文炎（广东省老区建设促进会副会长）

　　　　郑木胜（广东省老区建设促进会副会长）

　　　　姚泽源（广东省老区建设促进会副会长兼秘书长）

　　　　谭世勋（广东省老区建设促进会副会长）

　　　　廖纪坤（广东省农业农村厅总经济师）

办公室

主　任：姚泽源（兼）

副主任：韦　浩（广东省农业农村厅扶贫协作与老区建设处
　　　　　　　　处长）

　　　　柯绍华（广东省老区建设促进会副秘书长）

　　　　伍依丽（广东省老区建设促进会副秘书长）

《和平县革命老区发展史》
编纂委员会

（按任职先后顺序排名）

编纂委员会

主　　　任：陈劲松

常务副主任：王　巍　黄海生　叶志亮　钟　斌
　　　　　　陈志斌

副　主　任：刘大荣　袁华丽　张庆祥　吴粤杰
　　　　　　吴国柱

成　　　员：徐民群　何伟雄　陈　君　彭辉武
　　　　　　叶　东　钟汉标　陈添发　陈瑞怡
　　　　　　陈六胜　徐新强　谢学农　陈国权
　　　　　　吴广礼　曹　颢　何小优　杨国彦
　　　　　　曹志锐

编辑部

主　　编：陈添发

副主编：罗快捷

编　　辑：朱李松　陈永源　叶格安　苏林瑞

摄　　影：沈　扬　陈跃进　华书彬　林卓成　邓亚雄

特邀编审：何焕昌　黄镜盼

微信扫描二维码 ◀◀◀
您立即获得**本书作者的**
相关资料。

　　在举国欢庆新中国成立 70 周年前夕，中国老区建设促进会王健会长请我为《全国革命老区县发展史》丛书作序，作为一名在老区战斗过并得到老区人民生死相助的老兵，回首往事，心潮澎湃，感慨万千，深感义不容辞，欣然应允。

　　中国革命老区，是以毛泽东为代表的中国共产党人在领导人民推翻帝国主义、封建主义和官僚资本主义三座大山，争取民族独立和人民解放伟大斗争中建立的革命根据地，在这片红色的土地上，诞生了无数可歌可泣的革命英雄儿女，为后人树起了一座不朽的丰碑，她是新中国的摇篮，是党和军队的根。

　　在艰苦卓绝的战争年代，老区人民把自己的命运与中华民族的命运紧紧地联系在一起，与中国共产党和人民军队的命运紧紧地联系在一起，他们生死相依，患难与共。我曾亲历过战争年代，并得到过老区红哥红嫂的救助，切身感受到发生在身边的一幕幕撼天动地的革命故事，在那极其艰难的条件下，老区人民倾其所有、破家支前，不怕艰难困苦，不怕流血牺牲。"最后一碗米送去做军粮，最后一尺布送去做军装，最后一件老棉袄盖在担架上，最后一个亲骨肉送去上战场"，这是当时伟大的老区人民为建立新中国做出巨大牺牲的真实写照，它将永远镌刻在中国共产党、中国人民解放军、中华人民共和国的历史丰碑上。他们的光辉业绩永载史册，他们的革命精神必将影响一代又一代的革命新人，造就一代又一代的民族脊梁。

在社会主义革命和建设时期，革命老区和老区人民响应党的号召，面对落后的面貌、脆弱的经济、恶劣的生态环境，他们本色不变，精神不丢，自力更生，艰苦奋斗，干一行爱一行。始终坚持"革命理想高于天"，自觉做共产主义远大理想的坚定信仰者和忠实实践者，勇于向恶劣的自然环境和贫穷落后宣战，他们在各条战线上为国建功立业，用平凡的双手创造了一个又一个不平凡的奇迹，彰显了老区人的崇高精神和人格力量。

在改革开放的伟大进程中，老区人民解放思想，勇于创新，发奋图强，攻坚克难，老区的经济社会建设取得了辉煌成就。特别是在改变中国的面貌、中华民族的面貌、中国人民的面貌、中国共产党的面貌的伟大实践中发挥了至关重要的作用。老区人民既是改革开放的参与者，也是改革开放的推动者。

艰苦练意志，危难见精神。老区人民在近百年的革命战争、社会主义建设和改革开放的伟大实践中，孕育形成了伟大的老区精神：爱党信党、坚定不移的理想信念；舍生忘死、无私奉献的博大胸怀；不屈不挠、敢于胜利的英雄气概；自强不息、艰苦奋斗的顽强斗志；求真务实、开拓创新的科学态度；鱼水情深、生死相依的光荣传统。这是党和人民宝贵的精神财富、丰厚的政治资源，是凝心聚力、振奋民族精神的重要法宝，也是社会主义核心价值观的重要内容。

中国老区建设促进会怀着强烈的政治责任感和历史使命感，组织全国各地老促会人员克服困难，尽心竭力编纂《全国革命老区县发展史》丛书，记录老区的光辉历史和辉煌成就，传承红色基因，弘扬老区精神，是功在当代，利及千秋的一件大事。手捧这部丛书的部分书稿，读着书中的故事，倍感亲切，深感这部丛书具有资政、育人、存史的社会功能，有着重要的时代和历史价值。它是不忘初心、牢记使命的源头活水，是赞颂共产党、讴歌老区人民的一部精品力作，是弘扬老区精神、传承红色记忆的丰厚载体，是一项继承优秀传统文化、弘扬革命文化、发展社会主义先进文化，坚定"四个自信"的宏大文化工程。它必将成为一种文化品牌，为各界人士了解老区宣传老区支持老区提供一部有价值的研究史料。希望读者朋友们能从中了解并牢记这些为党和民族的利益不断奉献的老区人民，从中得到教益，汲取人生奋斗的精神动力。

新时代赋予新使命，新起点开启新征程。让我们更加紧密地团结在以习近平同志为核心的党中央周围，坚持以习近平新时代中国特色社会主义思想为指导，增强"四个意识"，坚定"四个自信"，做到"两个维护"，弘扬老区精神，铭记苦难辉煌。为实现"两个一百年"奋斗目标，实现中华民族伟大复兴的中国梦作出新的更大的贡献！

边清田

2019 年 4 月 11 日

　　2017 年 6 月，中国老区建设促进会组织全国各地老促会启动编纂《全国革命老区县发展史》丛书，按照"建立中国共产党、成立中华人民共和国、推进改革开放和中国特色社会主义事业"三大里程碑的历史脉络，系统书写革命老区百年历史，深入挖掘革命老区红色文化资源，这对于充实丰富中国革命史籍宝库、在新时代传承红色基因、弘扬革命精神、强固根本，对于激励人们在新的历史条件下夺取中国特色社会主义伟大胜利，实现中华民族伟大复兴的中国梦具有重要意义。

　　丛书编纂以习近平新时代中国特色社会主义思想为指导，以《中国共产党历史》《中国共产党的九十年》等重要文献为基本依据，以党的领导为核心，以老区人民为主体，以老区发展为主线，体现历史进程特征，突出时代发展特色，坚持辩证唯物主义和历史唯物主义相统一、历史真实性与内容可读性相统一的原则，书写革命老区从站起来、富起来到强起来的光辉革命史、不懈奋斗史、辉煌成就史，把老区人民的伟大贡献、伟大创造、伟大成就、伟大精神充分展示出来，形成一部具有厚重历史特征和鲜明时代特色的精品力作。这是一部培根铸魂、守正创新，既为历史立言，又为时代服务，字里行间流淌着红色血脉、催生着革命激情的传世之作。丛书的编纂出版将成为讴歌党讴歌人民讴歌时代、传播红色文化、为革命老区和老区人民树碑立传的重要载体。

丛书按照编年体与纪事本末体相结合、以编年体为主的编写体例确定框架结构；运用时经事纬、点面结合的方式记述史实；坚持人事结合、以事带人的原则处理人与事的关系；采取夹叙夹议、叙论结合以叙为主的方法展开内容。做到了史料与史论、历史与现实、政治与学术统一，文献性、学术性、知识性相兼容。

为编纂好《全国革命老区县发展史》丛书，打造红色文化品牌，中国老区建设促进会认真组织积极协调，提出政治立场鲜明、史料真实准确、思想论述深刻、历史维度厚重、时代特色突出、编写体例规范、篇目布局合理、审读把关严格、出版制作精良的编纂出版总要求，力求达到革命史籍精品的精神高度、思想深度、知识广度、语言力度，增强丛书的权威性和社会影响力。各省（区、市）、市（州、盟）、县（市、区、旗）老促会的同志，以强烈的使命感、责任感和紧迫感，勇于担当，积极作为，认真实施，组织由老促会成员、专家学者等参加的十余万人编纂队伍。编纂工作主体责任在县，省、市组织协调、有力指导、审读把关。各方面人员以高度负责的精神和科学严谨的态度，满腔热情地投入工作，为丛书编纂出版作出了重要贡献。丛书编纂工作还得到了党和国家有关部委、地方各级党委政府及有关部门的大力支持和积极参与，社会各界也给予了热情帮助。中共中央政治局原委员、中央军委原副主席、原国务委员兼国防部长迟浩田上将，对老区人民怀有深厚感情，对革命老区建设发展十分关注，欣然为《全国革命老区县发展史》丛书作总序。

丛书由总册和 1599 部分册（每个革命老区县编纂 1 部分册）组成，共 1600 册。鉴于丛书所记述的史实内容多、时间跨度长和编纂时间紧，不妥之处，敬请批评指正。

中国老区建设促进会

● 革命遗址 ●

和平县革命烈士陵园（陈添发摄）

中共和平县第一个支部旧址——热水镇东华小学（陈添发摄）

中共和东县委旧址——东水中心小学（县委党史研究室供稿）

中共和平县委第一期党员干部训练班旧址——热水镇三企人（陈添发摄）

中共九连地区工作委员会、九连山游击队总部旧址——青州镇永丰村斋公背（陈添发摄）

和东行政委员会旧址——古寨镇河东村嶂下（陈添发摄）

连和县人民政府旧址——青州镇山塘村中兴围（朱李松摄）

中共九连工委第一期青年干部训练班旧址——青州镇永丰村永兴围（朱李松摄）

● 经济社会发展 ●

1996年9月1日，京九铁路和平段正式通车（县委宣传部供稿）

2004年8月30日，和平县福和高级中学建成使用（谢国光摄）

2005年12月28日，粤赣高速公路和平段正式通车（赖月浓摄）

2007年4月，和平县福和产业转移园被认定为省级产业转移工业园（县委办供稿）

2007年7月30日，和平县举行钟表产业集聚基地集体动工仪式（县委宣传部供稿）

2008年1月9日，和平县博物馆落成（县委宣传部供稿）

2009年8月10日，和平县公安消防大队营房落成（县委宣传部供稿）

2010年11月8日，阳明镇新社村村居改造工程奠基（县委宣传部供稿）

2013年10月10日，和平县人民医院新院建成使用（黄秀容摄）

2016年12月28日，和平县福和文体广场建成使用（陈永生摄）

2017年5月，和平县阳明大桥交通环岛建成使用（冯晓铭摄）

2017年9月，和平县福和小学建成使用（朱李松摄）

2019年10月，和平县大环城路（一期工程）建成通车（陈添发摄）

2019年10月，中共和平县委党校、老年人大学建成使用（和平广播电视台供稿）

2019年10月14日，和平县东水镇东江大桥建成通车（和平广播电视台供稿）

2019年9月，和平县福和幼儿园建成使用（和平广播电视台供稿）

2019年10月14日，和平县中医院新院建成使用（和平广播电视台供稿）

建设中的赣深高
铁经过和平县城（陈
添发摄）

和平县城乡经
常性的群众体育活
动（陈添发摄）

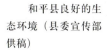和平县良好的生
态环境（县委宣传部
供稿）

和平县旅游景区——天上人间度假村（县旅游局供稿）

2021年3月17日，和平县老促会理事在新落成的县政府办公大楼前合影。（第一排左起：王艺雄、林运华、陈云章、王坚、吴国柱、朱俊威、杨国彦、陈永源、袁仁森、黄娘胜、黄在欣。第二排左起：余永良、陈亚廉、周照雄、徐国燕、陈国珍、梁勇、黄监新、白镜胜、骆阳林）（县老促会供稿）

● 民俗风情 ●

和平县少数民族村（畲族）农民喜庆丰收节（陈添发摄）

金龙闹春（陈永生摄）

和平县的广东省级非物质文化遗产——猫头狮制作技艺（郑瑞华摄）

猫头狮表演（袁新稳摄）

　　和平县是广东省24个重点老区苏区县之一，具有光荣的革命传统。新民主主义革命时期，和平县内有许多革命先烈、志士仁人，为民族独立和人民解放事业不惜抛头颅，洒热血，先后有周宝时、张觉青等464名优秀儿女献出了宝贵的生命，写下了许多可歌可泣的壮丽诗篇，他们的革命精神和光辉事迹永载史册。

　　1938年中国共产党和平县第一个支部建立后，全县人民在党的领导下开展抗日救亡运动、建立人民武装、进行解放斗争的历史更是充分体现了和平人民勇于斗争、敢于胜利的革命精神。抗日战争期间，全县共有57个村庄和51个自然村成为敌后抗日游击区。抗战胜利后，东江纵队第三支队挺进九连山开辟游击根据地，北撤山东前留下一支小分队坚持隐蔽斗争，和平县地方党组织和人民群众自始至终给予最有力的支援。恢复武装斗争后，中共九连地区工作委员会长期驻扎在和平青州，和平县是九连地区解放斗争的指挥中心，党及其领导的人民武装紧紧依靠人民群众建立了巩固的革命根据地。在长期革命斗争中，和平人民付出了巨大牺牲，为夺取革命胜利作出了重要贡献。

　　中华人民共和国成立后，和平县老区人民发扬光荣的革命传统，积极投身社会主义建设，交通、水利、电力、通信等基础设施建设不断完善，教育、文化、卫生、体育事业日益加强，生产生活条件不断改善，生活质量不断提高。改革开放以后，特别是党的十八大以来，老区人民在县委、县政府正确领导和省、市老促会关心支持下，高举习近平新时代中国特色社会主义思想伟大旗帜，紧紧抓住纳入《赣闽粤原中央苏区振兴发展规划》的机遇，奋力打造"文化和平、奋进和平、活力和平、宜居和平、幸福和平"，力促经济转型升级，实施乡村振兴战略，老区面貌发生了翻天覆地的变化，经济和社会各项事业得到长足发展，人民生活水平显著提高。取得这些成绩，离不开党的坚强领导，更离不开老区人民长期以来的共同奋斗！

党的十九大召开后，根据中国老区建设促进会的部署要求，我们编纂了《和平县革命老区发展史》，借此激励全县党员干部在习近平新时代中国特色社会主义思想指引下，不忘初心，牢记使命，砥砺前行，带领全县人民弘扬老区精神，续写历史新辉煌。

《和平县革命老区发展史》编委会

2020年2月28日

1

第一章

革命老区概况

县域基本情况

　　和平县位于广东省东北部、东江上游、粤赣边境的九连山区，东经114°41′~115°16′，北纬24°57′~24°42′。东连龙川，南邻东源，西毗连平，北与江西省定南县、龙南县接壤。古称"联络闽广，带控龙南、安远，要害之地"，革命战争年代成为重要的游击区、根据地，是广东省24个重点老区苏区县之一。[①]

　　和平古为百越之地，属南海郡龙川县，远古未详。隋唐时期并入河源县，宋元时期又归为龙川县管辖。明正德年间，左都御史、南赣巡抚王守仁（王阳明）率师平定浰头池仲容农民起义后，奏请朝廷设置县治，建议"析龙川、河源两县四图（都）及江西省界一里"之地置和平县，设县治于和平峒羊子埔（今阳明镇）。明正德十三年（1518）正式设立和平县，此后一直属惠州府辖。中华人民共和国成立后，和平县曾先后属东江、粤北、韶关、惠阳等专区管辖。1988年后属河源市管辖。

　　2017年后，和平县下辖阳明、大坝、上陵、长塘、下车、优胜、贝墩、古寨、彭寨、林寨、东水、礼士、公白、合水、青州、热水、浰源17个镇，245个村（居）委会。全县总面积2307平方千米，2017年总人口55.79万人。

　　和平县地势为西北高，东南低，由西北逐渐向东南倾斜，

――――――――――

　　① 资料来源：广东省推动老区苏区振兴发展工作现场会会议材料《广东重点老区苏区县和其他老区县名单》。

属丘陵山区。西部、中部及西北部属山区，平均海拔在500米以上。北部、东部及东南部多丘陵，平均海拔在500米以下。境内海拔千米以上的山峰有10座，最高峰为风吹蝴蝶嶂，海拔1272米，位于涮源镇与连平县交界处。

和平县属中亚热带季风区，具有气候温和、雨量充沛、光照充足、霜期较短、生长季长、季风明显的气候特点。年平均气温19.7摄氏度，雨量充沛，年平均降雨量1717.1毫米，年平均相对湿度80%，年平均无霜期308天。

和平县自然资源丰富，主要有土地、森林、水力、矿产（含地热）等四大类。有土地资源346.58万亩，可耕地22.57万亩；有林地253.5万亩，植物品种达900余种，森林覆盖率达76.62%；水力资源理论蕴藏量10.7万千瓦，可开发的有7.5万千瓦，年发电量可达2.8亿千瓦时；矿产资源有石灰石、膨润土、高岭土、稀土、铁、铀等30多种，量多且质优，储量千万吨以上的有稀土、高岭土、石灰石、黑曜岩等，有"非金属矿产之乡"美誉；温泉分布7个镇40多处，常年喷涌出水量168万立方米，拥有4A级温泉旅游景区热龙温泉度假村等景点，有中国"温泉之乡"之称；物产丰富，盛产优质米、猕猴桃、百香果、柑橘、蔬菜、茶叶、香菇、木耳等，是华南优质稻生产基地和全国最南端猕猴桃生产基地。

近年来，和平县委、县政府团结带领全县人民，以习近平新时代中国特色社会主义思想为指导，全面贯彻党的十九大精神，积极抢抓发展新机遇，着力做强做大优势产业，坚持以"两个和平"（生态和平、现代和平）战略路径统筹推进"五个和平"（文化和平、奋进和平、活力和平、宜居和平、幸福和平）建设，经济社会各项事业取得了长足发展。2017年，和平县生产总值完成102.59亿元，同比增长5.7%。其中第一产业增加值16.76亿元，增长4.4%；第二产业增加值36.95亿元，增长1.0%；第三产业增加值48.88亿元，增长10.5%。人均生产总值26215元，增长5.5%，规模以上工业增加值20.37亿元，增长3.2%；税收收入8.2亿元，增长9.2%；公共财政预算收入5.64亿元，增长8.0%；固定资产投资完成90.34亿元，增长25.5%；全社会消费品零售总额60.02亿元，增长10.9%。城镇居民和农村居民人均可支配收入分别达到21837元、12859元，增长9.1%、9.9%。先后荣获"全国科普示范县""全国义务教育发展基本均衡县""全国休闲农业与乡村旅游示范县""广东省林业生态县""广东省教育强县""广东省旅游强县""广东省卫生县城""广东省文明县城"等荣誉称号。至2016年县内贫困人口已从2010年的5万多人减少到1万人左右。

革命老区沿革

一、抗日战争时期的和平抗日游击区

和平人民素有革命的光荣传统。俄国十月革命一声炮响，给中国传来了马克思列宁主义，接着五四运动在全国掀起反帝反封建爱国浪潮。这一爱国热潮对地处九连山下的和平产生了极大震动和影响，和平县青年学生黄惊白、张觉青等在这场伟大的反帝爱国运动中受到深刻的爱国主义教育，成为最早接受马克思主义思想的和平青年。

东征胜利后，周恩来被委任为东江行政委员。他委派孙绍康为和平县县长，粤军第十一师政治部主任、中共党员刘哑佛为县政府总务科长。刘哑佛等人在和平广泛宣传反帝反封建政治纲领，实行"联俄、联共、扶助农工"新三民主义政策，对和平的工农革命运动开展起到了积极推动作用。和平进步青年卜恨生、黄惊白、张觉青，在大革命形势影响下，以联合工农参加反帝反封建斗争，建设新和平为宗旨，组织成立新和平青年团，并以各种形式开展反帝反封建斗争。1926年春，受海陆丰农民运动影响的新和平青年团主要骨干张觉青、黄惊白、卜恨生等人，发动颇具规模的工农运动，组织陆运、理发、店员、扎纸等工人工会以及城东、大坪、水口、坑池、半坑、大坝等乡村农民协会，开展"减租减息"斗争。同年5月，张觉青被推选为农民代表，参加了广东省第二次农民代表大会。

　　和平人民不屈不挠的斗争精神，不仅反映在早期工农运动上，而且还充分体现在挽救民族于危难之中。在"一·二八"淞沪抗战中，由和平县籍官兵组成国民革命军第十九路军六十师一一九旅三五七团，在团长黄汉廷（和平县阳明镇丰道村人）带领下，与日军展开了惨烈战斗，全团为国捐躯者有第九连连长黄瑾、连副王标等官兵105名，其中和平籍官兵有50名。

　　除此之外，和平县人民对支援中央苏区革命还做出过积极贡献。在中央苏区反"围剿"期间，国民党反动派对革命根据地实行长期、严密的经济封锁，给根据地经济生活造成严重困难。为打破敌人的经济封锁，保证中央苏区的物资供应，和平县人民靠人力肩挑为中央赣南苏区运送食盐12万担，粮食10万~15万斤（1斤=0.5公斤），还有大量的煤油、火柴、电池、手电筒等紧缺物资，有力地缓解了国民党对中央苏区的经济封锁。粤赣边军政委员会主席罗屏汉高度评价赣南苏区、兴龙苏区人民对中央苏区的贡献，这里毫无疑问也包括和平县在内的人民群众。在中央苏区扩充红军过程中，和平县彭寨青年毛国华、肖亚焕、肖文添、黄亚正（黄文英）、黄光、罗亚荣、陈利（陈辉）、叶青等8人先后参加李乐天、杨尚奎等率领的工农红军——赣南游击队。他们个个机智勇敢，对敌斗争坚决，出色地完成了任务。

　　全面抗战爆发后，在中国共产党抗日民族统一战线方针指引下，和平县一批进步青年如黄惊白、罗响、张觉青、周宝时、曾源、陈启珩、黄志猷、罗宝萱、骆维强、林镜秋、肖得根等，积极开展抗日民族统一战线工作，促成和平县抗敌后援会成立，同时推动成立广东省民众抗日自卫团和平县统率委员会。积极推动和协助各乡建立抗敌后援会、抗敌同志会、妇女抗敌同志会、教师联合会、农民协会及抗日自卫队等抗日救亡团体。1938年春，全县计有热水、大坝、彭寨、东水、林寨、下车、古寨、安坳等乡建立抗日自卫大队，共有自卫队员1000余人。是年，中共广东省委书记张文彬向中央报告广东党的工作时，特别提到了和平县群众抗日武装，并说这些自卫武装"不单领导权在我们手里，而且下层干部组织力量亦很强固"①。这说明和平县抗日武装在省内具有一定影响。

开展"减租减息"斗争，是全面抗战初期支持抗战的一项重要举措。1938年2月，和平县进步青年罗响、黄志猷等人，根据国民政府颁布的《民众团体组织法》有关规定，组织成立热水乡农民协会，参加农会的会员达1000余人。此后大坝、大湖、下车、东水、古寨、青州、彭寨等乡镇也先后成立农民协会，全县农会会员有3000余人，并开展了声势浩大的"减租减息"和"永佃权"斗争，几乎在全县实行"二五"减租政策。这一政策的实行，保证了农民的政治经济权利，同时改善农民生活，提高了农民的生产积极性和抗日热情。和平县农民协会普遍成立及"减租减息"政策的实行，在东江地区乃至全省都产生了积极影响。

和平县民众抗日武装的建立与轰轰烈烈的"减租减息"斗争，引起了中共广东省委的高度重视，省委提出"以和平、连平、龙川为总后方根据地"建立游击区的战略，促进了抗日游击区东江后方根据地的形成。同时，为了发展党组织，加强党对抗日救亡运动的领导，派麦任到东江上游发展党员，建立党组织。1938年8月，中共和平县支部成立。1939年3月成立中共和平县工作委员会，5月成立中共和平县委员会，罗响任书记。从此，和平人民有了主心骨。

为支持长期抗战，1939年春，中共粤赣边委和信南游击队及路易·艾黎根据罗响提供的情况和请求，在地处九连山腹地且

---

① 《张文彬关于广东工作的综合报告》，1938年，广东省档案馆藏。

具有重要战略意义的和平县建立中国工业合作协会（简称"工合"）组织，并派遣共产党员张石仁（原名邓勋芳，南雄人）和从英国归来参加"工合"工作的工程师叶荣健，到和平筹建"工合"组织。1939年4月间，中国工业合作协会和平事务所正式成立。"工合"和平事务所先后在热水乡建立7间造纸厂，在眼坑水建立九连炼铁社，随后又在青州、浰源、县城、合水、大坝、上陵、下车、彭寨和东水等地建立造纸、炼铁、石灰、伐木、砖瓦、榨油、供销、机缝、制鞋、雨伞、碾米、织染、棕笼等10多个行业的基层社，还在龙川老隆建立印刷社，在连平忠信建立石灰厂、榨油厂，在新丰石背建立炼铁厂，同时还派员到江西龙南县、广东梅县筹建"工合"指导站。到1940年冬，东南区办事处下属的60个基层社和"工合"指导站，都统属和平事务所领导，社员共800余人。中国工业合作协会和平事务所规模从小到大，各项业务不断发展，取得显著的社会和经济效益，为支持抗战做出了重要贡献。

1939年10月，罗响被中共广东省委推选为党的七大代表前往延安。先后由周宝时、曾源接任县委书记。这一时期和平县党组织迅速发展壮大，1941年从中共和平县委分出和东县委。至1942年春，和平县共建立上热水、下热水、城区、东水、彭寨、大坝等6个区委、29个支部、2个直属党小组，共有党员360多人，成为后东地区党员人数最多的县份。

和平县党组织遵照中共中央"党的建设、统一战线、武装斗争"三大方针策略，在极其复杂的斗争环境中，在"粤北事件"发生后停止组织活动长达三年多时间的情况下，仍然不断壮大和发展，至1945年8月抗日战争结束，党员人数达400余人，为敌后抗日游击区的创建提供了组织保障。其间，还与国民党顽固势力进行斗争，同时创建了热水、大坝、下车、东水、古寨、彭寨、青州、阳明、附城等15个乡（镇）中所辖57个村庄和51个自然村抗日游击区，人口达8.75万，占全县人口16.5万人的53%。因此，新中国成立后，在评划革命老区时和平县成为广东省22个革命老区县之一。

二、解放战争时期九连山游击根据地概况

抗日战争胜利后，根据中共中央开辟新根据地的战略部署，东江纵队主力部队分批向粤北挺进。1945年10月，东江纵队第三支队奉命挺进九连山开辟革命根据地，11月2日抵达和平县热水新洞。东江纵队第三支队进入九连地区后，根据广东区党委的指示，成立由曾源、彭沃、陈一民、翟信、黄华明等组成的中共九连区工作委员会，统一领导部队及和平、连平两县地方党组织。部队则以九连山人民自卫总队名义，以连、排为单位分散在和平、连平、龙川、河源及江西"三南"一带边境活动。部队在地方党组织和人民群众支持下，很快在九连地区站稳脚跟。东江纵队主力北撤后，留在九连山的武装小分队，以和平热水、岑岗、东水、古寨等地为主要据点，坚持隐蔽斗争，得到和平县党组织和人民群众的大力支持。

1947年1月，广东区党委决定恢复武装斗争，在香港成立中共九连地区工作委员会，严尚民任书记，魏南金、钟俊贤任常委，吴毅任委员，辖区范围包括新丰、连平、和平、河源、紫金、五华、龙川和兴宁、揭西部分地区以及江西的龙南、定南、全南、寻邬等13个县。同年3月，九连工委书记严尚民，常委魏南金、钟俊贤等从香港进入九连山，工委机关移驻青州斋公背、河洞围一带。从此青州成为九连地区游击战争的指挥中心。

1947年上半年，九连工委领导开展声势浩大的"反三征"斗争，先后攻打彭寨、东水、林寨、公白乡公所和警察所，然

后进入河西，横扫三河、上莞、船塘、大湖等地。至6月底，在九连地区打了20余仗，歼敌200多人，缴获枪支200支，共摧毁警察所、区乡公所12个，破粮仓13座，分粮6000余担（1担=50千克）。九连地区的武装斗争得到人民群众的拥护支持，各地青年农民和青年学生踊跃参加武装队伍。九连地区的主力部队日益发展壮大，由原来的100多人扩大到400多人，地方武工队和民兵发展到2000多人，并在连（平）和（平）、和东（和平东部）、河东（河源东部）、河西（河源西部）设立了4个主力中队和16个地方连队，分区进行活动。

1947年7月，九连工委在连和、和东、河东、河西成立4个分区工作委员会（相当于县委或中心县委）。下半年分别在连和、和东、河东、河西区成立连和人民义勇队、和平人民义勇队、东江人民抗征队、河西人民自卫队。至1947年冬，九连地区连续取得了第一、二次反"扫荡"斗争的胜利，主力连队发展到9个，地方连队有19个。此外，还建立了13支武装工作队，发展民兵4000多人。人民武装力量活动区域扩大到连平、和平、河源、龙川、紫金、五华及江西定南、龙南、信丰等9个县，有20个乡得到完全解放，52个乡为地方党组织和部队所控制，成立农会近300个，会员约2万人，游击区域纵横300华里（1华里=0.5公里，下同）。初步建立起以九连山为中心的连和、和东、河西、河东四块游击根据地，并在解放区开展分田废债运动。1948年6月分别设立连和、和东、河东、河西4个行政委员会（相当于县级人民政权）。

和平县青州镇、古寨镇是解放战争时期九连地区影响最大的两块革命根据地。其中，青州永丰村斋公背、朝科、竹林居曾经是中共九连工委、粤赣边支队及九连地委、粤赣湘边纵队东江第二支队司令部驻地。梁威林、严尚民、魏南金、郑群、钟俊贤、吴毅等一大批领导人都曾在青州度过了难忘的战斗岁月，为建立九连山革命根据地和人民解放事业做出了重要贡献。

和平县古寨镇是九连地区另一块重要的根据地。从1947年7月成立中共和东分区工委，1948年6月成立和东行政委员会，直至1949年5月和平县解放，嶂下村一直是中共和东分区工委、和东行政委员会驻地，也是粤赣边支队第六团（后改编为粤赣湘边纵队东江第二支队第六团）团部及大众报社所在地。嶂下村在和东区革命活动中起着至关重要的作用。1948年1月，和东新一区政府成立后，在嶂下、枚华两村开展分田分地试点，取得经验。和东分区工委制订和公布了《和东区分田暂行条例》，指导推动全区土改工作。1948年春天，分得田地的农民群众生产积极性空前高涨，为保卫胜利果实，还掀起了参军热潮。1947年恢复武装斗争之时，和东区武装队伍仅有70多人。至1948年4月土改后，武装队伍迅速壮大，发展到1500多人，民兵有800多人。国民党军队不敢轻易来犯，部队白天行军自如，驻军十天半月不用转移。军爱民，民拥军，亲密如一家。

解放战争期间，和平县党组织还积极协助中共九连工委建立了九连区交通联络网，在粤赣边区的13个县建立83个联络点（站），仅专职交通员就达150多人。在斗争中，和平县党组织得到锻炼考验并迅速发展，两个分工委恢复和建立了热水、大坝、附城、彭寨、古寨、东水、青州、和北、川北等9个区委，2个总支部、25个支部，并在解放区、游击区发动组织农民协会会员近万人，组织近百个民兵队，动员青年参军参战，组成一支由民兵、武工队、主力部队三结合的人民武装队伍，建立起以九连山为中心的游击根据地。

1949年1月1日，连和县人民政府在青州山塘村宣告成立，成为广东省游击区最早建立的人民政权之一。同年5月，和平县解放，与周边地区形成了连片巩固的解放区。

三、革命战争时期和平县人民的历史贡献

和平人民的红色革命斗争历史长期不断，源远流长。从1926年新和平青年团的建立到1949年5月和平全县的解放经历了23个春秋。20多年来，从大革命时期开始点燃革命的星星之火，到人民解放战争中形成风卷残云的燎原烈焰，革命浪潮一浪高过一浪。早在大革命时期，就开展了工农运动和支援赣南工农红军革命斗争。为抵抗外侮，和平人民子弟兵血洒淞沪，立下了不朽功勋。

全面抗日战争爆发后，和平人民积极开展抗日救亡运动，成立抗日民主政权，组建民众抗日武装，成为稳固的敌后抗日游击区。同时，积极开展工业合作运动，在抗战最困难时期，缓解了战时造成的物资匮乏和市场凋敝，对遭受战火破坏的经济起到一定恢复和改善作用。这一方面有力地支援了抗战，另一方面为党组织活动提供了必要的经费，更重要的是为和平党组织发展壮大创造了有利条件，掩护了后东地区的大批党员干部。

抗日战争胜利后，为了配合东江纵队第三支队开辟根据地的斗争，和平党组织派出党员干部负责部队后勤供给、情报联络等工作，发动以党员、自卫队员和农会会员为主的广大人民群众为部队购运粮食和军需物资，并组建税站为部队征集税款，组织青年参军参战，支持配合部队开展游击战。在党的坚强领导下，根据地人民形成了支前工作高潮。即使在国民党军重重封锁时期，地方党组织及当地人民群众对部队的支援也从未间断。据东纵第三支队政委曾源回忆，当时为部队提供粮食的粮站遍布热水全乡各地，他们采取购粮、借粮和动用乡农会会谷等多种办法筹集了一批又一批粮食。其中热水乡农会会谷积存约300余担，在

不到半年的时间里为支援部队先后共动用了200余担。地方党组织和农会为了解决部队后勤补给困难，想尽办法，动员群众支援部队，当地百姓为部队送粮、购物，支援部队的事迹遍布全县各地，不胜枚举。当地人民群众不顾安危掩护部队伤病员和医务所安全转移的事迹更是令人感动。

东江纵队一批武装骨干留守九连山进行隐蔽斗争时期，由于国民党军队围困和封锁，在各地区分散隐蔽的武装小分队，过着极为艰苦的生活。他们在深山野岭中，住石洞、茅寮，吃山果、野菜，风餐露宿，饥寒交迫，伤病折磨，经受着恶劣环境的严峻考验。尽管国民党反动派设卡封路，到处张贴反动告示："窝匪者杀！通匪者杀！知情不报者杀！"以"十杀"政策恐吓民众，断绝人民与部队的联系，但是，根据地人民群众依然义无反顾地倾其所有，将仅有的粮食给了部队，帮助留守小分队度过艰难的隐蔽时期。

恢复武装斗争后，中共九连工委驻扎在和平县青州，粤赣边支队的主要军事力量有两个建制团分别在和（平）西（部）、和（平）东（部）活动。在长期的革命斗争中，和平人民付出了巨大牺牲，为夺取革命胜利做出了重大贡献。尤其是青州、热水、东水、古寨等地，交通不便，粮食奇缺，人民群众本来就十分贫困，为了支援部队，群众宁可自己忍饥挨饿、省吃俭用，千方百计筹措粮食、物资，保障部队的物资供给。在部队粮食最困难的时候，青州人民倾其所有，有的农民宁愿自己吃番薯、芋头，却把为数不多的大米捐给部队，有的农户家中实在拿不出粮食，就将青苗田里早熟的稻谷割下来捐给部队。由于国民党当局的反复"清剿""清乡"，支持革命的人民群众和游击队员家属备受摧残和蹂躏，生命财产遭受无法估量的损失，许多支持、支援革命的群众被杀害，许多群众的财产被洗劫一空，房屋被毁，家破人亡。在革命斗争中，全县数千热血青年投身革命武装队伍，血洒疆场，有384名优秀儿女为革命事业英勇牺牲。

1949年秋，中共和平县委成立迎接南下大军支援前线指挥部，号召全县人民用实际行动迎接南下大军，组成政工团分赴各区乡开展宣传和募捐慰劳物资工作。刚刚获得解放的根据地人民群众迅速掀起了迎军支前工作高潮，在不到一个月时间里，超额完成迎军支前各项任务。当时和平人民群众在生活极端困难的情况下，全县筹备军粮数万担，肉牛、生猪数以百计，"三鸟"、蛋品不计其数，"迎军鞋"数千双。为保证南下大军顺利过境向广州进军，全县动员民工2万余人、木匠及泥水匠2000余人日夜苦战，仅用两个月时间便修复了被废弃多年、长达70公里的和（平）定（南）公路与和（平）忠（信）公路和平段。南下大军即将进入和平县境时，在公路沿线组织规模庞大的民工队、运输队、担架队、茶水队、洗衣队、理发队、缝衣队、向导队、炊事队、马草队和秧歌队，守候在南下大军经过的道路旁，欢迎野战军到来，热情地为野战军指战员服务。东水等地区组织由数百人组成的支前民工营随军南下到珠江三角洲一带，负责救护伤员和运输工作，直至珠江三角洲地区全境解放。

在长期的革命斗争中，和平县党组织培养了一大批忠于革命事业、忠于祖国和人民，在革命斗争中起到中坚作用的优秀人才。例如和平县党组织创始人、党的七大代表、首任县委书记方华（罗响），还有黄惊白、张觉青、周宝时、曾源、骆维强、骆冠宙、黄华明、林启连、骆越康、林镜秋、章平、黄志猷等先后成为地方党组织或游击队伍的领导骨干。中华人民共和国诞生后，这些在革命斗争中锻炼成长的优秀人才，成为各级人民政权和人民军队的骨干力量，在不同岗位上建功立业，为党和人民做出了积极贡献。

四、革命老区评划

开展革命老区评划工作，是人民政府对老区人民为革命事业所做贡献的充分肯定，也是对老区人民为革命事业付出巨大牺牲的一种褒扬，为全县广大人民群众树立学习榜样，对弘扬老区革命精神和光荣传统具有重大现实意义。中华人民共和国成立以来， 和平县对革命老区先后进行过四次评（补）划。1957年，和平县根据广东省人民政府有关开展革命根据地评划工作的指示精神，对县内游击区进行评划。经广东省人民政府批准，和平县热水、古寨、东水、彭寨等区所辖57个自然村庄为"抗日游击区"，其中，热水32个，古寨17个，东水6个，彭寨2个。1991年，根据上级指示，在全县补划抗日战争时期根据地，经河源市人民政府批准，和平县有51个自然村评为"抗日游击区"①。这次补划的革命老区分布在古寨、青州、东水、安坳、彭寨、贝墩、下车、上陵、大坝、附城、阳明、优胜、林寨、浰源、礼士共15个乡镇。

1993年，按省、市有关指示，和平县评划解放战争时期根据地，经河源市人民政府批准，全县有81个管理区、19个村庄确认为解放战争时期游击根据地。1994年，经广东省人民政府批准，热水、古寨、青州、安坳、下车、上陵、大坝、合水、公白、礼士 、彭寨、贝墩、东水等13个镇为革命老区镇。同年春节，和平县人民政府给全县160个管理区所属的208个村庄，颁发了"革命老区荣誉证书"②。

后来，由于部分乡镇及行政村撤并，全县革命老区镇和老区村庄数有所变化，至2017年底，和平县17个镇当中有老区镇12

---

① 《和平县志》之《老区建设》，广东人民出版社1999年。
② 同上。

个；老区行政村145个，遍及全县17个镇，占全县行政村总数的60.2%；老区自然村477个，占全县自然村总数的62.5%。老区总人口38.8万人，占农村人口92%。[①]

---

① 《和平县革命老村庄名单》，和平县老区办整理。

第二章

早期革命活动与抗日斗争

第一节 早期革命活动

一、马克思主义在和平传播与新和平青年团建立

1919年，五四运动爆发，北京大规模的示威游行活动，迅速波及全国各地。6月3日，形成了全国性罢课、罢工、罢市的浪潮。九连山下的和平县城亦不例外，县立中学附属小学师生卜恨生、黄惊白、张觉青等人成为这次爱国行动的杰出代表。

嗣后，卜恨生、黄惊白、张觉青等联络陈德润（陈仁）、进步青年叶扫白等进步青年，成立"读书会"，大量阅读传播《新青年》和《响导》等革命刊物。于是，新文化运动革命思潮很快在和平县扎下了根基。

1925年11月第二次东征胜利后，周恩来被国民政府任命为广东东江各属行政委员，负责惠州、潮安、梅县以及海陆丰下属25个县的行政工作。其间，为有利于领导东江人民开展革命斗争，他撤换了一批思想反动的县长，为开展工农运动清除障碍。同年12月6日，孙绍康（革新派，江西南康人）到和平县任县长，原粤军十一师政治部主任、中共党员刘哑佛①任县政府总务科长

---

① 刘哑佛，男，安徽合肥人，生于1893年，家名刘和贵，又名刘定一。江西省法政专科学校政治经济科毕业。在学期间加入学生军，参与讨袁、护法运动。来和平任职前，1925年秋曾在莫雄为师长的粤军第十一师任政治部主任；离开和平之后曾在陈赓领导下的中共上海特工科工作。1939年在日寇侵入南昌前夕，被国民党秘密逮捕关在赣州监狱，不久遭秘密杀害。1986年中共江苏省委在中组部协助下，对南京市委组织部《关于刘哑佛情况调查意见》一文，做出批复："认定刘哑佛是中共党员，追认其为烈士。"

（秘书）。孙、刘莅任后，选举社会进步人士筹组国民党和平县党部和群众团体，给和平带来了新气象。

刘哑佛在和平县任职期间，经常到县城中小学宣讲大革命形势，传播革命思想，宣传反帝反封建民主革命政纲，宣传国共两党合作的革命统一战线以及新三民主义"联俄、联共、扶助农工"三大政策，使追求进步的广大师生深受教育和鼓舞。

刘哑佛与黄惊白、卜恨生、张觉青等人因为志同道合，一见如故，关系十分密切。他经常到卜恨生、黄惊白、张觉青等人家中串门，或闲聊家常或谈论国事，目的在于传播马克思主义真理。

1926年2月，卜恨生、黄惊白、张觉青等在刘哑佛的具体指导下，以"联合农工反帝反封建，建设新和平"为宗旨，发起成立新和平青年团，黄惊白为总负责人兼学运干事，卜恨生为农运干事，张觉青为工运干事。参加新和平青年团的进步青年有黄宏开、朱理从、黄连、毛云鹏、黄知新、萧得根、赖书祥、王金梁、吴成蔚、邹肃平、谢平波、陈仁、叶扫白等80多人。新和平青年团一经成立，便以县立高级中学附属小学为活动中心，开展有声有色的宣传活动，得到人民群众的大力支持和拥护，但也受到了一些反动势力的阻挠。由于新旧思想的分歧，教师中以卜恨生、黄惊白为代表的新思想一派与以黄自艳、李节垣（黄、李均是县参议员）等为代表的旧思想一派展开针锋相对的斗争。1927年，蒋介石发动四一二反革命政变后，县政当局下令解散新和平青年团，该组织的主要成员遭到通缉。

新和平青年团存在的时间虽然不是很长，但意义深远。它是马克思主义在和平传播的结果，它为和平日后革命活动的开展做了思想和组织准备。

二、早期的工农运动

1926年1月，全总惠州办事处①成立。和平县内的工农运动，因为有了全总惠州办事处的引导和支持，迅速开展起来。是年春，和平县城先后成立陆运、理发、店员、扎纸等工会。在工会的领导下，工人为了争取提高工资，改善工作条件，开展了不同形式的斗争。是年1月，新和平青年团工运干事张觉青率领以陆运工人为主的1000多工人在县城示威游行。游行队伍开进县政府请愿，结果取得了斗争胜利。后来，张觉青被选为工人代表出席了广东省工人运动代表大会。

当年，新和平青年团农运干事卜恨生在广东省农会惠州办事处②的引导支持和刘哑佛的具体指导下，深入农村宣传，发动农民参加农会，开展"减租减息"斗争，广大农民踊跃报名，几个月工夫便在县城、水口、大楼、大坝、大坪、坑池、半坑等乡村先后成立了7个农民协会（简称"农会"），共有会员1000多人。卜恨生为了鼓励农民大胆起来斗争，公开声明卜姓尝产田自动减租，使县内千百年来受尽剥削压迫的农民扬眉吐气，深受鼓舞。

在工农运动蓬勃发展的形势影响下，广大青年学生纷纷起来向反动势力进行斗争。在县城基督教会办的东山乐育小学，一批

---

① 全总惠州办事处，全称为中华全国总工会惠州办事处，1926年1月在惠州成立，下辖惠阳、紫金、博罗、河源、龙川、和平、连平等县基层工会30余个，会员7800余人。为保障工人利益，开展过一系列活动。6月，惠州成立了工人代表大会，使工人运动进一步发展，各行各业成立了工会，会员增至1万多人。1927年4月被迫解体。

② 广东省农会惠州办事处，1926年1月3日在惠州成立，下辖惠阳、紫金、河源、龙川、和平、博罗等县区农会19个，乡农会327个，会员25000多人，1927年4月解体。

进步师生在新和平青年团成员带领下，反对和抵制帝国主义文化侵略和教会学校推行奴化教育。1926年1月24日，黄惊白、张觉青、卜恨生等在城南门口沙滩上搭起讲台，与福音堂牧师李寿人展开论战，驳得他们哑口无言。接着，在刘福英、王金梁等几名进步学生带领下，全校师生自发组织起来，进行罢课，要求取消宗教课程和强迫学生参加的"礼拜"活动。学校当局为了制止罢课风潮，将刘福英开除学籍，但刘福英的正义行动获得了社会的同情和支持，并顺利地转到县立中学附属小学就读。

1926年春，在陆运工人罢工事件中暴露了身份的张觉青化名为张锦中，通过大湖（今属连平县管辖，中华人民共和国成立前，大湖乡属和平县辖区）籍的同窗书友曾鸿梅推荐，来到盘石弘毅小学教书。此后，便以教师的合法身份做掩护，以弘毅小学为阵地，继续进行革命活动。他的第一件工作是组织师生秘密传阅进步书刊，比如《共产党宣言》《孙中山论三民主义》《响导》《新青年》等。其次是利用假日或夜晚走村串户，访贫问苦，宣传各地农民闹分田、举义旗，建立苏维埃（政府）等新鲜事。与此同时，广泛结交进步人士。经过一段时间，他除了和志同道合的曾树光、曾光甫结成了至友外，又结识当地进步青年曾贞祥、曾林祥、曾新贵、曾宏尤、曾捷如等。3月中旬，张觉青、曾新旺、曾光甫共同主办的"新学堂同志社"平民夜校顺利开办，有学员40多名。不久，整个盘石就出现了许多不同名称的平民夜校。规模较大的有曾鸿梅、曾光甫在下塘仔创办的"大湖坝同志会"，有40多名学员；曾新旺、曾子宜在水沥头屋创办的"知行平民夜校"，学员有50多人。这些夜校每期办一个月，学员总数达270多人。黄惊白、卜恨生闻讯曾多次来到弘毅小学，推广和平城办夜校经验。夜校的活动内容丰富多彩，除了学文化以外，每当节日或结业的时候，都要举行集会，或游行示威，或在街头演出像《铁算盘》《打倒军阀》等一类的节目，揭露地主、军阀的罪恶，使群众深受教育，引起共鸣。更引人注目的是"提灯巡行"，数百人一个个手擎纸扎灯笼或火把，在持有步枪、大刀、长矛的武装队伍护卫下，踏着夜色前行，他们一边高喊"打倒帝国主义！打倒列强！""耕者有其田"等革命口号，一边高唱《国民革命歌》等歌曲，场面十分壮观。

大湖平民夜校的革命活动，引起了当地地主豪绅的惊恐而遭到了指责。弘毅小学校长曾奇农对张觉青极为不满，指责他搞"赤化"宣传，不务正业，乱了校规。1927年夏，张觉青不得不离开大湖。同年秋，张觉青的好友朱梦觉来到弘毅小学接替了张觉青的岗位，继续开展革命宣传活动。这时，距离弘毅小学不远的湖东小学也掀起了革命热潮。该校师生积极宣传共产党的主张，使当地民众深受启发。次年春，大湖乡旱灾严重，多数农民颗粒无收。5月初，大湖乡十多个村庄的近三百户佃农，不约而同聚集在一起，在大湖曾氏祠堂商量对策，准备开展"二五"减租。会后举行示威游行，数百农民一个个手擎小纸旗，或扛着锄头，或手拿镰刀、长矛，齐声高呼，"打倒土豪劣绅，实行'减租减息'！""打倒贪官污吏！打倒列强！"强大的声势震动了整个乡村。地主无可奈何，只得答应佃农的要求，照数减租，农民取得了斗争的胜利。

大湖乡盘石、湖东等地的平民夜校活动，尽管历时不长，但它对于唤醒被压迫的民众，起到了启蒙发动作用。后来黄华明、黄百炼、曾方如等地下党员都以教师身份在湖东小学从事革命活动。抗日战争胜利后，湖东小学成为地方党组织联络东纵第三支队开展斗争活动的一个重要据点。

支援赣南苏区与抗日救亡运动

一、支援赣南苏区

1930年10月至1931年9月，随着中央苏区三次反"围剿"的胜利，赣南苏区得到恢复和巩固，并与闽西苏区连成一片。1931年11月，成立了中华苏维埃共和国临时中央政府。1932年7月，蒋介石在日本帝国主义大举进犯，中国大好河山不断沦丧之时，不顾全国人民的反对，调集重兵对革命根据地和工农红军发动大规模的第四次军事"围剿"。当时，作为中华苏维埃政府巩固后方的赣南苏区人民，为支援反"围剿"斗争，在人力、物力、财力等方面做出了重要贡献。由于地缘关系，和平人民对中央苏区也给予了有力的支援。

长期以来，由于国民党反动派严密的封锁，中央苏区的财政及物资供应十分困难。为打破敌人的经济封锁，中央苏区开展了对外贸易。苏维埃政府以减免税收的办法，奖励商贩大胆经营各种必需商品。中央苏区生产的产品如谷米、豆子、茶油、烟叶等，换来大批的食盐、洋油、火柴、棉花、布匹、药品、手电筒、印刷材料、电池等，从而调动了苏区周边人民群众的积极性。和平县有不少群众投身其中。他们将大批物资源源不断地从和平县境内运往赣南，其中销往江西定南的食盐年约300万斤以上。由于公路不通，惠州、广州等地从水路运进来的大批咸鱼、百货、转口洋货等均从合水大阁上岸，然后经和平人肩挑手提，送往江西定南，再流入其他地区。据不完全统计，1927—1934年，每年经和平流向赣南的食盐、洋油（煤油）、土纸、手电筒及电池等各类物资有2.5万担，大米2~3万担，食盐10万余担，和平人民为巩固中央苏区，改善赣南人民生活做出了不可磨灭的贡献。

在第四次反"围剿"期间，毛泽东主席、朱德总司令率领红四军从井冈山突围出赣南、闽西扩充红军，开辟根据地。和平县彭寨贫困青年农民毛国华、肖亚焕、肖文添、黄亚正（黄文英）、黄光、罗亚荣、陈利（陈辉）、叶青等8人先后赴赣南参加红军，被编入赣南游击队。中华人民共和国成立后，杨尚奎在他的回忆录《红色粤赣边》（选入《红旗飘飘》丛书第2辑）中多处提到肖文添、毛国华等人机智勇敢、积极工作，且多次受到陈毅和杨尚奎等领导赞誉的情况。

根据相关史料记载，毛国华，1931年参加红军。1934年秋加入中国共产党。抗日战争期间，任新四军排长。1939年后负责军需工作。解放战争时期历任三野二十军后勤部长、留守处主任等职，中华人民共和国成立后在上海某工厂工作。

肖亚焕，1931年参加红军。1937年全面抗战爆发后，服从组织安排，留守梅山，坚持革命活动。1947年被捕，他受尽严刑拷打，始终坚贞不屈。后与梅山区委书记黄占龙一起被解往南雄监狱。1949年中华人民共和国成立前夕，两人同时被国民党杀害。

肖文添，1931年参加红军游击队。1934年加入中国共产党。1937年后，留守梅山坚持斗争，后事不详。

罗亚荣，1931年在梅山参加红军游击队。1934年加入中国共产党。之后，一直在梅山、油山一带坚持武装斗争。中华人民共和国成立之后，在大余县工作。离休后享受老红军待遇。

黄亚正（黄文英）、陈利（陈辉）两人同是彭寨人。1931年两人参加红军游击队。抗战期间，两人被编入新四军。黄亚正在一支队二团二营二连任文书，陈利在五连任排长，他们均在"皖南事变"中光荣牺牲。当年参加红军游击队的还有彭寨人黄光和叶青等，后来都成为新四军战士。

二、"一·二八"淞沪抗战的和平将士

1931年，国民党统治集团在忙于大规模"围剿"中央红军时，日本帝国主义制造了九一八事变，东北三省相继沦陷。面对空前的民族危机，国民党蒋介石集团实行"攘外必须先安内"的政策，坚持"剿共"，导致大片国土沦陷，全国人民无不痛心疾首，同时也激起了一大批爱国官兵的义愤，其中包括"一·二八"淞沪抗日的和平籍官兵。

黄汉廷，和平县阳明（原附城）镇人，大革命时期投身于国民革命军第四军。在东征、北伐中屡立战功，1926年升为少校营长。1930年春，黄汉廷受粤军陆军六十师师长蔡廷锴之命，回到和平家乡招募新兵，组成三五七团，黄汉廷被委任为团长。黄光炎任该团中校工程大队长，周刚如任少校营长，王博汉任少校军需，还有上尉连长王桂林、黄瑾等人，中尉副官曹学容及少尉排长黄华添、罗云锦等。是年冬，三五七团从惠州调防江西，次年10月又调往京沪地区驻防，准备抗击日军的侵略。

1932年1月28日晚，日本军队进攻上海。驻守上海的十九路军在全国人民抗日浪潮的推动下，奋起抵抗，威震中外。史称"一·二八"淞沪抗战。

黄汉廷团原在苏州、无锡、常州一带驻防。淞沪抗战打响后，于1月29日奉命调赴前线增援，在大场镇筑工事，负责浏河一带防卫。2月8日至12日，于侯家宅、燕毛湾一带与日寇周旋，敌人屡攻不下。19日开始，日军挑选精兵3000人组成敢死队，在

飞机、大炮和坦克的掩护下，向吴淞、闸北江湾发起总攻。黄汉廷率全体官兵，沉着与敌激战5天，致敌死伤惨重而狼狈溃退，此战七连副黄振明、士兵曾娘金壮烈牺牲。29日拂晓，日军在重炮数十门、飞机数十架掩护下，倾巢出动，分数路向中国守军阵地扑来，情况十分危急。我驻军不得不撤出钱家荡，但敌人仍继续前进。仅有100多人的黄汉廷团三营九连面对强敌，以一当百，死守阵地，敌军伤亡过半，终不能得逞。激战中连长黄瑾身中数弹，血流如注，仍然坚持指挥战斗，最后壮烈牺牲。在连长黄瑾英雄行为感召下，九连战士固守阵地，顽强地与日军搏斗，最后全连大部分官兵壮烈殉国。在淞沪战役中，十九路军黄汉廷团为国捐躯者有第九连连长黄瑾、连副王标等官兵105人，其中和平县籍官兵50人。

和平籍官兵在淞沪抗战中英勇杀敌的精神，受到各界人士的称赞，全国政协委员、国家政协文史专员李以劻在《黄汉廷团长传略》中说："黄团长在此次战争中，率领该团在上海大场、江湾一带屡立战功。该团多是和平子弟兵，实为广东人、和平人的光荣，黄氏之功不可没也。""和平子弟兵刻苦耐劳，善于作战，平时很团结，为十九路军最有特色的一个团。"

三、抗日救亡运动掀起

1931年九一八事变不久，和平山城与全国各地一样，掀起了抗日救亡运动，其中大坝小学全校师生在校长黄新桥（龙川县人）带领下，高呼"打倒日本帝国主义"口号，上街游行，揭开了和平地区抗日救亡运动的序幕。此后县内各地不同形式的抗日救亡运动一浪高过一浪，不断涌现。

和平籍官兵在淞沪抗战中英勇杀敌的精神，更是激发了县内各界人士的爱国热情。1933年5月，为纪念淞沪抗日和平籍烈士，全县各界踊跃募捐，在和平县城东山南坡创建一座淞沪抗日和籍烈士纪念碑，让爱国抗日的英雄事迹流芳百世，供后人瞻仰。这是和平县人民在抗日救亡运动中英勇奋斗与不怕牺牲的鲜明标志，是和平人民引以为荣的历史丰碑。

1937年秋，在中共中央抗日救国十大纲领的感召和全国抗战形势的推动下，和平籍在上海、广州和龙川工作或求学的黄惊白、陈启珩、陈慧生、陈重光、曾源、黄志猷、罗宝萱、周宝时、骆维强、骆灿、徐梓材、骆柱石、骆越康、肖德根、徐锦福等一批先进青年知识分子先后返乡，给和平地区的抗日救亡运动增强了力量。这些爱国知识分子以丰富的知识，满怀强烈的爱国爱乡热忱，分别深入到和平中学、县立阳明高级小学、热水东华和大坝、下车育成、东水大坝、林寨、古寨、彭寨四约、就道小学等学校，开展抗日救亡宣传活动，并创办了很多抗战学校和民众夜校。他们以《抗战读本》为课本，帮助群众学习科学文化，了解抗日时事，提高爱祖国、抗外侮的思想觉悟。校园内外气氛热烈，或出"墙报"，或上街头宣传，他们创办的剧团如奔流剧团、黎明剧团、浰东剧团经常下乡演出抗战节目，开展慰问活动，全县抗日救亡运动搞得有声有色，高潮迭起。

同年10月，根据中共中央关于"在国共两党合作的基础上，建立全国各党各派各界各军的抗日民族统一战线，实现全面的民族抗战"方针，罗响、张觉青、黄惊白、陈启珩、曾源等人联合和平县县长韩甲光、国民党县党部特派员陈枕溪，以及开明的社会上层人士黄汉廷（原十九路军团长）、周刚如（原十九路军营长）、谢德斋（和平县商会会长）等人，成立和平县抗敌后援会。韩甲光、陈枕溪分别为正、副主任委员，黄汉廷、周刚如、谢德斋、黄惊白、罗响、张觉青、陈启珩、曾源、黄志猷、罗宝萱、骆维强、周宝时、林镜秋、肖得根等为委员，陈启珩兼任秘书长，黄惊白负责宣传工作，罗响负责组织工作，张觉青负责日常工作。随后，在各区、乡先后成立抗敌后援会。这些民众抗日组织的建立，为贯彻抗日民族统一战线的方针提供了组织保证，有力地促进了全县抗日救亡运动的开展。

1937年冬，黄惊白、张觉青等以县立阳明高级小学学生为主，成立和平县抗日先锋少年突击队，队员有80多人。章平、徐锦福、陈重光、李培莲、罗维之、王守中、曾源、游书芬、丘荣汉、周宝时、徐子清、骆维强、骆灿、骆柱石、林镜秋、陈兰台、陈启珩、陈慧生、陈荣章、曾宪拔在县城、热水、大坝、下车、东水、古寨、林寨、彭寨等地纷纷组织青年抗敌同志会，全县共有会员800多人。

1938年2月，热水乡举办了农会及青年抗日自卫队干部训练班，40多人参加训练，时间30多天。罗响、张觉青主持，黄志猷、罗宝萱、罗维之分别讲授抗日形势、《抗日救国十大纲领》、抗日自卫队组织和任务等课程。王守中、黄连任军事教官，主持军事训练。当时，热水抗日自卫大队有300多人，枪支200多支，罗响任大队长。下设三个中队，罗维之任第一中队队长，王守中任第二中队队长，罗芳浓任第三中队队长。各中队均用本族尝谷购置枪支弹药。他们以10天时间为一期，分班、排操练和实弹射击，成为一支战斗力较强的民众抗日武装队伍。

2月28日，根据国民政府有关规定，在罗响、黄惊白等人推动下，通过和平县抗敌后援会协调运作，成立广东省民众抗日自卫团和平县统率委员会（简称"和平县统率委员会"）。大会选举县长李则谋为主任，周刚如为副主任，周宝时为委员兼秘书，罗响、黄惊白等9人为委员，会址设于县城赖氏宗祠。和平县统率委员会号召以热水抗日自卫大队为榜样，成立抗日自卫队。至是年秋，全县先后有热水、大坝、大湖（今属连平县辖区）、青州、古寨、彭寨、下车、东水、林寨等9个区乡成立抗日自卫大队，共有队员近2000人。这些自卫大队成为县内一支维护地方治安秩序、打击土匪顽军破坏活动和抗击日本侵略者的重要力量。

是年春，王秀清、陈重光等人发起组织和平县妇女抗敌同志会。王秀清被推选为会长，陈重光为副会长，计有会员三四百人。她们派出会员在和平县城城东双烈祠、城西吴家祠、大井头及热水、下车石含、古寨水西、东水大坝等地，开办文化夜校，组织妇女群众学习政治、文化。还派人到附城老坝去慰劳在"一一八医院"养伤的抗日将士，组织妇女会会员缝衣、制鞋，从事各种手工业生产，同时向社会开展募捐，将筹集的物资和募捐的资金直接寄往部队，让在前线浴血奋战的官兵深受鼓舞。

1938年7月至8月，和平县组织抗敌后援会暑期下乡工作团，深入城乡开展抗日救亡宣传活动。工作团推举国民党县党部特派员陈枕溪为团长，团员有罗响、张觉青、黄惊白、陈启珩、曾源、林镜秋、黄志猷、徐梓材、章平、肖德根等30多人。他们用50多天时间，走遍全县36个乡，除了检查、指导区乡抗敌同志会工作以外，还召开过各阶层人士座谈会，发动民众出钱出力，共赴国难。11月，县立阳明小学在徐梓材、徐锦福等人指导下，成立了30多人的抗日先锋队少年突击队和少年剧团。他们利用假期到附城、热水、合水、大坝、岑岗、上陵等村镇演出，教唱抗战歌曲，宣传抗战。这些宣传活动，对唤起民众的抗日热情起到了积极作用。

四、开展"减租减息"斗争

抗战全面爆发之后，根据中共中央颁布的《抗日救国十大纲领》，和平县各乡纷纷成立农民协会，开展"减租减息"和夺取"永佃权"斗争。

1938年2月24日，热水乡在中兴街柳树坝召开热水乡农民协会成立大会，到会会员1000多人，300多名自卫大队队员荷枪实弹列队参加。大湖、青州、大坝等乡各派出10多名代表前往祝贺。和平县抗敌后援会副主任委员周刚如、国民党县党部总务干事陈仁到会指导。罗响、黄志猷、罗宝萱、谢平波等在会上做了讲话。群众敲锣打鼓、舞龙舞狮，气氛十分热烈隆重。大会推选罗响为会长，王守中、罗芳浓为副会长，邹章、王森喜、卢绘园、罗显宗等为委员，叶镜芬、谢平波、罗志和、裴昌年等为干事，各保保长均由农会骨干兼任。

会后不久，经过曾源、周宝时、陈荣章、骆灿、林镜秋等人努力，大坝、下车、彭寨、东水、古寨、青州和大湖等地分别成立了农民协会，全县共有农会会员4000余人。

1938年六七月间，热水乡农民协会组织群众开展"二五"[①]减租运动进入高潮，斗争异常激烈。反动地主分子黄达川得知热水乡农民协会酝酿减租，纠合全乡地主联合向国民党政府告状，诬告罗响等"煽动农民，制造阶级斗争，破坏抗日后方"。他们一手挑拨宗族矛盾，煽动黄坑与高井黄、叶两姓农民"争柴山、打群架"，对农协委员进行诽谤、恐吓、拉拢，企图分化瓦解农会，阻挠"二五"减租。县长李则谋虽然带领周刚如、黄汉廷、谢德斋等进行过调解，但对"减租减息"运动态度不够明确。热水乡农民协会干部罗响、黄志猷、叶镜芬等人以国民政府颁布的《土地法》《民法》为武器，进行了"有理、有利、有节"的斗争。罗响等人理直气壮申明"二五"减租政策法令的正确性、合法性，并揭穿地主阶级的阴谋诡计。通过双方协商，县政府最后裁定当年开始由全额交租改为"二五"减租，由一季交租，改为

①　"二五"减租：是指将租谷减二成半后交租。

"早六冬四"交租。热水农会"二五"减租斗争取得了胜利，使全县广大农民深受鼓舞。随后下车石含、东水大坝、古寨水西、彭寨高山、大坝半坑等地纷纷开展"减租减息"和"永佃权"的斗争。其中，取得最大成效的有热水及彭寨高山乡，热水乡每亩田年租减少25%~30%，彭寨高山乡七星村全村105户410多人，共有水田427亩，一年减租近300石。各地农会组织开展"减租减息"斗争，减轻了农民负担，改善了人民生活，受到全县人民群众的热烈拥护。

第
二
节

党组织的建立与抗日救亡运动

一、党组织的建立与抗日民族统一战线的形成

和平县党组织的建立与发展 1938年3月，为了恢复和发展东江党组织，加强党对抗日救亡运动的领导，中共南方工委派麦任（又名麦文、麦刚，广东东莞人）到东江上游的五华、龙川、和平等地发展党员，恢复和建立党组织。在龙川县老隆镇经黄用舒介绍，麦任认识了热水进步青年罗响。5月中旬，麦任随罗响到热水乡调查，并认识张觉青。经过深入考察，麦任认为"罗响、张觉青他们不但有很高的革命热情，而且已经初步懂得了运用党的统一战线和武装斗争这两个法宝，并积累了一些可贵的经验，是较为成熟的发展对象"[①]，于是先介绍罗响加入了中国共产党，然后由罗响介绍张觉青入党。8月，在热水东华小学成立中共和平县支部，罗响任支部书记，张觉青任组织委员，叶镜芬任宣传委员，有党员13人，属龙川中心支部领导。

10月，曾在中山大学以及龙川一中、老隆师范等地加入党组织的曾源（曾镜湖）、黄志猷、骆灿、骆维强、骆柱石、骆越康等先后返县，于是中共和平地方组织的核心力量得到加强。

11月，中共龙川临时工委书记黄慈宽来和平指导工作。他在县城高泉寺召开的支部大会上，通报了惠州、广州失陷后的严

————————

① 引自麦任《和平建党情况补述》一文。

重形势，强调做好在九连山开展抗日游击战争的准备工作。会议做出了三个决定：一是扩大县内抗日民族统一战线，发展抗日武装；二是在农会骨干和进步青年知识分子中积极发展党员，建立基层组织；三是推动和平县抗敌后援会及农民协会工作，深入开展"减租减息"斗争。

12月，黄慈宽以中共龙川县委组织部长身份再次来和平传达上级关于"要反对关门主义倾向，放手发展党组织"的指示。会后，和平县支部及时派人到大坝、彭寨、东水、古寨、下车等地发展党员，建立基层党组织。为适应形势发展，将和平县支部分为热水中心支部与城厢支部。城厢支部由张觉青、黄惊白、陈忏庵（陈仁）、张祥镇、徐锦福5名党员组成，张觉青任支部书记，黄惊白任组织干事，徐锦福任宣传干事。下辖大坝党小组，大坝党小组由曾镜湖、游树芬2名党员组成，曾镜湖任小组长。热水中心支部由罗平（罗响）、罗镜清、黄志猷、罗宝萱、罗石恩、罗李石、周佛心7名党员组成，罗平（罗响）任支部书记，罗镜清任组织干事，黄志猷任宣传干事。根据龙川中心县委指示，热水和城厢两个支部由罗响统一领导。①

1939年1月，中共广东省委委员尹林平来和平检查工作。在县城解放路考亭居召开的会议上，尹林平传达了省委指示，提出当前党组织的几项主要工作任务：一是广泛发展敌后游击战争，配合正规军打击敌人；二是扩大群众组织；三是建立抗日民族统一战线精诚团结的范例；四是加强党的基础工作。2月，罗响到紫金县古竹镇参加中共东江地区第一次党员代表大会。大会成立中共东江特别委员会，尹林平任书记。会后，经特委批准，成立

---

① 《罗平关于和平县委工作的谈话记录》，《广东革命历史文件汇集》（1937—1941年），编号：0000875，广东省档案馆藏。

中共和平县工作委员会，书记罗响，组织部长张觉青，宣传部长黄志猷，上属中共龙川中心县委领导。

5月，中共东江特委宣传部长饶彰风、青委书记饶璜湘来和平县传达中共东江特委关于成立中共和平县委员会的决定，指定罗响任书记，张觉青任组织部长，曾源任宣传部长兼青年部长。会议决定，将工作中心转移到县城，做好迎接东江华侨回乡服务团到和平开展抗日救亡宣传的准备工作，开辟大湖、忠信一带的党组织建设工作，并派曾源到大坝地区筹建基层党组织。

是年8月，尹林平再次来到和平，在县委驻地"考亭居"传达中共中央《关于巩固党的决定》和中共广东省委"估计广东形势很快要恶化"的意见。当时，由于罗响的身份已经暴露，上级组织决定安排罗响撤离和平，到龙川中心县委工作，周宝时接任县委书记。

抗日民族统一战线的形成　1938年秋，根据上级的指示精神，中共和平地方组织发动群众，积极参加区、乡选举，建立抗日民主政权。经过乡民选举及和平县县长李则谋批准，黄惊白为阳明镇镇长，罗响为热水乡乡长，王守中、罗芳浓为副乡长。各保保长多由农会骨干兼任。还有青州、大湖乡，也是由共产党员或进步分子担任乡长。这样在和平县内就形成了连片的抗日民主政权，为建立抗日游击区打下了坚实基础。

在抗日民族统一战线方针指引下，中共和平县地方组织还充分利用抗敌后援会、统率委员会等合法组织形式，在抗日民主政权建设中，积极主动推荐社会贤达、进步青年、开明绅士参加政权工作，并先后在热水、青州、大坝、下车、古寨、彭寨、东水、林寨等乡成立抗日自卫大队，均由开明绅士和进步青年担任队长。

1939年5月，中共和平县委派出陈仁、游书芬、徐锦福等人进入国民党县党政部门及参议会工作。8月，中共和平县委统战工作小组成立，成员有陈仁、游书芬、徐锦福3人。他们与民主人士、爱国将士和衷共济，为建立抗日自卫武装队伍和抗日民主政权，发展工农业生产和文化教育等做出了贡献。事实上和平县的统战工作早就开始了，比如当年六七月份，经中共后东特委同意，和平县委就曾以和平县抗敌后援会的名义，主动协助国民党县政府在和平中学成功举办了和平县战时工作干部训练班。该训练班由县长李则谋任主任，国民党县党部书记长陈枕溪、县统率委员会副主任委员周刚如任副主任，陈启珩任教育长，黄惊白任政训主任，县国民兵团团长钟岳任军训主任，和平中学校长欧阳励侬任总务主任。中共东江特委统战部长张持平（改名张廉江），以国民党第十二集团军政治教官的身份前来指导，并在班内秘密成立中共支部。受训学员为各乡正副乡长、小学校长、自卫队长、救亡团体干部和妇抗会会员、抗先队员，共154人，大多数是由中共和平县委及进步人士推荐的进步青年。训练班分设3个中队，下设10个小组，各小组都由中共党员担任指导员。训练班遵循"理论与实际相结合，训练与任用相联系"的训练原则，实行"抗大式"的军事管理，历时30天。张廉江主讲"抗日民族统一战线""抗战形势——持久战"，陈启珩主讲"国际形势""中日关系发展史"，张觉青讲授"汉奸理论批判"，徐飞讲授"抗战建国纲领"，周刚如、古启中讲授"游击战术""军事常识与军事训练"等。训练班的活动基本正常开展，但其间也发生过一些小摩擦。

有个别学员（国民党顽固派）企图以"赤色分子"名义加害张廉江，要挟训练班辞退张廉江，国民党和平县党部曾要求学员参加国民党，但训练班坚持原则不为所动。经过这次举办训练班，培养了一批朝气蓬勃、富有活力的骨干力量，不但巩固了抗日民族统一战线，还发展了10多名中共党员。

学员结业后，共产党员黄惊白担任第一区区长，张觉青、周宝时等为区员，爱国民主人士陈启珩担任第三区区长，共产党员骆维强、林镜秋为区员。当时，全县36个乡（镇）副职、各自卫大队长大部分都由中共党员或先进知识青年担任。全县大部分地区建立起抗日民主政权，为全县开展抗日救亡工作和建立抗日游击区提供了重要的组织保证。

二、东江华侨回乡服务团在和平的活动

1939年，日本帝国主义发动的侵华战争不断向南推进，华南抗战形势十分严峻。九连山下的和平县就成了华南人民开展抗日活动最可靠的大后方，引起了党组织的重视。同年4月，在中共广东省委、东江特委推动和支持下，由海外华侨同胞组成的东江华侨回乡服务团来到东江各县开展抗日救亡宣传服务工作。其中第七分团与"两才队"（亦称"龙和队"）共有20多人，在团长刘宣、副团长许明远及队长黄志强率领下，先后来到和平县开展抗日宣传活动。

中共和平县工委为了配合东江华侨回乡服务团的活动，派出县工委宣传部长罗宝萱等10多名党员和进步青年加入服务团队，并在第七分团建立党支部，周宝时任支部书记。由华侨同胞和本地青年组成的第七分团有20余人，其中，华侨同胞有黄敏（黄德明）、黎灼光、梁海潮、方建初、郑芝及女团员朱徽、邓志积（邓英华）、易焕兰、严慧玲、邱庆鎏、何云、刘慧卿等12人，本地青年有罗宝萱、周宝时、黄克胜、曾文彬、曾景仰、罗声、李石、罗闻佑、曾徽道等人。第七分团活动范围主要在县城、热水、大坝、浰源、下车、合水、彭寨、林寨等区乡。

"两才队"是南洋侨领黄伯才、张郁才出资组织的回国回乡

抗日救亡团体。他们先到达龙川县后派出一小分队来到和东，队员亦有20余人，其中，女团员有黄碧芬、黄伟文、李良等人。全体队员分散在群众各家吃住。当时古寨水西的林镜秋、林小唐、林连佑他们家里都接待过该队队员。

服务团在和平开展工作的条件极差。当时，团部发给每人每月伙食费8元、办公费2元、生活零用2元，生活非常艰苦。和平县位于粤东北，九连山脉横贯县境，山多田少，交通不便，人民生活贫困。加上村镇分散，每到一个乡村都必须步行。这对于那些过惯了城市生活，离开温暖家庭，尤其是远涉重洋的回国青年，是一个严峻的考验。"两才队"在农村做了很多工作，不但动员民众积极参加抗日，而且在普及文化、扫除封建陋习，调解家庭纠纷，为民防疫治病，搞好乡村治安等许多方面花费了很多心血。

在县城的第七分团除了通过演出抗日话剧、演唱救亡歌曲，举行座谈会或出版墙报、黑板报等各种形式，向民众介绍国内外形势，报道抗战消息，还举办夜校向广大人民传授文化科学知识，进行爱国主义教育。每一项活动都在群众中引起了强烈反响。被派到热水、大坝、下车等区乡的工作队，在地方党组织的大力协助下，广泛发动农民参加农民协会、民众自卫队等群众抗日组织，利用夜校宣传抗日形势，教唱抗日歌曲。他们将当时流行的抗战歌曲《太行山上》改为《九连山上》，在群众中广为传唱。"妻子送郎上战场，母亲叫儿打东洋"的歌词几乎家喻户晓、妇孺皆知，极大地激发了当地青年的抗战热情，于是纷纷要求参军参战，为国效力。不少青年在抗日战场上献出了自己宝贵的生命，和平县民政局资料记载，全县在抗日战场上牺牲的烈士共有80名，其中大坝籍的曾景仰、热水籍的卢镜波、下车籍的徐子清先后牺牲在东江抗日前线。

在合水、彭寨、林寨、东水等地，都能看到不同形式的抗日宣传活动。"打倒日本帝国主义""打倒汉奸卖国贼汪精卫""抗战必胜，建国必成"等标语，在街头巷尾随处可见。华侨服务团的同志在宣传抗日之余，还积极为当地群众排忧解难。看见身患疟疾的农民，拿出自己带来的金鸡纳霜丸给患者治疗；农忙时节与当地农民一起在田间劳作。刚开始时，人们听到宣传"男女平等"，就担心引起婚变或家庭纠纷。经过华侨青年热心教导，又目睹他们协助调解过不少家庭纠纷，人们才消除戒备心理，并为这些爱国华侨同胞远涉重洋、举家纾难的义举所感动。之后，华侨服务团每到一个山村，都受到村民们的热情招待。

第七分团有一支工作队被派到永丰乡，队长黄敏，队员有邓志积、刘惠卿、曾徽道、黄克胜等。他们在开展宣传活动过程中，了解到从抗日前线回来的意志消沉的国民党独九旅一个营驻扎在该村，这些官兵虽无骚扰百姓之事，但当地民众不愿意和他们接近。工作队立即说服当地妇女为伤兵浆洗、缝补衣服，带头把水果、鸡蛋等慰问品送到兵营；工作队还为士兵举行慰问演出，当队员们演唱《松花江上》时，士兵们被感动得热泪盈眶。

后来，由于国民党当局实行"溶共、防共、限共、反共"的方针，华侨服务团的活动逐渐受到限制。1939年7月7日，国民党和平县当局企图对东江华侨回乡服务团发难，刘宣团长发表演说，理直气壮地给予反驳，引起听众的强烈共鸣。

随着国民党广东省当局对东江华侨回乡服务团的压制不断升级，第七分团和"两才队"在和平县的活动也越来越困难，至1940年春，不得不撤离和平县，来不及撤走的"两才队"女队员黄碧芬等竟遭到通缉，他们在中共和平地方组织和开明绅士林小唐先生极力保护下才免遭罹难。黄碧芬、黄伟文、李良等脱险之后，被安排在当地小学任教。其中，李良、黄伟文两位女队员还分别与本地两位中共党员喜结良缘，其他队员奔赴东江抗日前线。

三、中国工业合作协会和平事务所的建立及活动

抗日战争全面爆发后，中国各大城市遭到日军飞机的狂轰滥炸，大部分工厂不是被摧毁，就是被迫转移。失业工人、难民人数与日俱增，抗战物资日趋匮乏，人民生产生活面临严重困难。在民族危难关头，国际友人路易·艾黎和斯诺夫妇等为了支援中国抗日战争，倡议筹建中国工业合作协会，帮助中国发展手工业生产，安置失业工人。

1938年8月，胡愈之、陈翰笙、卢广锦、梁士纯和国际友人路易·艾黎、埃德加·斯诺夫妇在汉口成立中国工业合作协会，下设川康、东北、西南、晋豫、东南、西北、浙皖等办事处。路易·艾黎兼任东南区（江西赣州）办事处主任，活动在赣南的中国共产党武装力量——信南支队派出20多个得力干部、共产党员参加办事处工作。1939年春，"工合"东南区办事处在中共粤赣边委及信南支队的帮助下，派张石仁（共产党员，原名邓勋芳，南雄县人）和工程师叶荣健来到和平，建立中国工业合作协会和平事务所，叶荣健为主任，张石仁为指导员，中共和平县工委组织部长张觉青担任秘书。"工合"和平事务所的成立，不但直接支援了抗日，还为中共和平县地方组织开展统战工作提供了有利条件。

1939年5月中共和平县委成立后，"工合"和平事务所在党组织和人民群众的支持下，迅速发展。1939年冬至1940年春，"工合"在热水、上陵、大坝等地建起13个造纸生产合作社（简称"造纸社"），社员达208人。其中，热水乡横坑、罗香洞和辣菜坑3个造纸社的负责人是共产党员。

1940年，"工合"和平事务所先后在青州、浰源、县城、合水、大坝、上陵、下车、彭寨、古寨、东水等地建立造纸、炼铁、石灰、伐木、砖瓦、榨油、供销、机缝、制鞋、雨伞、碾米、织染和棕笼等十多个行业的基层社。是年，根据香港"工合"国际委员会秘书陈翰笙的建议，和平事务所先在龙川县老隆镇建立印刷社，之后，又在连平县忠信建立石灰厂、榨油厂，在新丰县石背建起炼铁厂。派出共产党员谢平波（和平县热水人）和黄维翰分别到江西龙南县城和梅县两地筹建"工合"指导站，并担任指导员。至此，和平事务所下属已有60多个基层社（厂）和多个"工合"指导站，共有社员800余人。

1940年冬，成立"工合"和平联合社，陈仁为理事主席，叶吉祥为总经理（后由王相文、叶金蝉接任），陈福伦（陈景文）为副总经理（后由吴炳煌、曾文彬、叶如光接任），袁宝信为监事主席。其中陈仁、叶吉祥、陈景文、王相文、叶如光等人均是共产党员。

1941年4月，为创办和平县印刷生产合作社，中共和平县委书记曾源举家纾难，让家父经营的大新纸行停业，从中无偿拨出二层楼房计1500平方米为社址，并筹集股金4880银元作为经营资金，开展书刊、文件、广告等印刷业务。和平县印刷生产合作社与"工合"和平联合社一起办公，一些县委领导以及外地转来的党员干部也在此隐蔽活动，于是这里又成了中共和平县委重要的活动据点和联络点。

路易·艾黎与中共和平县委领导对干部的培养极为重视。其间，东南区办事处在江西瑞金举办的第一期东南区"工合"讲习班，全班59个学员，和平县占了6个名额，县委派出谢平波等4名党员和2名群众参加。第二期"工合"讲习班，和平县党组织也派出了3名党员参加。后来办事处在赣州举办机械训练班，和平县又派出2名共产党员和1名进步青年参加。

1941年冬至1942年春，为加强技术力量，"工合"和平事务所先后派出10人到南雄和福建省长汀学习生产玉扣纸、土报纸、东庄纸的生产技术。1942年7月至9月，在和平县印刷生产合作社举办了两期会计员训练班，学员30多人。1943年春，热水横坑造纸社、低湖造纸社也举办过多期训练班，共培训出70多名技术骨干。通过培训，加强了"工合"基层社的管理，改进了生产技术，大大降低了成本，提高了效益。

和平"工合"的建立和发展，离不开东南区办事处的支持和指导。1939年冬至1940年，路易·艾黎主任曾先后两次到和平视察指导工作。1942年冬，东南区办事处主任陈志昆也曾亲临和平指导工作。

"工合"组织的创办，经历了非常艰苦的斗争。由于国民党反动派"消极抗日，积极反共"，对"工合"一直持反对态度，所以"工合"只能在斗争中生存和发展。1941年，时任赣南行署专员的蒋经国企图搞垮"工合"东南区办事处，亲自下令逮捕龙南县"工合"指导站指导员谢平波，1942年又下令逮捕东南区办事处主任王育磷，事后谢、王两人均由路易·艾黎等出面保释。

国民党和平县县长曾枢对和平"工合"也经常发难，给"工合"业务发展设置重重障碍。1941年，他设立"合作指导室"，规定"工合"职员到基层社指导、检查工作，必须先经县政府"合作指导室"批准，企图以此限制、监视共产党的活动。

1942年，热水乡乡长黄绿崖说热水农会、"工合"都是"异党分子活动的场所"，试图搞垮"工合"基层社。他们逮捕了野猪窝造纸社黄春景等两名共产党员。东南区办事处闻讯，立即派员到和平向有关方面提出抗议。经过调查，结果证据不足，联合调查组公开澄清事实。同年冬，曾枢捏造事实，以有可疑的人进入"工合"驻地为由,派出武装对"工合"事务所、联合社和印刷社包围搜查。事件发生后,共产党员叶景盛和事务所主任邹逸卿与曾枢据理力争,逼使曾枢不得不道歉认错。

后来,在反共逆流日趋严重的情况下,和平县党组织逐步将比较暴露的干部分散撤离,留下少数党员干部在"工合"坚持工作。他们在极端艰难的条件下,在复杂多变的环境中,想方设法保住了"工合"这个肩负着经济和政治双重使命的组织,使之照常运转。其中一些基层社完整地保存下来,直到全国解放。

中国"工合"和平事务所,紧紧依靠人民群众,自始至终在党的领导下开展活动,不仅对和平县经济社会发展起到了积极推动作用,而且对中共和平地方组织发展壮大具有重大影响。主要有以下几个方面:

一是掩护了党组织活动。在当时的历史条件下,和平党组织与"工合"在某种意义上形成了互相依存关系,"工合"在共产党领导和支持下得到快速发展,党组织也在"工合"发展过程中不断壮大。中国"工合"和平事务所刚建立时,中共和平县委利用"工合"促进党组织发展。1939年冬,成立"工合"支部。至1942年夏,60%的基层社建立党支部,70%的基层社都有党员,全县"工合"组织有共产党员100多人,建立了一支党员队伍。其中和平印刷社,九连炼铁社、伐木社、横坑、同福坪、低湖等造纸社的支部都是比较健全的。

1940—1942年,不少在外地暴露身份的党员,由后东特委调来和平隐蔽。魏则鸣①、李家良(即李汉兴,龙川中心县委负责

---

① 魏则鸣,1940年任中共和平县委宣传部长,1941年1月任中共和平县委书记。

人）、陈景文[①]等地方党组织的领导都曾在"工合"和平印刷社掩护下开展党的工作。和平"工合"联合社、印刷社实际上已成为中共和平县委领导机关所在地。

二是培养了一大批建设人才，推动了手工业生产发展。1939—1942年，东南区办事处通过举办各种训练班，培养了近100名"工合"技术骨干，从而有力地推动了生产管理和技术革新，为和平县手工业生产发展奠定了良好基础。

三是为党组织印制了大量文件。1941年初，国民党顽固派发动第二次反共高潮，制造了震惊中外的"皖南事变"。后东特委指示和平县委，由和平印刷社印制大量揭露事件真相的文件，分发到各地，揭露国民党顽固派的反共阴谋。

四是为地方党组织提供活动经费。首先是以"工合"的合法途径进行借贷，从中抽出一部分交给党组织。其次是通过发展生产，提高管理效益，为党组织提供经费来源。

在全民族抗战最为艰难的时期，"工合"为中国乃至世界反法西斯战争做出了重要贡献，这里有"工合"和平事务所留下的历史篇章。

---

① 陈景文，五华人，1942年3月任中共和平（和西）县委副特派员，1945年9月任中共连和县工委书记。

第四节 敌后抗日游击区的巩固

一、党组织发展壮大与隐蔽斗争

党组织的发展壮大 中共和平县委建立后，开始有组织、有计划、有步骤地发展党员。先后派出一批党员干部深入学校、群众团体以及基础较好的乡村开展建党工作，党员人数不断增多，党组织不断扩大，党的力量不断增强。1939年下半年至1942年春，是和平县党组织快速发展时期。其间，县内各地民众在党组织领导下纷纷成立农会开展"减租减息"斗争，或创建工业合作社，开展工业合作运动。县内各阶级利益关系得到相应调整，解放和发展了生产力，壮大了党的阶级基础。

1940年2月，中共东江特委对和平县委领导成员做出调整，曾源任县委书记。周宝时被派到大湖、忠信地区开展建党工作，他与陈学源、黄慕平一起培养并介绍吴泓生、曾方如入党，建立了连平县第一个党小组；5月，周宝时又被派到新丰县工作，建立中共新丰县工委，任工委书记（改名叫周惠敏）。

从1940年春开始，根据上级指示精神，中共和平县委开展了审查党员、整顿党组织工作，5月底结束。经过整顿和审查，对不符合党员条件或个别变节分子，采取放弃或开除方式，中断其组织关系。

1941年7月，为有利于加强党的领导和开展抗日游击战争，中共后东特委①根据上级有关"缩小各级领导机关至短小精干的程度"的指示，决定把中共和平县委分成和东、和西两个县委。和平（和西）县委由曾源任书记，刘惠兰任组织部长，魏则鸣任宣传部长，下辖和西、连平忠信、惠化地区党组织。和东县委由陈坤贤任书记，骆维强任组织部长，骆灿任宣传部长，林镜秋任统战部长，刘奇任青年部长，下辖和东、（龙）川北（部）地区党组织。

8月，曾源奉命到大坝小学任校长，待机回中山大学复学。和西县委由魏则鸣任书记，张华基任组织部长，郑群（郑汉均，在大坝小学教书）任宣传部长，罗维芝（阳明小学教师）任统战部长，黄定邦任青年部长，陈重光任妇女干事。

这一时期，和平党组织得到迅速发展。1942年春，全县先后成立上热水、下热水、附城、大坝、彭寨、东水（后改为中心支部）6个区委，29个支部、4个直属党小组，有党员360多人。"这在当时的广东地区来说，有这么多党员的县份是为数不多的。"②热水、大坝、古寨、彭寨、东水、林寨、下车等地成立抗日自卫大队，队员近2000人；其他各乡先后成立农民协会、抗日同志会、教师联合会等群众团体，会员近4000人，活动遍及全县24个乡镇。另外，热水、青州、大湖还建立了比较巩固的"白皮红心"的自治政权。

在加快党组织发展壮大的同时，县委十分重视加强党的思想、作风和制度建设。1939年冬至1942年春，县委派出得力干部

---

①　全称中国共产党东江后方特别委员会，1941年3月在龙川老隆成立，书记梁威林。隶属中共粤北省委，下辖龙川、五华、和平、河源、新丰、紫金县委及连平工委。同年底，改特派员制，特派员梁威林。

②　郑群：《历经烽火考验的和平党组织》，选自中共和平县委党史编纂委员会编《浰江怒涛》，中共党史出版社2004年。

分别于热水三企人、热水新洞朱亚佛家与热水兴隆王相文家举办了第一、第二、第三期党员干部训练班，还在县城河唇街阙其中家、彭寨马塘刘观扬家、下车石含小学、大坝水背小学、林寨乌石下黄馨荣家等地办过学运干部训练班，共有小组长以上100多名党员干部参加，从而促使全县党员干部的政治理论水平和群众工作水平得到提高，党组织战斗力得到加强。

和平县党组织的"隐蔽"活动 1939年至1940年春，国民党顽固派在全国掀起了第一次反共高潮。国民党顽固派挑起的反共逆流，很快波及广东，无数共产党员遭到打击排挤，各地倾向进步的县长陆续被撤换，抗日团体的活动受到限制。和平县也不例外，1940年5月，国民党和平县当局查封彭寨浰东书店，就是事态发展的开端。

1941年1月"皖南事变"后，国民党顽固派在全国掀起第二次反共高潮。中共中央指示，必须提高警惕，保存和发展力量，发动群众，壮大抗日武装，广泛建立抗日根据地和游击区。接着粤北省委发出指示，要求各级党组织"必须认识时局的严重性，纠正对广东环境特殊的乐观估计，迅速采取措施，以保存党的力量""缩小各级领导机关至短小精干的程度"[①]。因而，1942年3月，和平县党组织实行特派员制，开始转入地下活动。

1942年5月，国民党顽固派连续制造了"粤北事件"和"南委事件"[②]。"粤北事件"后，调入粤北省委机关工作的曾源和

---

① 《中共中央关于时局逆转与党的应付措施给粤委的指示》，见《南方局党史资料》（二），重庆出版社1990年，第17、18页。

② 1942年5月26日，国民党特务于曲江逮捕了南方工委组织部长郭潜。郭潜叛变后第二天，即5月27日带领国民党特务逮捕了粤北省委书记李大林和组织部长饶卫华。30日，因郭潜出卖，廖承志也在乐昌县被秘密逮捕。6月6日，南方工委副书记张文彬、宣传部长涂振农同时被捕。这就是震惊全国的"粤北事件"和"南委事件"。

省委宣传部长黄康先后于6月上、中旬抵达老隆，向中共后东特委报告了粤北省委遭到敌人破坏的消息。为预防不测，后东特委特派员梁威林果断采取非常措施，指示后东特委机关全体人员立即离开原地，到各地分散隐蔽，并派人迅速通知各县党组织做好分散隐蔽工作。按照后东特委的指示，各地党组织实行单线联系，坚持隐蔽活动。隐蔽期间，和平县地方党组织采取了以下四个方面措施：

（1）和西县委由大坝区委黄华明与党员卢英德、黄培良等组织筹资，派出党员周子贞、徐胜如在和平县城河唇街兴办"华记""展和"号商铺作为党的联络据点，和西县委特派员张华基以经营土纸、杂货为掩护，与党的干部保持单线联系；和东县委以老隆镇沿江街绳索店为联络据点，与党的干部保持联系。同时，把在兴宁县电信局工作的中共党员游书馨调回和平县电信局。他利用在电信局工作的有利条件，为党的事业成功地完成大量情报收集、转发任务。

（2）将已暴露身份或已引起国民党顽固派注意的党员干部曾源、林镜秋等上百人，分五批送到东江抗日前线，参加广东人民抗日义勇总队（后称东江纵队）。

（3）利用"工合"和平联合社掩护一批党员干部顺利渡过难关。这期间，先后推选了共产党员王相文、叶金蝉担任"工合"和平联合社总经理，吴炳煌、曾文彬、叶如光为副总经理，为掩护党的干部创造了有利条件。外地不少暴露了身份的党组织领导人，调到和平"工合"隐蔽。其中，魏则鸣调来和平后，曾以"工合"联合社辅导员的身份，先后担任和平县委宣传部长、县委书记等职务；中心县委干部李家良以"工合"事务所助理员的身份领导和协助中共和平县委工作；陈景文则以"工合"联合社副总经理的职务先后在和平、老隆"工合"印刷社负责党组织的领导工作。

此外，薛学文、蓝若天、邓达聪、刘炳文、康燕芬等也曾在和平"工合"担任过不同的职务。上述这些党组织领导同志和党员骨干能够在恶劣的政治环境中得以安全隐蔽，顺利渡过难关，与和平地方党组织的积极配合密不可分。

（4）将一批知识分子党员转入本县中小学，以教员的公开身份，从事地下活动。一些农民党员则利用农会或从事商贩活动分散隐蔽，停止公开活动。

在各级党组织坚强领导下，和平县党组织坚决执行了"隐蔽精干，长期埋伏，积蓄力量，等待时机"方针，及时将党员干部分散隐蔽，才使党组织免遭破坏，党的力量免遭损失。

反击反共逆流的斗争　随着国民党顽固派掀起一次次反共高潮，国民党和平县当局的少数顽固派分子亦步亦趋，遥相呼应，在舆论、经济、政治诸方面，制造了不少事端。中共和平县地方组织按照中共中央的指示精神，坚持统一战线，利用矛盾，争取多数，反对少数，各个击破，与国民党顽固派进行有理、有利、有节的斗争。

1940年2月，热水乡地主分子黄某、特务分子黄醒民为了破坏"减租减息"运动，指使寡妇裴某以假典卖土地方式，与农民协会会员罗观清争夺"耕租田"。热水区委根据中华民国《民法》和《土地法》有关规定，组织热水农民协会将此事上诉广东高等法院。法院判决裴某无理，热水农民取得了维护"永佃权"斗争的胜利。

1941年2月，为了让民众更好地了解"皖南事变"的真相，揭露国民党反动派的罪恶阴谋，中共后东特委派人将和平印刷社秘密印制的传单散发到县内外。以教师职业为掩护的新丰县工委书记周宝时（化名周惠敏，1939年8月曾任中共和平县委书记）

回到和平过春节，然后携带传单返回新丰县福水小学，被进驻该校的国民党兵发现，不幸被捕，被解送韶关师管区，投入帽子峰监狱。周在狱中遭严刑拷打而坚贞不屈，没有暴露党员身份。在审讯庭上，他历数蒋介石集团消极抗战以及在政治、经济、军事等方面的罪行，审判官无言以对，听众为之动容。当年5月，当局以解押回和平原籍处理为名，行至翁源与新丰交界处一个名叫官渡狮子山的密林中将周宝时秘密杀害。

中共和平县委派周宝时胞兄周宝珊等前往处理后事，并组织全县各支部秘密开追悼会，号召全体党员学习周宝时坚定的共产主义信念和努力学习、勇于开拓、敢于斗争又善于斗争的革命精神，以实际行动沉痛悼念周宝时同志。

其时，县内和平中学教务主任、三青团和中区队长徐声涛（顽固派首要分子）利用《和平三日报》发表《有色眼镜》等文章，鼓吹蒋介石"一个主义""一个党""一个政府""一个领袖"的"一党专政、领袖独裁"的专制谬论，说什么"马克思主义不适合中国国情""苏联是赤色帝国主义""四联中学是'苏联中学'"；公开诬蔑共产党为"异党""奸党"，八路军、新四军为"叛军"等等。他利用职权禁止师生阅读进步书刊、演出抗日戏剧，迫害党员学生干部，指使县邮电局带薪就读于学校的特务分子吴××等，监视、打击进步教师殷智清（中共党员）、陆毅（女）、黄荣国（中共党员）、郑基、周申明和麦鸣夫妇、李幽谷（李群）等。他们秘密策划搜查周申明和麦鸣夫妇居室，寻找"异党"证据，将藏着子弹的匿名信塞入殷智清老师的住房，进行威胁、恐吓等等，引起了进步师生的共愤。中共和平县委发动学校支部党员和进步师生与之论理，并暗中保护这些进步教师，帮助他们转移进步书籍，然后，安排他们安全离开和平。

1941年8月，和平中学师生在县委魏则鸣、郑群的领导和部署下，散发传单揭露反动派的罪行。他们和中学生支部党员分工配合，一夜之间，将传单张贴于学校课室、宿舍及县城大街小巷，以至离县城10里以内的路口商店、茶亭，迫使徐声涛等顽固派的嚣张气焰有所收敛。

1941年夏，曾枢出任国民党和平县县长。他与蒋介石集团掀起第二次反共高潮遥相呼应，通过和平县政府"合作指导室"限制、监视和平地方党组织活动，还串通银行减少贷款，压制破坏和平"工合"基层社（厂）的发展。同时与热水乡乡长黄绿崖，副乡长黄醒民、谢超腾串通一气，以"工合"社发展"异党"、购买武器、扰乱后方为名，拘捕了共产党员黄春景、叶育仁二人，追捕通缉原中共龙川中心县委领导人李家良。在和平县党组织的顽强斗争下，国民党顽固派的反共阴谋被一一粉碎。

1942年春，热水乡通过乡民选举，共产党员黄志猷当选为乡长，共产党员王守中、罗芳浓分别当选副乡长。但是，县长曾枢不但不予批准，反而委任其亲信反动顽固分子黄绿崖、特务分子黄醒民与顽固分子谢超腾为正、副乡长，使"白皮红心"的热水抗日民主政权变成国民党专制政权。

1943年2月20日，热水乡顽固势力向国民党当局诬告热水农会及"工合"基层社是共党的活动阵地，于是曾枢以抗拒兵役为由，下令逮捕了谢平波和进步青年王信乐，将他们羁押于热水乡公所。经乡绅保释无效后，支部书记邹章无比气愤，发动农会会员、自卫队员四五百人拿起枪支、大刀，包围热水乡公所，与热水联防队展开了战斗。曾、黄等人被迫撤至黄家楼阁顽抗死守。与此同时，自卫队员截击了另一乡警队20余人和浰源乡巡警20多人，共缴获短枪3支、长枪40多支。县委认为这是群众自发的武装斗争，根据中共中央关于"在国民党统治区不宜开展武装斗争"的方针，于是派出附城区委、"工合"和平事务所干部叶景盛、王森喜等人赶赴热水乡，通过社会知名人士出面调解，妥善解决此事。22日，曾枢串通第十二集团军一野战连，调集两个县警中队及大成乡、浰源乡警中队共500余人前往热水进行疯狂镇压。他们烧毁了田心村民房200多间，致使160多人无家可归，烧死老人10多人，枪杀村民4人，逮捕8人，洗劫了大批财物。谢平波在押往韶关途经翁源的龙仙松林中被秘密杀害，王信乐则在韶关监狱被折磨致死。这就是当时轰动省城的"热水事件"。

为了防止事态进一步恶化，中共和平县委利用统战关系，请爱国民主人士黄汉廷出面邀集周刚如、赖平一、谢德斋等乡绅进行调解，处理善后工作。热水区委派出成员与农会及受害者家属代表10多人，到兴宁专署、韶关临时省府控告鸣冤，取得社会广泛同情。又通过热水籍知名开明乡绅罗景濂与省参议员徐飞的关系，向省府告发曾枢征兵徇私舞弊以及烧、杀、抢的罪行，结果曾枢被撤职，黄绿崖弃职出逃，黄醒民被热水农会处决。国民党顽固派挑起的反共摩擦事件均以彻底失败而告终。

二、党组织恢复与敌后抗日游击区发展

党组织的恢复　1944年秋，日军打通了粤汉铁路交通线，并占领广东沿海地区，整个广东面临全面沦陷的危险。为了适应形势的变化，是年11月，根据广东省临委关于开展整风学习训练干部的指示，后东特委在惠阳县大鹏半岛举办整风学习班。和西及和东县、区干部黄华明、林友（林启连）、骆越康、叶绍基、黄定邦、庄克文等参加学习。

1945年1月，黄华明、林启连、刘奇、骆越康等从东江前线返回和平。后东特委指示由黄华明任和西县委特派员，林启连任副特派员；刘奇任和东县委特派员，骆越康任副特派员。他们返回和平后立即开展恢复和发展党组织的工作。按照"既积极又慎

重"的工作要求，采取了三项措施：一是全面审查党员在党组织停止活动期间的表现，对历史清楚，能保持党员条件的，恢复其组织关系；二是坚持在革命斗争中考验考察，逐步恢复党员组织关系；三是在恢复党组织活动中，考察积极分子，发展党组织。

1945年2月，林启连到下车，黄百炼到附城、热水，陈朋在大坝分头负责恢复党组织工作。至1945年上半年，和西区的大坝、附城、热水以及和东区的彭寨、古寨、林寨、东水等地党组织得到恢复，共计恢复组织关系的党员有194人。从和西、和东党组织系统看，在隐蔽期间他们坚决执行了中共中央和广东区党委的方针，积极开展"三勤"活动，做到了组织不乱，人员不散，职业化、社会化、合法化活动有序进行。绝大多数党员，特别是党员干部都经受了严格的斗争考验，增强了组织纪律性，提高了党员的工作能力和党组织的战斗力。

发展敌后抗日游击区　在抗日救亡运动中，和平县有一大批进步青年得到锻炼，思想政治觉悟不断提高。和平党组织适时把握机遇发展壮大党的力量，加强党员队伍建设。这时，和平县党组织的发展不仅表现为党员数量的增加，而且党员素质也在不断提高。各级党组织逐步成为具有一定群众基础的核心力量，建立抗日民主政权和抗日自卫大队，为开展抗日游击战争创造了条件。

1945年2月至6月，和西县委特派员黄华明在大坝以"团结互助，抗日保家"为宗旨，秘密组建大坝大刀会，有30名会员。热水区委书记罗维之通过知名乡绅、省参议员罗景濂的私人关系，动员罗景濂说服在热水闲居的十九路军师长丘兆琛将两挺手提机枪、4支驳壳枪、9支步枪献给热水抗日自卫大队。与此同时，彭寨区委曾宪拔、党员曾作霖（曾辉）发动当地统战对象及宗亲筹集了一批枪支，组建彭寨抗日游击小队，队长陈荣章，副队长曾宪拔，有队员10多人。区委委员梁锡祥（化名梁飞奋）在安坳建立了安坳民众抗日自卫大队，大队长梁飞奋，副大队长梁蔚畅，参谋长林佩光，教官梁暖材、林玉如，有队员500多人。加上下车石含抗日自卫中队，当时全县的抗日自卫大队共计3000多人。这些抗日武装，不仅为创建敌后抗日游击区打下了基础，同时对维护地方社会治安秩序也做出了应有的贡献。

在抗日战争期间，和平县党组织通过发动农会会员、合作社职员积极参与民主选举等方式，建立乡村抗日民主政权。在抗日民主政权的领导和农民协会配合下，广大人民群众自力更生，大力发展工农业生产，改善生活；实行"减租减息"，化解宗族械斗，巩固和扩大了抗日民族统一战线，正确处理各阶级、阶层之间的利益关系，这是九连抗日游击区得以发展的根本保证。至抗战结束时，全县创建了热水、大坝、下车、东水、古寨、彭寨、青州等15个乡（镇）中所辖57个村庄和51个自然村"抗日游击区"，人口8.75万，占当时全县总人口16.5万的53%。

游击区人民在党的领导下，不断选送优秀党员干部奔赴抗日前线。1939年秋至1940年春，和平县委派出黄志猷协同揭阳县青年抗敌同志会，组成以杨世瑞（中共党员）为队长的战地工作队，有30多人，开赴抗日前线。1942年秋至1943年，和平县委又组织选派了近百名党员干部和先进青年奔赴东江前线，参加广东人民抗日义勇总队（后改称东江纵队），配合国民党正面战场，抗击日本侵略者。下车籍的和平县委副特派员徐子清、大坝籍的曾景仰、热水籍的卢镜波、上陵籍的吴达志等先后在东江抗日前线壮烈牺牲。

1945年5月，占据广东珠江三角洲地区的侵华日军二〇七师团部2000余人、军马数百匹，从惠州向东江上游各县推进，17日侵占河源城。6月初，由河源经灯塔、连平忠信，沿忠（信）定

（南）公路经和平窜向江西赣州集结，妄图构筑东南坚固防线，做垂死挣扎。和西、和东县委组织热水主力中队、大坝大刀会、下车石含自卫中队、彭寨抗日游击队、安坳民众抗日自卫大队等，与驻守和平县番号为"江南"的部队及独九旅团结战斗，给日军以迎头痛击。6月10日，日军先头部队100多人及数十名便衣，经绣缎进入鲁岭时，未发现武装力量，后续部队接踵而进。时驻合水的国军独九旅六二六团一营，早已设伏于彰丰洞口的瓦石寨高地，待日军进至伏击圈时一齐开火，日军慌乱中组织火力还击，战斗持续一个多小时。这次伏击，虽然未能彻底打退日军的进犯，但已大灭侵略者威风，长了和平军民的志气。

6月15—16日，由汉奸引领，日军分三路向北挺进，第一路沿和（平）定（南）公路，第二路经石谷、岑岗一带，第三路沿七窖山冈经龙狮向江西定南窜犯。沿和（平）定（南）公路向北前进的日军进至大坝"狭颈"时，恐遭伏击，只好绕经曹屋寨大山坡前进，行至大坝与上陵交界处的漆木坳时，遭到独九旅狠狠打击。然后日军狼狈地向江西省定南方向窜去。此役，歼敌数人，缴获敌人坦克3辆，国军也有3人牺牲。

三、敌后抗日根据地的反顽斗争

为了巩固敌后抗日根据地，和平地方党组织依靠群众力量与反动势力展开了针锋相对的斗争。

1944年春，一支数十人号称"工农铁勇军"的流寇，打着"共产党领导""劫富救贫"的旗号，在和平县附城、大坝、热水、彭寨、古寨及江西定南、龙南、全南等地打家劫舍，捣乱社会秩序，破坏共产党与人民群众的关系。和平县党组织一方面派党员卢华强（附城人）深入跟踪，一方面迅速将情况通过单线传达到全体党员和上级领导，以免误入其圈套。6月，卢华强获得

"东南军司令部"制作的"工农铁勇军"铜质证章一枚、"委任状"一份，将"工农铁勇军"组织暴动的情况报告县委。县委通过时任县政府秘书科长游书芬（共产党员）将消息及时告知开明抗日的县长谢月峰。其间，恰逢"工农铁勇军"参谋长邹启明、大队长卢大义率领"工农铁勇军"与受骗群众100多人，企图攻打监狱，放走犯人。结果谢月峰下令围剿，捕获邹启明、卢大义及副司令朱兰馨等首要分子，予以处决。其他成员及受骗群众，经教育释放回家，其组织随之瓦解，匪患得以清除，保证了社会安定。

1944年夏秋，蒋介石集团及广东省政府当局将"南韶师管区"番号"江南"的两个团、独九旅"山岳"部两个团，共4000余人，移驻和平县城一带，以及忠（信）定（南）公路沿线，并派"山岳"部团长杜湛津任和平县县长，以强化其反动统治。为保存和发展进步势力，击退反共逆流，中共和平地方组织与国民党顽固势力展开了"有理、有利、有节"的斗争。

杜湛津是个反共顽固分子，性格凶暴残恶，道德败坏，因争夺权力问题与地方封建势力闹矛盾，斗得你死我活。他与县政府一个女出纳员姘居直至女方怀孕，影响极坏。地方封建势力代表人物、国民党县党部书记长李村、县参议员黄介与黄自艳等人获悉其丑行后，写成"白头贴"，于1945年春节后，故意张贴在"八一三"书店附近街道上，还在群众中散播谣言，说"白头贴"是"八一三"书店的人干的，借机达到既打击杜湛津，又嫁祸给"八一三"书店的目的。结果杜湛津以"赤色书店"的罪名，命令县警察局派出20多名武装警察包围"八一三"书店。反动派从地下至二楼翻箱倒柜进行搜查，虽未找到一点证据，仍强行逮捕原经理黄唯泉（共产党员）和经理黄巨，将书店查封，然后又逮捕了和平县委统战小组成员陈仁、游书芬、徐锦福和进步青年徐省三、朱理从、徐德标等人。

后来，和平县委通过开明绅士徐飞、罗景濂（两人均是省参议员）及黄汉廷等出面具保，保释出陈仁、游书芬、徐锦福、徐省三4人，而黄唯泉、黄巨、朱理从、徐德标4人被押解至龙川看守所。后经党组织积极营救，县统率委员会副主任委员周刚如、开明人士黄毅夫等具保才获得释放，从而取得了反顽斗争的胜利。

1945年6月12日，国民党独九旅工兵连30多人，从河源经青州来到热水骚扰农民，胁迫乡公所交出粮食、肉类，准备经涮源北上江西赣州。当地群众见他们不打鬼子反而骚扰百姓，无比痛恨。热水抗日自卫大队大队长罗润池决定给予狠狠打击，于是命令三个中队50多人到马坑径山峪伏击，缴获工兵连轻机枪1挺，驳壳枪1支，步枪27支，弹药、物资一批。热水顽固分子谢超腾、黄××对此事件十分不满。16日后，谢超腾、黄××将受伤的工兵连连长何×抬到县长杜湛津处告状，称热水"奸党"抢劫工兵连枪弹、军需物资。杜湛津暴跳如雷，命令热水乡公所，限3天内交出肇事为首分子，交回枪弹、物资并赔偿医疗费用，否则立即"进剿"热水。中共和西县委特派员黄华明亲赴热水与区委书记、副大队长罗维之，区委成员王森喜、王守中和乡长叶吉祥等商讨对策，决定和平解决此事件。在自卫队撤至九连山隐蔽好后，热水乡公所即函复县政府称"工兵连无番号、领章和胸章，不守风纪，骚扰百姓，吾等以为汉奸军队，予以缴械"。然后由省参议员罗景濂与闲居热水的十九路军师长丘兆琛将军出面，将此事件向省政府主席李汉魂报告，并与和平县政府交涉，最后裁定热水乡公所交回所收缴的枪械，政府当局不再追究。中共和西县委在处理"工兵连事件"时，依照"有理、有利、有节"的斗争方针，挫败了国民党顽固派的阴谋，又一次维护了共同抗日的大局。

第三章
夺取解放战争胜利

第一节 东江纵队第三支队挺进九连山开辟游击根据地

一、东江纵队第三支队挺进九连山

1945年8月，日本帝国主义宣布投降，抗日战争取得伟大胜利。但是蒋介石统治集团为了独占抗战胜利果实，继续实行"一党专政"，一意孤行，妄图消灭中国共产党及其领导的人民武装。因此，抗战胜利后中国仍然面临着和平与内战两种命运、两个前途的决战。

1945年9月，广东区党委遵照中共中央指示精神，做出坚持长期斗争的工作部署。广东区党委和东江纵队司令部决定，派遣东江纵队第三支队（下称"东纵三支队"）进入九连山，以和平为依托，在连平、河源、龙川和江西省定南、虔（全）南、龙南的广阔地区展开游击战争，打击敌人，扩大影响，从战略上配合东江、粤北地区兄弟部队，粉碎国民党当局发动内战的阴谋。

在此之前，1945年8月，中共后东特委书记梁威林根据广东区党委的指示，已派钟俊贤、陈景文从紫金古竹赴罗浮山受命筹建中共连和县工作委员会。9月初，中共连和县工作委员会（简称"中共连和工委"）在和平县热水乡柳村成立，陈景文任书记，林启连任组织部长，黄华明任宣传部长。中共连和工委成立后，讨论并制定三项主要任务：一是迎接东纵三支队挺进九连山建立战略性根据地；二是抓紧恢复和发展党组织；三是到大湖、忠信恢复党组织活动。接着，工委书记陈景文赴东水向和东县委特派员刘奇、副特派员骆越康布置任务，然后又到和平县城、热水、青州等地指导开展工作。当地党组织发动群众，尽快筹集粮食，安排联络站点，为迎接部队做好充分准备。

1945年10月2日，东纵三支队在政委曾源、支队长彭沃率领下，从惠阳镇隆出发，渡过东江前往博罗。10月15日，转移到博罗县靠近河源的何家田。10月21日，挥戈北上，向九连山挺进。为了迷惑敌人，支队打着"民众自卫队"的旗号，沿博罗县东北部经鹅公寨、白马布、李总营、松原岭、东坑等地，向河源方向前进。为尽快与当地党组织取得联系，支队部派出民运队长张觉青打前锋。10月25日，张觉青到达连平县大湖湖东中心小学找到了黄华明、曾方如，通知他们做好迎接的具体工作。为了安全起见，第二天一早，黄华明就安排张觉青到油村朱宝田家隐蔽，并将地下党部分骨干分成三组分头行动：一组由曾文恩、曾文贤两人前往烟墩墟；二组由黄华明、曾方如两人去新桥；三组由曾宪章、黄百炼、曾辉寰、卢英才等留校，分头迎接部队。

11月1日凌晨，支队部与警卫连和第三大队首先到达九连山下的热水新洞。接着，陈一民和邓发、王彪率领的第一大队，张新、吴提祥率领的第二大队也先后到达。从10月2日东纵三支队在惠阳县镇隆出发算起，全体指战员凭着坚强意志，用了一个月时间，经过300余公里的长途行军和多次战斗，冲破了敌人重重阻拦、截击、围堵与追击，终于胜利完成挺进九连山战略大转移的艰巨任务。

二、中共九连山区工作委员会成立

东纵三支队胜利抵达目的地后，将支队部设在新洞农会会员裴大佛家里。曾源当即叫裴大佛通知地下党员罗镜清（罗维之）、王守中、王森喜等人前来商量接待部队的工作。当天下午，罗镜清、王守中与热水乡乡长罗文运一起来到支队部，热水的同志表示全力帮助部队解决后勤供给问题，迅速建立交通联络站，做好情报收集工作，并立即派出一名干部驻队，负责办理具体事项。

中共连和工委书记陈景文闻讯很快赶来新洞与支队首长见面。按照中共后东特委指示，部队抵达九连山后，连平、和平（和西）两县党的工作，交由部队统一领导，原中共连和工委机构撤销。陈景文返回龙川老隆印刷社隐蔽，负责帮助部队搞好交通情报、物资采购和经济开发等工作。

部队在热水新洞休整了一天，翌日转移到野猪窝。由于部队白天行军暴露了目标，为了避开国民党军的跟踪追击，必须抓紧时间做好迎击敌人的准备，为此在野猪窝召开了扩大会议。各大队领导干部、中共连和工委宣传部长黄华明参加了会议。会议对九连山地区的形势、斗争方针、政策和具体工作进行了认真讨论，对今后的工作做了全面部署。

（1）成立中共九连山区工作委员会（上属"东江纵队粤北指挥部"），由曾源任书记，彭沃、翟信、陈一民、黄华明为委员。连平、和平（和西）、和东区地方组织工作，由九连山区工委领导，和平县与连平县的党组织工作，分别由林启连和曾卓华负责。工委分工，除黄华明分管地方党组织工作外，曾、彭、翟、陈均以部队工作为主。

（2）高举"九连山区人民自卫总队"旗帜，号召九连山地区人民开展自卫斗争，开展反内战宣传。为适应在新形势下开展斗争的需要，采用一个部队两个番号的方法进行活动，即对外采用"九连山区人民自卫总队"的番号，但对内则仍然保持东纵三支队番号不变，支队建制序列和领导干部的职务分工亦不变。九连山区人民自卫总队由曾竟华（曾源）任总队长，张振南（彭沃）任政委，王吉昌（翟信）任副总队长，陈泽平（陈一民）任政治处主任。

为扩大影响，会后举行九连山区人民自卫总队成立大会，并以总队名义发布《告九连山区同胞书》，公开宣告九连山区人民自卫总队的诞生。同时公开自卫总队的纲领：政治上要求停止内战，实现和平民主；经济上要求"减租减息"，改善民生；军事上实行"人不犯我，我不犯人，人若犯我，我必犯人"的自卫斗争原则。总队号召人民群众武装起来，坚持自卫，反对内战。

（3）将部队分成五路，迅速转移到九连山的外围地带，建立几个军事活动区，构成外线作战态势，配合内线，回击国民党军的进攻。各分队主要活动范围如下：由吴提祥（即吴毅、曾志云）、张觉青率领一个中队到和平与连平边的青州、大湖、忠信地区活动。由张新、江欧鸣率领一个中队到渕源、大坝、岑岗地区活动。由王士光（王彪）、陈实棠、林镜秋率领一个中队和手枪队到船塘、三河及和平东部的古寨、彭寨、林寨、东水一带活动。由黄耀龙、黄兢率领一个中队到下车、长塘、优胜地区活动。其余部队合编在一起，组成一支机动大队，由第一大队大队长邓发率领，根据情况变化伺机活动。为便于指挥，支队部率领警卫连和一支手枪队及无线电台，坚持在热水、大坝、渕源、岑岗之间的地区活动。

1946年初，为了适应形势发展需要，支队部又决定由副支队长翟信与陈丙华率领部分人到东水及老隆一带活动，由政治处主任陈一民、邓发率领一部分人到江西省虔南、龙南和定南的杨村、三亨一带活动。分散在各地区的部队又根据实际情况，派出武工队、小分队、短枪队四处活动，打击敌人，使敌人陷入被动，始终摸不到东纵三支队主力所在。

（4）迅速建立交通情报网络和后勤供给体系。派出参谋陈然在热水设立交通情报总站，以热水为中心，迅速沟通与各活动区之间的联系。派出党员干部邓基秘密进入连平县城，利用国民党连平县政府秘书肖得根与曾源的同乡、同学关系搜集情报。支队部抽调一名干部，通过地方党组织安排在忠信街利兴隆店当炊事员，专门负责接送邓基传递的情报。部队与地方联合建立物资供应站，地方党组织派王守中以副官职务常驻支队，负责后勤工作。

会后第二天，支队部在野猪窝"工合"造纸社召开军民大会，庆祝九连山区人民自卫总队成立，号召全体指战员迅速做好迎击国民党军进攻的准备。参加大会的有支队领导、排以上干部，还有黄华明和热水地方干部罗镜清、王守中、王森喜和群众积极分子代表数十人。会后各路部队按照支队部的部署迅速分赴各地，迎接新的战斗。

和平县地方组织则担负起解决部队给养的任务，想方设法为部队借粮、购粮、运粮、购军需物品，提供情报和向导。那时下热水新洞、横坑、柳村、尖背、田子坑等地，成了部队运输物资的中转站。不久，王彪、陈实棠以及林镜秋率领中队由河西辗转到和东地区活动。其间东水大坝支部为了从人力、物力各方面给予全力支援，派出党员骆右苟、骆基在东水街附近水碓房建立交通站，及时为部队提供给养和情报。

三、开展反"围剿"斗争

第一次反"围剿"斗争　1945年冬，国民党军队从各地开进广东，抢先占据战略要地，然后采取"网形合围""填空格"的战术，对解放区进行分进合击和反复"扫荡"。同时，在各地大力恢复"保甲制度"，扶植区乡反动政权，实行强迫"自新"运动，制造白色恐怖，到处烧、杀、抢、掠，许多革命战士和无辜群众惨遭杀害。

东纵三支队挺进九连山的战略大转移，给国民党反动派构成了极大威胁，国民党当局便紧急拼凑兵力，妄图趁他们立足未稳，将其消灭。1945年11月，东纵三支队抵达热水新洞第二天，国民党一个营跟踪尾随而至，进驻热水窄口街、火烧镇等地，进行封锁监视，伺机进攻。接着，国民党广东当局调集了六十三军一五二师、一五三师、一〇〇师的部分武装和广东、江西保安团，分驻和平、忠信、灯塔、连平、定南、龙南、虔南等地，抢占和控制战略要地，准备对九连地区进行军事"扫荡"。

在敌强我弱的斗争形势下，为打破敌人的计划，九连山区人民自卫总队遵照中共中央关于"为要隐蔽，必须以连排为单位分散行动"的指示，将三个大队共300人分散突围到外线，一方面开展群众工作，一方面寻找战机打击和牵制敌人。12月中旬，国民党六十三军一五二师借调防之机，纠集原驻灯塔、忠信及连平的四五四团、四五五团，以及和平、连平和江西省定南、虔南、龙南等县的县警队、保安团等共5000余人，由副师长郑荫桐指挥，于12月21日，从连平县的忠信、大湖、上坪，和平县的青州、热水、浰源，虔南和龙南县的杨村等地，分四路向九连山扑来。一时间，狼烟四起。敌人来势汹汹，严密封锁，层层包围，妄图用分进合击的方法，将东纵三支队围困于九连山腹地，伺机聚歼。

12月底，国民党军张振雄带领一个连进驻青州乡永丰村新寨学校，准备在1946年大年初一那天突袭曾志云部。其时曾志云部队100多人正在赖明堂处驻扎，曾志云就住在永丰朝科的赖祯祥家中。曾志云除夕获悉情报。为了让当地群众过一个祥和的春节，部队连夜转移。第二天，敌人扑空后，就迁怒赖祯祥，对他一家予以报复性的洗劫之后，又以"窝匪""通匪"的罪名将赖祯祥及其母亲、妻子抓到新寨小学关押起来。敌人对他们五花大绑、严刑拷打，逼他们供出泄密者及游击队的去向。但他们坚贞不屈，始终没有屈服。当天下午，敌人无奈，只好将其中三人放了出来，留下赖祯祥继续审讯，直到第三天经地下党营救才释放出来。

为了粉碎敌人的进攻，东纵三支队除了留下几个战斗小分队，在九连山内与敌人展开麻雀战以迷惑敌人之外，其余均已迁回至九连山外围，在敌人的屁股后面与敌人周旋。外线部队曾派出一支小分队利用夜间袭击和平县警察局，攻打五谷祠监狱，释放"犯人"。和平县城军警摸不清事实，惊恐万状。与此同时，部队还派出陈泽平、邓发、邹连宗、陈贵友等人率100名战士，在古地刘成兴、刘复盛的引领下，经坪地水来到定南县三亨的古地、古坑、丰背、棉被垇、板埠、溪尾一带。他们白天隐蔽在山林里，晚上到农村开展"反三征"、反饥饿、反内战、反迫害和"减租减息"的宣传，向当地群众借粮，打击地主恶霸，趁机了解敌情、侦察地形。后来，张新中队顺利地穿插到三南、和平、连平边境开展游击活动。

进入九连山的国民党军，面对深山密林，道路崎岖，加上各小分队不时突袭的威胁，也惊恐不定，每前进一段，都要用机枪对着深山空谷扫射搜索，见无动静，才敢再往前走。他们在九连山腹地的辣菜坑、暗径、担竿滩等地处处扑空，折腾了几天之后，便恼羞成怒，竟将野猪窝、暗径、兴良窝、辣菜坑、低湖、栋子脑、桃子园、尖背、茶园等地的"工合"造纸社及民房百余间，抢掠一空然后烧毁，当地人民群众受到了重大损失。

在国民党军警"围剿"东纵三支队的时候，分散在外围作战的部队并没有退缩，仍然坚持斗争。陈一民率邓发大队在江西定南和龙南的古地、棉被垇、三亨、大坝、杨村、横岗等地及连平的中村、上坪一带活动，并在杨村、簕竹湖斗争了两家反动地主。

与此同时，林镜秋率部进入和东地区活动。队伍中除了林镜秋是本地人外，其余都来自惠、东、宝一带，以东莞人为最多，人生地疏，开展工作要面临许多困难。林镜秋就把林镜清、肖集思、梁佛荣、林可成、陈奕混等党员，以及嶂下进步青年肖南宣、肖夫、陈廉、林玉明等召进队伍，然后把部队化整为零，以小分队，甚至以三人两人的小组为单位，分散活动在龙川、和东、河源广阔的地区。他自己率的小分队活动在龙（川）、和（平）、河（源）一带广阔地区。他们凭借在和东一带深厚的群众基础，灵活机动，常常给敌人出其不意的打击，使敌人摸不清部队的实力和去向。

在中共和东区地方组织的有力支持下，在和东一带活动的小分队分别在东水、彭寨、古寨、安坳等地建立了交通站。副支队长翟信率领一支短枪队长期隐蔽在东水大坝，主要任务是为部队筹集经费。林镜秋、陈实棠派出林镜清率4位战士，在东水至老隆的水陆交通要道"伯公娶伯婆"处设站，解决了和东部队的给养问题。在国民党军"扫荡"九连山期间，林镜秋曾率部突袭东水街，抓获并处决了伪装修钟表的特务刘玉明。接着攻占古寨大地主、反动乡长梁家涛阁楼，活捉其弟，缴获驳壳枪2支、步枪4支、物资一批。和东部队还派出短枪队员4人，化装成学生进入四联中学，处决了罪大恶极的特务、童子军教练蔡琼民，缴获短枪1支。1945年冬，黄耀龙、黄兢中队攻打国民党优胜乡公所，炸毁乡公所和国民党政府存放在下村保长家中的一大批枪支弹药，从而有效地扩大了部队的政治影响，东纵三支队军威大振，敌人闻风丧胆。

张觉青英勇就义　在九连山的第一次反"围剿"过程中，由于东纵三支队事先获取了情报，并做了充分准备，除了一名民运队长不幸遇难外，部队没有遭受其他损失。这位民运队长名叫张觉青，和平县阳明镇人，1938年加入中国共产党，1939年任首届中共和平县委组织部长。1940年春，因身份暴露，撤离和平，转移到博罗县隐蔽工作。1945年春，任博罗县民主政府财经科长。1945年10月，东纵三支队政委曾源与支队长彭沃途经博罗时，向博罗县委书记黄庄平提出能否将和平县籍的干部张觉青和黄惊白两人调给三支队，得到博罗县委大力支持。在部队出发前几天，张觉青接受任务，秘密先行并与地方同志顺利取得联系。

部队抵达九连山后，张觉青到达青州乡永丰村朝科先与老朋友赖书祥取得联系，然后与曾志云一起率领一个约50人的中队，进驻斋公背。由于张觉青与赖镇①（星和村）、赖书祥（永丰村）、赖卓猷（星塘村）等人是同学好友，因此，部队在青州很快站稳了脚跟，并在河洞围、朝科、大片田等地设立交通联络站，刘德浓、赖昔弟、张辛娣等人担任联络员，打通了青州与船塘、三河地区的联系。从此，永丰村便成了游击队经常驻扎休整的地方。

12月21日，张觉青前往青州大片田交通站检查工作时获悉一个重要情报：约有一个营以上的国民党军队（六十三军一五二师"山岳"部队），正向大湖街移动，可能要进攻青州、热水。于是，他立即返回热水通知部队转移。在途经热水下径村时，他与国民党军队相遇。张觉青机智敏捷地闪入附近村民家中，装着烧火煮饭躲开了敌军。不料被本村特务分子黄增连发觉。国民党军队接到黄增连的告密之后马上回头搜查，张觉青不幸被捕。敌人将其关押在热水石圳，重兵把守，戒备森严。

---

① 赖镇，和平县青州镇人，曾任热水乡乡长，受张觉青的影响，倾向革命。

支队部首长们获悉张觉青被捕的消息后，立即与有关人员开会研究营救方法。经过多次侦察，了解到国民党军有一个营的兵力驻扎在石圳，戒备森严，如用强攻之法，不易得手，即使攻入，敌人也势必将张觉青杀害，不能达到营救目的。同志们估计国民党军有可能将张觉青押解至和平城，于是计划在国民党军必经之地设伏营救。但是凶狠狡猾的敌人，竟于12月30日上午9时将张觉青就地杀害。临刑时，张觉青大义凛然，昂首阔步，高呼"中国共产党万岁"，慷慨就义。

第二次反"围剿"斗争　1946年1月，不甘心失败的国民党当局又调集六十五军的一六○师、一八七师、一五四师以及保安团和县警队等，对始兴、南雄、连平、和平展开新的进攻。敌人在九连山的兵力部署是灯塔一个团，连平一个团，船塘一个营，和平一个营，驻忠信、热水与浰源的各两个连，共2000余人。由于敌我力量悬殊，九连山区工委为了保存力量，争取主动，不是与敌人正面硬拼，而是采取"敌进我退，敌驻我扰，声东击西，机动灵活"的游击战术，将少数兵力留在九连山牵制敌人，其余则分散在外围地带与敌人展开各种形式的斗争。首先，开展政治攻势。为揭露国民党制造内战、迫害人民的罪行，各活动区在地方党组织配合下，派人到县城、乡镇、机关、学校、商店散发传单，张贴《九连山区人民自卫总队布告》《告同胞书》《谁是土匪》等宣传品，形成强大的宣传攻势。其次，破坏敌人的交通运输线，截断电话线，并组织武工队在老隆与兴宁之间袭击国民党反动政府车辆，破坏东江航运。在和平县城至大坝之间以及长英头岗等地，由黄百炼、黄如镜、朱旭照、游书馨、陈朋、黄又青、黄海滨等人趁夜将通往江西与和平东部各地的多处电话线，使其一周多无法修复使用。最后，镇压特务，打掉敌人的耳目与爪牙。当时热水特务谢超腾极其反动，无恶不作，群众恨之入骨。武工队在群众配合下将其捕获，押至街口，公布罪状，就地处决。此后坪地水、长塘、下车、彭寨、大湖、绣段、船塘、三河等地的一些特务亦先后被武工队铲除。浰源乡乡长黄国标曾向国民党军提供当地为东纵三支队购粮、运粮的群众名单，导致李田、石榨、曲潭等村的群众40余人被捕，1人惨遭杀害，黄国标之妻还将征收的数千斤税米占为己有，群众恨之入骨。武工队与当地群众一起将黄国标逮捕，公布其罪状，没收家产并予以枪决。

1946年2月上旬，陈泽平率队到浰源、岑岗活动，回到定南古地在阿屎坑驻扎，转移时与国民党打了一场遭遇战后，奔袭了国民党龙南杨村的警察分所，俘敌20余人，缴获步枪10余支。接着，张新、江欧鸣率队从定南三亨出发，奔袭了国民党龙南乡公所，缴获步枪3支、子弹300余发。

此外，还惩办了一批地主豪绅，借以打击反动势力。活动在连平一带的王彪中队，在大湖逮捕反动地主、连平县参议员曾守正和曾超众，罚其交出步枪20支、稻谷100石；在河源的船塘、三河地区，王彪中队与地方党组织丘国才、欧阳梧等领导的武工队一起，先后对该地区的反动地主和官吏进行过四次打击；在船塘，王彪中队趁大地主欧阳赢洲娶弟媳大摆宴席时，将欧阳赢洲和反动乡长许岳、特务分子欧友三逮捕。1946年春，王彪小分队在群众的协助下，突袭上坪墟，捕获了罪行累累的恶霸谢翰臣和谢寿民，并就地处决。

其间，在和平县城附近活动的部队乘国民党军警进兵热水，县城兵力空虚之机，连夜袭击了和平县政府和警察局。之后，又袭击了和平城东门外五谷祠监狱，俘获10余人，缴获步枪10余支，释放被关押群众。在船塘的活动部队伏击了国民党军的运输队，俘虏10余人，缴获步枪10余支、旧棉衣10余担。在浰源一带活动的部队，由大队长张新带领，远道奔袭龙南杨村国民党警察所和区公所，俘获伪警察10余人，缴获步枪13支和军用物资一批。1946年3月初，根据九连山区人民自卫总队关于"要打通九连山与粤北指挥部的交通联络"的命令，曾志云率一个中队从青州、大湖转移到江西三南一带开展游击活动，经过定南三亨，在龙南与陈泽平、邓发中队会合。3月中旬，陈泽平、曾志云两个中队在全南乌柏坝的下吉门设伏，全歼国民党大吉山钨矿的一个矿警班，缴获机枪1挺、驳壳枪7支和押解的钨砂款计780多万元，以及一批医药用品。

1946年春季，国民党军队采用"驻剿""清乡封锁"的方式，对东纵三支队进行长时间"围剿"。东纵三支队采取外线与内线相结合，军队与地方相结合的方式，运用机动灵活的游击战术，巧妙周旋，使国民党军处处扑空，疲于奔命。几番折腾后，敌军一无所获，草草收场。国民党反动派妄图将东纵三支队围困在九连山聚而歼之的阴谋终于彻底破产。

四、根据地人民的无私支援

严酷艰苦的斗争生活，使九连地区部队面临着严峻考验。一方面国民党军的封锁与进攻，给部队生存带来巨大困难。另一方面部队原有的现款逐渐用光，给养不足，采购粮食、药物极为不易，运送更加困难。部队生活日益艰苦，因粮食供应不足，战士们有时每天只能喝上少量稀粥，甚至要靠野菜、竹笋充饥。九连山竹笋满山遍野，但用清水煮的竹笋，只会越吃越饿，甚至引起上吐下泻。由于缺乏营养，加上战斗频繁，伤病员逐渐增加，部队分散，医务人员与药品不足，救伤治病也成为突出问题。国民党反动派采取"保甲联防"、强迫"自新"、"清乡"封锁、株连家属、滥捕无辜、敲诈勒索、烧毁民房等极其反动的毒辣手段，把部队逼上了绝境。在此期间，国民党和平县政府还以"纵子纵孙上山当土匪"罪名，将东纵三支队政委曾源的祖父曾宪灏及母亲袁氏拘捕关押。

中共九连山区工委和支队部为了激励士气，坚定斗志，在全体干部中开展了形势教育，让全体指战员认清了国民党当局发动内战、实行独裁、抢夺抗战胜利果实的反动本质，坚定信心，争取胜利。结合加强部队党的工作，充分发挥党支部、党小组战斗堡垒作用、核心作用和党员先锋模范作用。根据部队连、排、班、小组分散活动的特点，在很长的一段时间，支队部只留下政委曾源和支队长彭沃两人主持工作，副支队长翟信、政治处主任陈一民都分别深入到和平、龙川地区和虔南、定南等最困难的地方去帮助开展工作，争取地方组织和群众支持，共渡难关。

地方党组织与人民群众对部队的支援可以说全力以赴，倾其所有。主要体现在五个方面：一是全力帮助部队解决粮食给养；二是积极发动党员和群众积极分子到部队慰问、参观、联欢；三是尽力帮助掩护与救治伤病员；四是帮助部队做好交通情报工作，确保了联络畅通；五是充分动员青年积极分子参军参队。

东纵三支队抵达热水新洞后，为加强部队与地方的联系，便立刻任命热水籍干部王守中为支队副官，负责后勤供给工作。经过深入宣传发动，当地很快形成支前高潮。其中热水农会把"义仓"库存粮食通过廖观林、廖春阶、罗盛鉴家转运，连夜送往部队驻地。农会骨干陈玉章、陈学恩、廖石槐、廖观永、黄乔昌、罗亚栋、裴亚栋、裴自香、裴康焕、叶连兴、王金谷、王学球、王水成、王良惠、卢云淡、王南辉、朱贵喜等人都曾冒着生命危险，四处活动，为部队购粮、借粮、购物。热水的支前拥军工作，不但农会骨干非常积极，就连普通农会会员也很积极。如新屋下罗美景在热水南湖街开有一间店铺，每逢街日，安排10岁的儿子坐在店铺后门，招呼青州乡担米和番薯片来卖的群众，把大米、番薯片买进来，然后动员家人亲属连夜送给驻扎在九连山的部队。

东纵三支队进驻九连山正值隆冬季节，指战员缺少御寒衣物，热水商人罗春田、王科德获悉后，主动拿出150块银元，购买一大批棉衣、棉裤送给部队。当地百姓为部队送粮、送物、出钱出力支援部队的事迹数不胜数。最为感人的是那些秘密设立的粮站，热水乡在罗镜清、王守中、王森喜的领导下，工作做得最为突出，即使在国民党军重重封锁时期，当地人民群众对部队的支援也从没有间断，经常星夜绕过敌人封锁线，把粮食和物资运送到部队。东纵三支队政委曾源后来回忆说，当时热水的粮站遍布全乡各地，其中最大的有藤子坑廖观林家、罗香洞罗盛鉴家、柳村廖春阶家的粮站。他们采取购粮、借粮和动用乡农会会谷等多种办法筹集了一批又一批粮食。热水乡农会存粮300余担，为支援部队先后共动用了200余担。他曾代表部队深切感谢以廖观林为代表的热水人民。

当年，各地党组织发动群众慰问部队的形式多种多样。例如，1946年春节期间，附城和大坝两地把群众集资购来的一批珍贵的图书送给部队。热水群众则捐献大米、猪肉、鸡鸭、油果、油炸豆腐等一大批过年食品，组织群众分成三路对驻扎部队进行慰问。一路由叶金蝉、叶如光、罗闻佑带人到崩岗窝慰问；一路由王水泉、王李桂带领到猪兜湖慰问；另一路由罗镜清、王森喜、罗维之、叶吉祥、裴如镜、罗观桥等率领数十人的慰问队，到辣菜坑支队部驻地慰问。部队战士见到手提肩挑慰问品的群众，个个感动得热泪盈眶，部队首长与慰问代表双手紧握久久不肯松开。晚上，举行军民联欢晚会，充分体现了军民之间鱼水情深。

此外，当地群众冒着生命危险掩护伤病员的故事更是令人感动。由于敌人"围剿"，部队流动性大，部队医务所也经常转移，一些病情较重不宜随队治疗的伤病员，只好分散到地方党员和群众家里掩护治疗调养。在这方面，热水、大湖、青州、大坝、东水、船塘的同志，都做出了很大贡献。其中，热水青年农民罗克强冒着生命危险帮助转移伤病员的故事十分感人。1945年11月，东纵三支队总部设在野猪窝，医务所设在蕉坑，江培荃担任所长，医务人员有曾顺娣、周佩芳、王月姨、韩元芳等同志。当时，医务所收留的伤病员有20余人，第二大队大队长张新也在该所养伤。12月22日，医务所接到总部紧急通知，国民党军"进剿"在即，情况危急，务必马上转移。由于医务所同志及伤病员绝大部分是外地人，人生地不熟，加上伤病员行动不便，不能快速撤离。为帮助医务所全体人员尽快脱离险境，热水地方党组织派出熟悉道路、与群众关系密切的青年农民罗克强前往协助。12月24日早上，罗克强将医务人员、伤病员带到蕉坑山寮隐蔽。下午，番号为"山岳""励志"的国民党军队在热水各处路口布满了岗哨。罗克强带着同志们连续数天与敌人在深山老林中周旋。27日早晨，他们来到下湾潭。敌人在蕉坑没有找到医务所，当即放火烧山，并向下湾潭包围过来，医务人员及伤病员被围困在山里。当天晚上，罗克强带着大家摸黑踏上山间羊肠小道向东南方向转移，跳出敌人的包围圈，来到梅子坝袁屋，在蒋亚奎家吃过晚饭之后，又进入深山密林隐蔽。28日早上，敌人又尾随到东南边的腊树下、左坑，将医务所到过的村庄包围得水泄不通。为摸清敌人的动向，罗克强奉命向担杆滩方向出发，途经腊树下就被敌人抓住。敌人将他押往左坑严加审讯，但罗克强顽强不屈，严守秘密。敌人从罗克强身上得不到有用的情报，便恶狠狠地将他摔倒在地，毒打一顿，然后用枪顶住罗克强的背脊，威逼他带路。

为确保医务所人员的安全，罗克强带敌人朝相反的方向走去。走到险处，他乘敌不备，出其不意地将前面那个敌人打倒，一转身迅速钻进密林中。罗克强在敌人的乱枪中惊险逃脱，在深山密林中迂回穿梭，当天下午又回到医务所。同志们见到罗克强回来，如同亲人久别重逢。罗克强详细地向同志们汇报了遇敌经过。大队长张新感动地说："亚强哥，你冒着生命危险保护了我们几十个人的生命，我们万分感谢你！"当天夜晚，罗克强不顾劳累，乘夜带领医务所全体人员绕过敌人的封锁，经佛哥坳来到兴良窝。在兴良窝找到当地农民黄井观带路，来到新洞下前村找到地下联络员裴大佛。由于裴大佛不知道总部去向，罗克强又带着同志们到下径找裴大佛的单线联络员裴昌年，经裴昌年介绍来到富斗坪谢林家。可是谢林外出不在家，罗克强又只好带着同志们上山隐蔽。总部在哪呢，该往哪里走？罗克强经反复思考，决定带着同志们向东边进发。天亮了，队伍在行进中终于发现总队部的岗哨，找到了总队部。罗克强胜利完成了任务，受到总部领导的热情赞扬。

回家途中，罗克强又碰上了敌人。敌人发现罗克强身上有伤痕（前几天被敌人毒打留下的），立即将他抓住，押往热水石圳。路上幸好碰上热水地下党组织派去第八保任保长的罗群英。罗群英出面担保，罗克强又一次脱离危险。当天下午，罗克强回到家后，与地下党员邹章取得联系。获悉医务所转移时，因患严重风湿病双脚无法走路的病员欧州仍留在蕉坑芒头山上的一个小山洞里，罗克强心想，敌人到处搜山，万一欧州有个三长两短，怎么对得起共产党和游击队呢？于是急忙赶到蕉坑，进山洞一看，原先留下的炒米及番薯片没有了，随身的毯子及口盅也不见了，只留下一个装食物的竹饭篓。他寻思着，莫非欧州牺牲了，被敌人抓去了，还是转移了？想着想着，就立即赶回蕉坑老屋迹、田寮背、千担窝、门前坑等地寻找。上山坳，下深坑，钻草丛，穿密林，终于在距原驻地约1千米的圆墩埂发现欧州正在用口盅煮野菜。他急步上前招呼："欧州同志！"欧州猛一回头，看见罗克强出现在面前，喜出望外。四目相对，立刻热泪盈眶。接着，两人互相交谈了分别后的情况。原来欧州在粒米无存、敌人搜山的恶劣景况下，以顽强的毅力慢慢爬到这一靠近悬崖的地方，一是为了找野菜，二是为了避过敌人搜山，三是万一被敌人发现，决心跳崖自尽，决不当敌人的俘虏。入夜，罗克强回村找到交通站的同志，商量如何将欧州转移到安全地方，并立即给欧州送去粮食。不几天，部队返回蕉坑，欧州顺利归队。

罗克强几历艰险，舍生忘死，保护了医务所工作人员及伤病员，为人民解放事业做出了贡献。他不顾安危舍身革命的精神令人敬佩，得到了支队首长的充分肯定，堪称是根据地人民群众热爱部队的典范。

诸如此类的典型事例还有很多，比如共产党员罗羿与其亲属黄三妹机智勇敢掩护伤病员和卫生员脱险就是一例。

第二次反"围剿"，已是农历十二月底，九连山天寒地冻，不时还降霜下雪。部队的伤病员衣着单薄，经常遇到无情的寒风霜雪，加上缺医少药，伤病很难得到康复。部队的困境，热水籍党员罗羿看在眼里急在心头，于是他主动将5名伤病员和3名卫生员领回家中。经过他和家人将近一个月的精心照顾和调理，这些伤病员的身体很快康复。伤病员正要归队时，被特务分子黄优中发现，向国民党军告密，国民党军立即派兵搜查。罗羿以上山挖竹笋为名，领着5名伤愈的队员迅速向屋背山撤离。为了转移敌人视线，他故意朝相反方向走，不幸大腿中弹被抓。面对敌人的审问，罗羿镇定自若地回答"我是上山挖竹笋的地地道道农民，你们击伤无辜群众，天理难容"。其时还有3名女同志隐藏在罗家楼上，机智的黄三妹大娘（罗羿亲属），趁敌人追击罗羿的间隙，立即叫一名身体素质好的女卫生员从侧门逃离。转身又给另外2名卫生员换上大襟衫，化装成上山割茅草的农妇，从容镇定地向着草木丛生的山冈走去。敌人返回时，见山冈有两个女子正在割茅草，便上前追问。黄三妹大娘气恼地回答"她俩是我儿媳妇"。就这样，3个卫生员化险为夷，安全转移。

当天，罗羿被抓往国民党军驻地火烧镇屋。热水党组织很快获得消息，乘敌人未抓到把柄之前，派出乡长叶金蝉（共产党员）出面营救。叶金蝉以乡长身份，堂而皇之赶到国民党军驻地，当众斥责黄优中捏造情报，诬告好人。他证明罗羿是老实本分遵规守法的农民，要求敌人释放罗羿并赔偿药费。敌军查无实据，又是乡长出面担保，只好赔礼道歉并立即放人。

还有，当地群众还冒着生命危险为部队保护枪支弹药的事例也是挺令人感动的。有一次部队奉命转移，将一些旧枪支分别留在热水新洞裴大佛家和野猪窝廖石槐家中。后来有人告密，裴大佛被敌人抓往青州。敌人软硬兼施逼他交出枪支，供出部队行踪，裴大佛坚强不屈，拒不承认，坚决否认自己知道部队行踪。敌军因未掌握真凭实据，只好释放裴大佛。

组建交通情报网络，是地方党组织和人民群众支援部队的一个重要举措。当年主要以热水为中心，在和平县城、浰源、青州、大坝、大湖、船塘、忠信、连平县城、下车，彭寨、东水和龙川老隆等地建立了强大的情报网络，在国民党军疯狂"扫荡"期间，始终保持联络畅通。1945年12月，共产党员叶景盛奉命以兴宁汽车站职员身份为掩护，担负九连山区部队与地方党组织之间的交通联络工作。此后几年，他一直坚持为部队及地方党组织兑换货币，购买枪支、弹药、衣物等军需品，为过往同志解决食宿、车辆等问题，完全是依靠这个强大的交通情报网络。

1946年1月，为配合部队开展工作，和西县委副特派员林启连在附城、大坝地区活动。他在附城水口朱旭照、珊湖何茹芬、均坑卢华强家均设立了交通情报站，随时为部队收集传送情报。地方党组织负责同志陈景文、黄华明都曾亲自布置与检查这方面工作。地方党组织许多负责同志为了将情报及时传送给部队，经常饿着肚皮，带着病痛，冒着生命危险去执行任务。

热水党组织和农会，是经过长期斗争锻炼的坚强的革命组织，热水乡政权，也是共产党所掌握的革命的"两面"政权。东纵三支队在九连山斗争得到了他们的大力支援，在粮食供应、物资采购、交通情报、掩护伤病人员等方面尤为突出。在地方党组织与当地人民群众的大力支援和帮助下，不仅东纵三支队粉碎了敌人的军事进攻，保存了力量，更重要的是，当地党组织及人民群众经受了锻炼，并在九连山播下革命火种，为后来开展革命斗争打下了基础。

武装小分队隐蔽斗争

一、连和人民自卫总队成立及分散隐蔽斗争

1945年10月10日，中国共产党与国民党政府在重庆谈判，签署了《政府与中共代表会谈纪要》（《双十协定》），中共代表同意让出广东、浙江、苏南、皖南、皖中、湖南、湖北、河南等八个解放区，并将以上地区的部队撤至陇海路以北及苏北、皖北地区。为此，广东人民武装准备北撤。

1946年5月6日，东纵三支队主要领导曾源和彭沃、翟信、陈一民、吴提祥、王彪、陈实棠、林镜秋等在鹅公寨召开了一个具有历史意义的重要会议。会议传达了粤北指挥部和支队部关于部队北撤后要组织一支队伍留在九连山继续坚持武装斗争的决定。留下的队伍以"连（平）和（平）人民自卫大队"为番号坚持斗争，大队长王彪，政委吴提祥（曾志云），副大队长陈实棠，政治处主任林镜秋。规定留守部队在北撤部队到达山东烟台以前，必须进入隐蔽状态，在隐蔽期间，不得以东江纵队或中共领导的任何其他武装形式公开出来活动，以免给国民党反动派找到借口，影响大局。

东江纵队北撤后，广东局势随着全国内战的全面爆发而急剧变化。留下的武装力量大部分复员，党组织实行特派员制，党组织活动全面停止，相当一部分已经暴露身份的党员干部只好分散转移和隐蔽，革命力量骤然减弱。国共两党在广东的力量对比，

国民党力量占有绝对优势。因此，各地方党组织和人民武装斗争便进入到更加艰难的时期。

为了贯彻长期隐蔽待机的方针，广东区党委要求各级党组织改变形式，将党员分散隐蔽，还制定了《关于游击区武装问题处理办法》。留在各地的武装小分队，分别进入偏僻山区，以各种方式分散隐蔽。由于国民党军队的围困和封锁，在各地区分散隐蔽的武装小分队都过着极为艰苦的生活。他们在深山野岭中，住的是石洞、茅寮，吃的是山果、野菜，风餐露宿，饥寒交困，伤病折磨，经受着恶劣环境的严峻考验。

1946年5月17日，东纵三支队留下坚持斗争的曾志云、王彪、陈实棠、林镜秋等58位①同志告别了战友们，秘密返回九连山地区，并在热水乡眼坑水炼铁社（今属涮源镇）召开扩大会议。按临别时支队首长的布置，宣布成立中共九连区临时工作委员会（简称"九连临时工委"），曾志云任工委书记，王彪任副书记，林镜秋、陈实棠为委员，并把部队番号改为"连和人民自卫大队"，由王彪任大队长，陈实棠任副大队长，曾志云任政委，林镜秋任政治处主任。会议决定将全体人员分为两组掩蔽，第一组由曾志云率领20余人，绝对掩蔽于江西定南的三亨、古地与和平的坪溪、岑岗一带；第二组由王彪、林镜秋、陈实棠率

---

① 原定为58名同志留守九连山，后改为64名。根据资料记载只有58名，东纵三支队北撤山东时留下的58位同志在九连山坚持斗争，除曾志云、王彪、林镜秋、陈实棠等领导外，还有如下同志（按姓氏笔画排列）：丁开、王润、王新、王彩莲、王彩娥、方毓辉、叶日平、冯清、庄九、江培荃、池春、麦启华、苏任、李运、李华根、杨之泰、肖志光、吴滔、张明、张丁开、张来喜、陈东、陈苏、陈明、陈贵友、罗志伟、罗春连、周连宗、郑新强、钟云、香美康、袁创、莫秀英、黄日、黄卫枝、黄友仔、黄满林、曹希、梁山、梁培基、韩元芳、韩华英、曾观和、曾坤延、曾坤宜、曾崇道、曾锦标、游良、甄金尧、廖发、黎英九、黎金苏、潘崇。

领30余人，再分别组成短枪队，秘密插到和东、河西（河源县西部）地区，与和东区地方组织取得联系，依靠当地党员和群众，时聚时分，秘密活动于和东与龙川、河源边境。

曾志云带领的武装小分队由九连山靠广东一侧秘密进入江西省定南、龙南县边境的古地、古坑、三亨等处反动政府统治鞭长莫及的深山隐蔽。小分队趁着夜色把留下的枪支弹药用油纸和木箱包装好，埋藏在古地深山里，只留下三支短枪护身。6月底至7月初，曾志云率领部分骨干与江西保安团捉迷藏似的周旋了半个月。但是，敌人在明处，我在暗处，战士们与当地群众语言不通，部队无法立足。为了克服各种困难，战士们白天在丛林深处学习讨论，晚间就到山脚下的村庄煮饭或采购粮食。居住在山村的大都是贫苦农民，他们当中有些人曾与东纵三支队一起打过土顽，和小分队的同志有过一面之交，颇有感情，起初几次都招呼战士进村做饭，也愿意借粮食给小分队。后来，由于国民党反动派开展"清乡"，加上土豪劣绅横行乡里，造谣中伤，当地群众和战士们便逐渐疏远了，不敢再接部队进村。国民党"清乡"实行"联保连坐"，如果查获有人私通"红军"就会株连整甲、整保。敌人一旦发现"共军"人员则拼命"追剿"。有时小分队深夜进村，向老百姓了解敌情，老百姓为了不受株连，在部队离村后又不得不向乡、保长报告。虽然情况虚虚实实，但敌人还是要进行搜捕，结果老百姓更是不敢与小分队接近。开始小分队凭钞票还能买点粮食，后来钞票也没有人敢要了。

整个夏季，战士们没有在村子里安稳地住过一夜，只能在深山密林中风餐露宿。同志们以吃大苦、耐大劳的顽强意志去应对各种困难。后来，敌人的"清乡""搜剿"越来越紧张，发现一丁点可疑踪迹，就纠集各种反动武装大肆进山"围剿"。小分队为了不暴露目标，不敢发一枪，只得在山林里捉迷藏似的与敌人周旋。同志们满山奔走，今天晚上住在野猪窝，明天夜里宿在羊角岭，转来转去。有时，一夜要换好几个地方，到头来还是没有钻出敌人的包围圈。

曾志云率领的小分队在赣南边境掩蔽了半个月，由于国民党军的连续"清剿"，加上群众基础不牢，无法隐蔽下去，只好返回连（平）、和（平）、河（源）边境，将部队化整为零，灵活地开展对敌斗争。7月初，小分队返回热水。不过此时形势已发生了很大变化，虽然反动军队大部分已经撤走，和平境内只留有一五二师一个团，但国民党反动派实行了"绥靖""清乡"，"联防、联保、联甲"，强迫"自新"，到处白色恐怖，不得安宁。凡是小分队住过的村庄，有过联系的革命群众、军人家属深受其害。

国民党军队与地方反动武装纠结在一起，到处设哨卡封路，张贴反动告示"窝匪者杀！通匪者杀！知情不报者杀！"。敌人企图通过恐吓民众，以断绝人民群众与部队的联系。小分队与当地群众关系被隔断之后，给养十分困难。战士们经过一段时间折腾，个个都瘦了许多，疲倦不堪。为了尽快摆脱围困，九连临时工委在定南县三亨乡一处密林中召开会议，决定把这支队伍分成三个小分队进行隐蔽活动：由林镜秋、陈实棠带18位同志到和平彭寨、古寨隐蔽；由曾志云带28位同志在赣粤边区隐蔽；其余12位同志由王彪带领到河西船塘、老隆至河源公路沿线骚扰敌人并设立税站，向过往商人征税。按照决定，队伍立即分散，各自为战，开始了更加艰苦的斗争。

林镜秋、陈实棠率领的小分队到达和平古寨、彭寨后，隐蔽了两个多月。其间，小分队的给养基本上由古寨嶂下地下党员林连佑、肖逸臣、邓冠英（女）等同志组织群众给部队送来大米、番薯片进行解决。7月中旬，学校放暑假后，陈实棠率9位同志到彭寨华表村三省小学，隐蔽了30多天，得到了该校教师、地下党员陈荣章、曾宪拔等人的热情关照。武装小分队队员白天在楼上房子里休息，夜间在校园内活动。

曾志云小分队继续留在粤赣边境。由于赣南地区的党组织遭国民党反动派破坏严重，群众在国民党军"清乡""联保连坐"的高压政策下，无法接应部队。那些原来常与小分队接头的地下党员、堡垒户，由于坏人告密，有些已遭到敌伪逮捕和枪杀，个别不坚定的去自新登记。敌人经常派出搜索队到山旮旯用火力扫射。战士们不愿拖累乡亲们，只好走到离山村更远的深山老林深处去栖身隐藏。

曾志云带领小分队隐蔽在九连山的崇山峻岭、千沟万壑之中，虽然摆脱了敌人的追踪，但是那些山蚊、山苍蝇、山蚂蟥和毒蛇防不胜防。这种日晒雨淋、风餐露宿的原始式生活，让战士们饥饿的躯体饱受摧残。为了让战士们能够遮风挡雨，曾志云只好带领战士们搭草房居住。草房搭起来后，战友们互相推让。男的要让给女同志，女的又让给年纪大的、身体差的战友和领导去住，谁都不愿先享受，最后在政委的"命令"下，才让伤病员和女同志先搬进去。由于大部分战士是珠江三角洲来的，没有山区生活经验，草房搭得不厚实，一遇上连绵的阴雨，屋内就漏个不停，不但无法入睡，而且无法生火煮饭，只得到10千米外的堡垒户家中去借火。后来，小分队安排一名女战士专门负责保管火种，在下雨时将锅头翻转盖住柴炭余烬，才不致火灭断炊。

由于没有军需补给，战士们身上的衣服破烂不堪，补了又补，有时补洞的小块布也找不到。裤子烂了，只好坐在竹床上用烂被子盖住下身。有的同志只有一条裤子，如要脱下来洗，就得光着屁股蹲在水中或藏在草丛里，只有等裤子晾干后再穿上才敢出来。其中有个名叫廖发的同志因为仅有一套衣服，没有衣服换，只好向女同志借来一件从反动地主那儿没收来的女唐装大襟衫穿在身上，长头发，黑胡子，看上去男女难分。

战士们没有鞋穿，只能光着双脚走路。一些人的脚走破了，鲜血直流，但没有一个人掉队。几个女战士看见了非常难过，就用"鹧鸪丝"草织了几双草鞋给伤员穿，但谁也不愿穿，让来让去，最后大家决定给化装下山的同志穿。这些同志，每次下山回来又把草鞋脱下放好，待下次执行任务时才拿出来再穿。九连山的初秋天寒地冻，单薄的衣衫及破烂的军毯难于御寒，到了晚上大家只好挨紧身子睡。那时政委曾志云有一条稍好的军毯，却成了3个同志共用的被盖。战士们同甘共苦，毫无怨言。

有很长一段时间，曾志云带领的小分队将营地设在遥远的深山丛林之中，几乎与世隔绝。起初，分队派了家在热水乡的黄新（王李桂）化装回去，向嫂子借了3担谷子接济，后来又通过热水乡地下党员罗南星、王水泉等偷偷送来一点米和杂粮，战士们每天还能吃上一顿杂粮稀粥。可是后来敌军把黄新的嫂子抓走了，其他地下党员、堡垒户也无法与小分队接触，粮食接济不上，每天连稀粥也吃不上。为了生存，战士们只得挖野菜充饥。不管是野苋菜、野艾、飞机菜、野百合，还是不知名的野菜，只要能吃就弄来吃。虽然难下咽，倒还可以充饥。可吃过几餐就肠胃不适，不久10个人中就有六七个患病了，严重者手脚浮肿，眼眉下垂，有的还得了夜盲症，一到傍晚就寸步难移。

在粤赣边境的一个小山窝里，曾志云小分队召开了一次党员会议。会上围绕缺粮问题进行讨论，一致认为，无论任何艰难困苦都要坚持下去，一定要保护好东纵三支队这面旗帜。大家想了三个办法：一是继续派人下山找地方党组织、堡垒户设法筹粮；二是派出一个3人的短枪组到外面去设流动税卡筹集经费；三是发动大家继续寻找能吃的野生动植物。为了筹粮，卫生队队长江培荃把结婚时留下的唯一纪念品——一枚金戒指交给领导拿去换粮食，同志们无比感动。

第二天大清早，江培荃和陈贵友化装成夫妇赶集，带着戒指往龙南县城出发，可是在城里转了半天，也找不到金戒指的买主。黄昏后，又到阳村古坑，找到堡垒户赖日阳。伴着老母过活的老赖家中十分贫困，掏尽米缸也只有一斗米和10多斤番薯片，可老赖还是高兴地将仅有的一点粮食给了他们。翌日，他俩又到三亨乡找到一个怕事的乡长。江、陈两人对他晓之以义，动之以情，终于借到了两担稻谷，解了小分队的燃眉之急。小分队安排陈贵友、黎金苏两人负责后勤，为着大伙的衣、食、住，他俩把好吃的让给战友，自己却经常饿着肚子。黎金苏在后来青州的一次战斗中不幸牺牲。他那为革命忠心耿耿，对同志满腔热情的高尚情操，却让战友们终生难忘。

随着隐蔽时间的不断延长，粮食危机越来越严重。下山去找粮的同志经常早出晚归，有时跑了上百里，还是空着米袋子回来。故小分队五六天粒米不见已是常事。有一天，王新从热水乡搞来二斗（30斤）大米，但杯水车薪，不能维持多久。小分队只好每天用三四小竹角（约1斤左右）大米拌着野菜煮给大家吃，其余的留着给伤病员补充营养。面对这个窘境，除走不动的伤病员外，其余的人全部出去寻找生计了。男同志到山里去擒狐狸、打山兔、抓鹧鸪、捉石蛤。江培荃、韩华英、韩元芳、钟云、张来喜等七八个女同志化装成山村农妇到山洞小溪摸石螺或田螺，或到山坑里挖竹笋、挖野菜。有一天晚上，两个女同志摸黑下山到一块畲地去采回满满一篮子"豆角叶"，当即生火煮来吃。点亮灯一看，才知道原来摘的是黄豆叶，让人哭笑不得。在这么艰苦的环境中，战士们凭着顽强的革命意志保持着积极向上的乐观主义精神。

在那无米下炊的日子里，许多不知名的野菜都被战士们尝遍了。凡是无毒的都被采来充饥，无油无盐，水煮着吃。由于长期"野餐"，严重缺乏营养，战士们一个个面容憔悴、骨瘦如柴，伤病员忍不住发出痛苦的呻吟。政委曾志云和副官陈贵友最后决定把部队北撤时留下的一对金镯、5个金戒指和3对金耳环拿出来兑换粮食。于是派陈东化装成木排工人，在热水乡党员王水泉陪同下，带上这批金器到龙川县城换粮食。这几件金器本来是救命的最后一点本钱了，可是陈东到老隆后，却带着金器失踪了！突如其来的情况，让小分队陷入了更加艰难的境地。为预防陈东被捕或自首叛变，部队只好立即转移到连平与龙南交界的地方。

8月，小分队折回热水茶园、新洞一带隐蔽。尽管当时反动军警对热水"清乡"、搜捕抓得更紧更严，可是地方党员还是想尽一切办法为部队送米、番薯片等食粮。特别是热水新洞50多户贫困农民，他们的生活都很困难，但他们宁愿节衣缩食，仍然坚持给部队送粮食。曾志云小分队在热水新洞隐蔽，连续20余天，全靠附近50多户贫农送粮才渡过难关。

二、公开旗帜开展武装斗争

1946年9月30日，曾志云小分队从《华商报》上获悉东江纵队已安全到达山东烟台。当日深夜，小分队派出几个精壮的战士，摸黑到江西古地密林深处，将3个月前埋藏在地下的枪支弹药取出来。战士们把枪擦得油光发亮，随时准备战斗。活动在其他地方的武装小分队也都行动起来，以人民自卫武装的名义公开活动，从而揭开九连地区解放战争的序幕。

在河东（河源县东部地区）、和东一带活动的王彪小分队与林镜秋小分队，得到东江纵队胜利抵达山东烟台的消息后，立即派人与曾志云小分队接上了头。

10月上旬，在九连山分散隐蔽活动的三支小分队一齐赶到东水大山赵公庙集结。九连临时工委在此召开扩大会议。会议总结了东纵三支队北撤后3个月绝对掩蔽的经验教训，并根据中央关于南方武装斗争的指示精神，讨论了今后的斗争方针策略，决定公开旗帜开展武装斗争。当天，即以"粤赣边人民义勇队"名义发表宣言、张贴标语，明确提出"反三征、反清乡、反迫害"的口号。然后，除在热水、古地、三亨一带留下少数武装进行活动外，由王彪率领一支短枪队10余人开到老隆一带，负责筹措钱粮，其余人员由曾志云、林镜秋率领到龙川车田、贝岭开辟新的活动区。

10月中旬，林镜秋与王彪率领的两支小分队会合，与河源县船塘地方组织取得联系，首先打击杀害共产党员谢映光的反动地主丘挺山。丘挺山自恃楼高屋大枪多，据守楼阁顽抗，经激战俘获丘挺山父子3人，缴获步枪4支、手枪2支、现款120万元。勒令丘挺山交出手枪10支、现金1000万元（旧币1万元=1元）后，将其父子释放。

林镜秋率部队回到和东后，根据形势发展的需要，分批吸收当地青年扩充队伍，并安排部分党员继续以教师、商人以及职员等身份，秘密从事交通情报工作，进一步扩展和巩固情报网络，方便部队随时掌握各方面的动态。

在11月至12月之间，林镜秋率部采取了几次行动。首先打击龙川县车田乡勾结国民党官府、横行乡里的恶霸大地主彭肇选。林镜秋先派林振达乔装打扮进入彭肇选家大院，摸清家丁人数及火力点，然后组织队伍在夜间突袭。结果彭肇选乘乱逃脱，部队缴获短枪4支、长枪12支、黄金1斤半、白银3担，并将缴获的100担稻谷分给当地农民。这次夜袭成功，不仅解决了部队给养问题，而且振奋了民心，让九连人民重新看到了希望。然后镇压了人称"黄斑虎"的龙川县黄石乡乡长黄景新。黄景新平日奸险恶毒，无恶不作，群众恨之入骨。为了除去黄景新，林镜秋摸清黄景新的出入路线及生活规律之后，选定一个墟日，让战士乔装成赶墟的农民，挑着农副产品，将枪支藏在箩筐里，混入赶集的人群进入黄石墟。不久，战士们便发现"黄斑虎"跟往常一样出现在黄石墟，考虑到墟上人多，在那里动手难免伤及群众，于是派人盯紧黄景新并寻找机会。待黄景新回家走到河洞路段时，战士们在其前后堵住，将其抓捕。随即部队张贴安民告示，宣布其罪状，将黄景新就地枪决，并没收其粮食分给贫苦农民。接着，小分队乘胜插入东水及彭寨，夜袭国民党和平县警队驻东水的一个中队和彭寨警察所，活捉了彭寨乡乡长黄铭初。

12月28日，罗革从香港返回和平，通过地方党组织找到部队领导曾志云、林镜秋等传达了广东区党委关于全面恢复武装争的指示。不久，曾志云以中共九连临时工委书记身份与罗革一起赴港向上级汇报九连山区坚持武装斗争的情况，参加了武装骨干训练班，为九连地区全面恢复武装斗争做好准备。

恢复武装斗争与开辟游击根据地

一、"反三征"斗争与开辟九连游击根据地

1947年2月，广东区党委制定了"实行小搞，准备大搞，从无到有，从小到大，稳步前进"的战略方针，号召各地党组织领导留下坚持斗争的武装人员，重新拿起武器，建立武装队伍，打击地方反动势力，保护人民群众利益，发展和壮大武装力量。由严尚民主持后东地区干部训练班，宣布撤销后东特委和九连山区临时工委，成立中共九连地区工作委员会（简称"九连工委"），统一领导九连地区部队及地方党组织工作，严尚民任书记，魏南金、钟俊贤任常委，吴毅（曾志云）为委员。

3月，九连工委领导成员从香港进入九连地区。是月底，九连工委移驻和平县青州星塘村，有较长一段时间驻扎在青州永丰村河洞围的竹林居、朝科赖祯祥家、斋公背刘屋及朱三英家。在斋公背期间，总部首长还将部队的枪支弹药隐藏在当地堡垒户朱三英①家的楼阁里。朱三英与家人连夜用泥砖将楼阁封好，在外

---

① 当年，朱三英的儿子朱运元、朱光华、朱娘泉还经常为部队传送情报，帮助驻扎部队购买日常生活用品。1948年夏秋之间，曾志云妻子江培荃即将临产时，为了确保其平安分娩，朱三英让其儿子朱光华星夜护送江培荃至5千米外的上八礤。1976年，朱三英被评为当时全县为数不多的堡垒户之一，享受人民政府"五老人员"优待补助。

面堆上木柴，并将房屋腾出来让给吴毅夫妇及战士们居住。

此后，在九连工委领导下，部队抓住敌占区兵力空虚对广大农村局面无法控制的有利时机，在九连地区迅速开展了一场声势浩大的反抗"三征"斗争。袭击各地警察所、乡公所，破仓分粮，收缴武器，扩建队伍，斗争浪潮一浪高过一浪。

九连部队先从和平县青州到连平县上坪，经赣南转回九连山区公开活动，派出陈贵友、王水泉率领谢强、黄方略、黄伯钦等短枪队员，到热水抓捕特务黄绍裘、龚水清、谢国治等并就地枪决。

其间，粤赣边人民义勇队在和西、和东区地方组织配合下迅速发展，并成立了3个主力中队：（1）曾观和中队，由陈实棠、曾观和率领，活动于和西区的热水、青州、大湖及江西"三南"的古地、三亨等地；（2）陈苏中队，由林镜秋、陈苏率领，活动于和东地区彭寨、古寨、东水、贝墩及龙川车田、黄石、黎嘴、龙母等地；（3）黄日中队，由王彪、黄日率领，活动于河西及河东地区。

在国民党当局的诱迫下，原爱国民主人士、广东省民众抗日自卫团和平县统率委员会主任委员周刚如开始转向反动，他接任了国民党龙（川）和（平）联防主任之职。粤赣边人民义勇队决定对他实行"武装软禁"。一天夜晚，当周刚如出席四联中学校董会时，武工队潜入其住所，将他"请"到部队总部，还将在场的特务分子、东水乡乡长王廷泮押赴彭寨街头处决。

经过大队长林镜秋的规劝，加上周刚如目睹人民武装军纪严明，为人民解放事业舍生忘死，他终于接受了教育改造，表示"愿意站到人民一边"。于是他交出轻机枪1挺、驳壳枪4支、步枪32支、稻谷200石。解除"软禁"后，他还公开宣传"游击队是延安式的真正共产党部队"，并规劝贝墩乡反动乡长叶席珍要

"放下屠刀，立地成佛"，不要与人民为敌。

5月，九连工委书记严尚民，常委钟俊贤、魏南金，委员吴毅及大队长王彪、大队副陈实棠率领的曾观和中队，从九连山辗转至古寨嶂下，与林镜秋率领的陈苏中队会合，攻打国民党彭寨乡公所，活捉了敌乡长黄铭初和警察所所长黄华添以下23人，缴获步枪20余支、左轮2支、手榴弹12枚、各种子弹1000余发、军用物资一批，开仓分粮2000余担。贫苦百姓分得了粮食，对共产党赞不绝口，纷纷送儿女参加游击队。当时仅彭寨乡华表就有10多个青年农民带着从其公尝借来的7支步枪、2支驳壳枪参加部队。接着该部又挥师东水袭击警察所。此前警察所巡官刘进在地下党员叶绍基的劝说下，曾准备择机起义。因此，在围攻战斗刚刚打响之时，刘进就当机立断，命令全体警员放下武器，举义投诚；对几个意料之中会持枪顽抗的警员，则按计划由刘作鼎、刘松章、刘佛林等人强制他们放下武器。然后打开警察所大门和栅栏，将游击队迎进警察所。刘进带着手下20余人加入林镜秋的队伍，并开仓分粮500余担。然后，该部挥师占领林寨街，俘获林寨乡乡长以下七八人，缴获长短枪共9支，开仓分粮200余担。

接着，部队进入公白，乡联防队闻风而逃。部队在群众协助下，包围并攻入乡长阁楼，缴获长短枪共10余支，开仓分粮100余担。此后，该部迅速进军河西，横扫三河、上莞、船塘、大湖等地，共缴获长短枪60余支，开仓分粮500余担。

从3月至6月，九连地区部队在和平县全境及周边地区共作战20多次，歼敌200多人，缴获枪支200多支，摧毁伪警察所3个、乡公所6个，破地主谷仓13座，分粮6000余担。群众普遍发动起来，武装队伍迅速扩大，主力部队由90多人发展到450多人，地方武工队和民兵发展到2000多人。

九连工委在恢复武装斗争过程中，一面打击反动势力，摧毁反动政权，一面组织发动开展自治活动，在群众基础较好、较为偏僻的地区建立基层人民政权和游击根据地。至6月底，分别在热水、青州、大湖（新中国成立前大湖乡属和平县管辖）成立人民自治委员会，对外仍公开挂"××乡国民政府"的牌子，但实质上已是白皮红心的"两面政权"。热水乡人民自治委员会由叶吉祥任主任，罗南星、叶金蝉、罗闻佑、邹章任委员。青州乡人民自治委员会由赖书祥任主任，赖南焕、赖红英、刘井运、赖南照任委员。大湖乡人民自治委员会由曾宪章任主任。同时，成立常备队和后备队。热水常备队（代号"飞马队"）队长罗革，有队员50余人，后备队300余人，下设2个中队。青州常备队（代号"青山队"）队长赖树祥，有队员30余人。大湖常备队（代号"鸿雁队"）队长曾坤宜，副队长曾坤延，有队员50余人。

热水、青州、大湖三个乡连成一片，成为九连山解放区和游击根据地。

二、反"清剿"斗争与人民武装力量壮大

第一次反"清剿"斗争 自从恢复武装斗争以后，九连地区的反动势力受到沉重打击，基层反动政权摇摇欲坠，国民党广东当局对此感到严重不安。为了扑灭九连地区人民武装力量，国民党派出保安第五总队和独立第一大队为主力，配合保安第八总队一部，同时纠集第六"清剿"区所属各县警队及联防武装共3000余人，于1947年7月至10月，对九连广大地区发动了两次大规模进攻。

7月4日，国民党和平县县长杜湛津亲率以曹宪中为队长的县警队100余人，并纠集浰源乡联防队60多人"清剿"热水解放区。王水泉、罗南星等闻讯率常备队50多人和后备队200余人及手持大刀、长矛、火枪的民兵300余人，于合栋垠设伏。中午，

杜湛津等进入伏击圈，热水常备队猛烈开火。双方激战至下午，数名敌人受伤，杜不敢贸然前进。当夜，杜湛津率县警队在吃水窝露宿，第二天便狼狈撤回县城。5日中午，热水常备队又在马坑径击退浰源乡联防队的进攻，毙敌2人，伤敌4人。

8月2日，杜湛津率县警一中队，并勾结保五团一个连共200余人，配重机枪2挺、迫击炮2门，经大湖进攻青州解放区。青州常备队先在大片田与敌人交火，总部曾两次派出主力增援阻击。战至下午2时，青州常备队主动撤出战斗。此役伤敌连长以下数人，击毙敌班长1人。下午3时，敌人进占青州街，焚毁乡自治会主任赖书祥的房屋，洗劫群众财物一大批后，返回县城。

8月4日，国民党和平县参议长欧阳励依大摆酒席，拉拢热水乡绅、商贾罗××，国民党县长杜湛津趁机在宴会上，大放狂言并散布"只要热水人民和常备队不抵抗，可保热水人生命财产安全"的烟幕，要求热水乡绅罗××与谢德芬等回热水搞"和平"运动。谢德芬等人企图通过宗族、亲属关系，组织部分老人找乡自治会负责人说情，让热水常备队放弃抵抗。连和分工委及时揭穿敌人的阴谋并与他们展开针锋相对的斗争。8月11日，九连工委获悉，保五团一个营及连和、"三南"各县的县警队1000余人准备"围剿"热水根据地，立即在热水召开党政军干部会议。经反复分析、讨论和权衡利弊后，决定不与敌人硬拼，将聚集在下热水南湖街的常备队及民兵400余人撤至新洞，伺机打击敌人。次日，国民党县长杜湛津、保五团营长官照柴果然带领1000余人气势汹汹地开进热水，谢德芬等乡绅、反动头子连忙杀猪招待。杜下令逮捕了热水民众50余人，王南阳等2名热水常备队员遭杀害。他们烧毁了罗革、叶吉祥、王水泉、罗南星等人的房屋数十间，洗劫大批财物后，返回县城。

在和东地区，林镜秋部则主动出击，由黄桐、黄怀章、曾辉等率武工队30多人及高山民兵60多人，在彭寨梅塘岗新茶亭伏击县警黄明中队60余人，毙敌2人，俘敌1人，缴获长枪2支、子弹280余发。接着，林镜秋又率部队到贝墩乡石村攻打地主叶治道，活捉其父子，缴获驳壳枪2支、步枪1支，罚缴400瓶煤油后释放；在龙川贝岭处决了反动联防队副，俘敌5人，缴获长枪5支、短枪1支；突袭龙川新街乡公所，缴获步枪6支、左轮3支；攻打地主张镜波，缴获步枪5支，罚谷500担；抓获贝墩反动地主凌治元的女婿，罚谷500担。和东部队的一系列活动，大大震慑了反动分子，鼓舞了广大群众。从1947年夏开始，彭寨高山乡就掀起参军参队热潮。8月17日，彭林大队到光祖小学召开扩军会议，当夜就有黄坚锋、黄炉中等34人报名参军。后来寨下村又有17名青年加入曾作霖中队，至此高山乡已有67人先后参加游击队。

8月中旬，敌保安第五总队400余人进攻和东区。和东区部队采取避敌精锐突出外线的战术，进抵龙川永和，突袭敌保安第五总队较弱的一部，毙伤敌20余人；接着捣毁龙母乡公所，袭击黄石自卫队，毙伤敌10余人。旋即返回古寨水西，破坏敌人的交通及通信设施，逮捕特务分子，重新占领彭寨乡，攻打优胜乡（油竹坝）联防队。随即北上长塘、下车一带活动，并在（龙）川中、（龙）川北组织多支武工队，逼近老隆外围不断袭击敌人，迫使保安第五总队不得不撤回老隆固守。和东部队频频出击，迫使敌不得不从青州、热水调兵增援，从而大大缓解了总部的压力。

9月初，和东部队获悉国民党林寨联防队准备护送陈枕溪前去县城接任县长，即派郑新强及黄柱昌率主力中队到敌人必经之地林寨沙惊坳伏击。经过近30分钟战斗，毙敌3人，伤敌2人，俘敌20多人，缴获步枪7支、短枪3支，陈受袭击后带着20多个残兵狼狈逃跑。

第二次反"清剿"斗争 1947年10月，国民党反动集团为巩固华南后方，于10月、11月调集兵力对九连地区发动了第二次"清剿"，重点进攻和东、河东地区。

11月中旬，活动于和北区的徐梓材、林若、陈苏等在下车成立了和北大队，陈苏任大队长，徐梓材任政委，林若任政治处主任，主要在下车、长塘、优胜一带活动。当月，徐梓材、陈苏、林若率领2个中队80余人袭击了优胜（油竹坝）乡公所及联防队，缴获轻机枪1挺、驳壳枪3支、步枪30支、子弹2000多发和一大批物资，并烧毁乡公所驻地四角楼。随后，徐梓材率和北大队黄希华小队在下车湖径诱捕了匪首徐竹及其下属40余人，处决了匪首徐竹及数名凶恶的匪徒，其余协从者经教育后释放。是月下旬，和平县县警曹宪中中队进驻东水，进攻郎仑乡。经中共地下组织教育后觉悟了的县警队轻机枪射手刘周中在县警队进攻时，拖枪投诚。

12月，徐梓材率和北部队及一个主力大队攻打下车乡公所，并将徐英奇联防队部包围。激战一个上午后，敌火力暂弱，党员周宝珊自告奋勇，与乡绅周耀东等人前往联防队部劝徐英奇投降。谈判未成，徐梓材部再度强攻。黄昏后，徐英奇逃往江西。同月，陈苏带领郑新强、梁山、林振达队攻打贝墩联防队。因爆破失灵，顽敌死守，未获全胜，只攻下大通当铺，捕获恶霸地主凌大通、肖式西等3人，缴获步枪9支、短枪3支，毙敌7人，游击队牺牲3人，伤4人。

在和西地区，九连工委领导郑群率武工队及三南队100余人到岑岗、上陵及江西省定南县三亨一带活动，分化瓦解了国民党岑岗乡政权，攻克了江西定南三亨乡公所，缴获轻机枪1挺、驳壳枪1支、步枪10多支及粮食等物资一批。

接着，三南队又在定南老城设伏，捕获高砂乡乡长廖平章，缴获手枪2支；捕获与下车联防队队长徐英奇相互勾结的岑岗下河地主徐业苟，缴获煤油等物资一批、稻谷数十担、步枪1支，并将其处决。摧毁岑岗、上陵反动乡政权后，三南队又在寨背、上陵袭击了叶觉一、黄汉周、黄立挺、黄丙南等反动地主的粮仓，将1000多担粮食分给当地贫苦农民。

九连地区武装力量的壮大　随着反"围剿"斗争的深入开展，和东区武装力量迅速扩大，至1947年冬，总人数300多人。其中，李群在古寨建立火球队，有50余人枪；陈荣章在彭寨建立武工队，有50余人枪；徐梓材、林若在下车、油竹坝（优胜）建立队伍，有50余人枪；林强在贝墩建立队伍，有40余人枪；骆柱石在东水建立队伍，有40余人枪；骆仰文在龙川车田建立队伍，有50余人枪。

1948年春，在和东区成立了和平人民义勇队，下辖主力大队、古贝大队、长车大队、彭林大队、川北民众自卫队、川中人民义勇队六个大队。主力大队由林镜秋兼大队长和政委，陈苏为副大队长，下辖郑新强、梁山、林振达三个中队。古贝大队由李群任大队长兼教导员，下辖刘进中队、何友达中队、林强中队、骆接青中队、肖日保中队。长车大队由徐梓材（后林若）任大队长兼教导员，下辖肖琴书中队、刘达明中队。彭林大队由陈荣章任大队长兼教导员，下辖黄桐中队、曾作霖中队、叶宗武中队。川北民众自卫队由骆仰文任队长，下辖粤江中队、韩江中队、飞龙中队、飞虎中队。川中人民义勇队由魏洪涛任队长，下辖河南队、广州队。据统计，在恢复武装斗争前，和东区武装部队只有70余人，至1948年4月，已发展到1500余人，武装民兵800余人。

1948年8月，九连地区部队进行整编，成立广东人民解放军粤赣边支队，下辖三、四、六、七团，新编第二团和独立第一、

二、三、五大队，其中三团、六团分别在和西、和东一带活动。至此，九连地区部队总人数达5000余人，部队主力分区开展武装斗争，建立了以九连山为中心的游击根据地。

三、"三南"游击区交通站与九连情报网建立

解放战争时期的"三南"游击区，是指三南队、附城队经常活动的范围，包括大坝、岑江、上陵、附城以及赣南边境，方圆几百里，大部分是崇山峻岭。祖祖辈辈生活在那里的贫苦群众，支持革命是最坚决的，他们是游击队的坚强后盾。当年，这里人民群众视革命队伍的事为自己的事，精心办理，无私奉献，不避艰险，不怕牺牲，军民鱼水情深，在史册中留下了光辉的一页。

早在1945年秋，为了迎接东纵三支队北上，游击区人民就做了大量工作，在部队可能活动的地区，建立各种交通站、联络站。负责这项工作的是当时中共和平县（和西）县委特派员黄华明。他通过地方党组织，从县城到大坝、热水都建立了许多情报站和粮食转运站，还有交通联络站，其中设在大坝的有半坑吴育材家、谢神坳黄日增家、刻雅尖袁观成家、张亚山袁学文家、牛轭磜曾志敏、曾德坤兄弟家，设在附城的有薄莫山何金水家、黄沙水卢××家等多处。这些交通联络站主要任务是为部队筹备军需物资、收集情报、掩护伤员，为部队在九连山开展革命活动创造有利条件。

1947年6月，武装斗争全面恢复以后，活动于大坝、岑江、上陵、附城及江西定南边境地区的部队主要有三南队和附城队。三南游击区在原有交通联络站的基础上，又在粤赣两省边界的广大农村发展了许多新的交通联络站点，形成纵横交错的交通线。从江西定南县的古地、棉被垇到三亨，从洌源坪地水，大坝婆婆塘、半坑、谢神坳、大门山、叶米英、石井、陈坑水、张亚山、

刻牙尖、罗耕坪、羊石下、牛轭磜，到岑江乡苗岭、中洞、寨西、翠山和上陵米福等地，部队所到之处都有一户人家或几户人家坚决支持游击队的堡垒户。他们当中有的是地下党员，有的是农会干部或会员，有的是贫苦农民。他们的共同愿望是把翻身解放的希望寄托于革命军队，因此都能够排除万难，积极主动地为部队做好力所能及的工作。

在这些堡垒户和秘密交通站中，谢神坳的堡垒户是很出色的。谢神坳西通热水，南邻大坝，东连半坑、鹅塘，北至上陵、岑江。这里主要有黄日增、黄南焕、黄月柱三家堡垒户，这些堡垒户不但户主极为热情主动，连他们的妻儿也一起参加支援部队工作。从1945年冬到1949年初夏和平县城解放，中间虽经敌人多次"扫荡"，仍然坚持斗争，从不动摇。那时，和东游击队进出和西、河东都在此驻扎过。他们热情招待过往同志吃住，并随时给部队带路、送信或购买粮食和日用品，风雨无阻，日夜兼程，工作完成得非常出色。1947年10月，三南队攻打大坝联防队，因发生意外，死伤四名战士，其中的一名重伤战士被安排在这里隐蔽养伤，为避免暴露目标，黄月柱冒着生命危险，将路上的血迹清除干净。堡垒户的机智勇敢得到部队领导称赞，军民之间结下了深厚情谊。

另一个地方是上陵翠山。翠山是上陵与岑岗之间的必经之地，也是大坝到上陵寨西、定南的捷径，分上村、中村、下村三个自然村，彼此相距十余里。这里的穷人都参加了农会和交通站，农会会长吴东林、副会长兼交通员吴子房、文书吴达上的家分别成了上村、下村、中村的交通站和堡垒户。因此，翠山成了相当稳固的游击根据地。三南队、肖琴书队都曾在该村征集枪支、筹粮或驻扎。

1948年4月，连和分工委委员、连和人民义勇队副大队长陈实棠率部队到岑江活动，在江口龙寨与来自江西定南的敌人遭遇。陈实棠身受重伤，寨西村的吴如贞等人用担架将他送至翠山下村，然后转送到上村再由吴东林、吴黄增兄弟送往苗岭。但陈实棠因伤势过重，不幸在途中牺牲。

敌人实行全面大"扫荡"阶段，是根据地最困难的时期。翠山人民用实际行动体现了对革命的忠诚，地下党员吴水星因叛徒告密被捕，敌人逼他供出藏匿的武器。吴水星宁死不屈，最后光荣牺牲。其儿子吴子房满腔悲愤继续支持部队，直到和平县解放，被选为翠山村村长。其间，三南队队员张光、李群、李青（女）三人在一次战斗中与部队失散，他们深夜找到吴达上家联络站。吴达上连夜把他们带到偏僻的造纸棚掩蔽，自己在路上被毒蛇咬伤，一个多月不能走动，却没有半点怨言。有一次，附城队指导员黄百炼在作战中受伤，被带到上村联络站吴东林家治疗，吴东林视他为上宾，杀鸡煲汤给他补养身体，使他很快恢复了身体。吴东林还把三南队一名姓罗的伤员掩蔽在深山一个旧炭窑里，后来因敌人搜捕又转移到一个山厂里，最后由吴东林、吴黄增兄弟用担架送到江西古地继续养伤。1948年11月，反动派四处抓人，吴东林不得不在外隐蔽。后因妻子生孩子，秋收时节家里缺少劳力，吴东林冒险回家抢收粮食，不幸被捕，第三天即被敌人杀害于岑江墟。

大坝地区的交通站除谢神坳外，还有婆婆塘黄桂林、黄佛淡家，刻雅尖袁观成、袁宪浩家，羊石下周春荣家及石井村的刘屋，这些都是部队常到的地方。像黄桂林和妻子袁火英、儿子黄炳坤全家一齐帮助游击队成为家常便饭。后来，三南队的一批伤员在黄桂林家养伤，黄桂林因此事被逮捕，敌人威逼他讲出部队的情况，他顽强不屈，始终没有透露半点消息。由于敌人抓不到证据，地下党组织把他营救出来。三南队指导员袁明生病期间住在周春荣家，得到周春荣家人无微不至的照顾，身体很快康复返回部队。刻雅尖曾经是东纵三支队、三南队和九连山工委电台掩蔽的重要地点，还有江厦小学成了联络站，教员黄海盛等人担任过联络员。只是这些陈年旧事没有人去特意宣扬，因此也很少有人知晓。

岑江苗岭（在岑江一侧，隶属大坝）不但是交通站，还成立了民兵队伍。苗岭村尾的叶屋，是三南队税站张光等七八名战士寄宿的地方。堡垒户叶亚富是部队长期依靠的对象。不幸的是三南队撤往河西后，另一支部队来到苗岭，竟把他当特务错杀了，他的儿子也因此逃往外地。后来该冤案得到平反昭雪。

上陵米福农会会长叶耀彬是个优秀的交通联络员，又是共产党员。他于1948年8月在上陵被捕，受尽酷刑，最后壮烈牺牲。

附城均坑堡垒户黄锦堂、黄文彬等从1945年到1949年春一直负责附城队的接待联络工作，其中黄文彬曾经两次被国民党抓去坐牢。附城三背坑地下党员何如芬和卢桂珍家，曾是中共和西县委副特派员林启连的联络点和隐蔽处。

江西省定南县的古地、棉被垭也是游击队的两处重要活动地点，东纵三支队和后来的三南队都常在此驻扎。棉被垭是一个不到20户的小山村，人民生活困难，这里的堡垒户有陈琦善、蒋齐生两家。但全村老百姓都像亲人一样对待部队同志，有自己吃的就有部队同志们吃的。他们经常去三亨为部队采购物资，打探敌情。陈琦善家设法寻找中草药给住在自己家的伤员治病，照顾得如同家人。敌人"扫荡"时，陈琦善被敌人抓去，他家被罚60罐煤油，才将他赎出来。古地在婆婆塘西北面，是粤赣两省分界线，是老游击区。刘永兴、缪南佛都是这里的堡垒户，缪南佛还参加了三南游击队。敌人大"扫荡"时，古地有些农民惨遭杀害，但是村里人仍然千方百计帮助九连工委做好电台的隐蔽工作，丝毫没有屈服。

此外，在解放战争期间，三南区地方党组织还给部队输送了大批骨干，其中有不少共产党员，如王志伟、王研池、黄国源等成为三南队的骨干，在发动党员、农会会员及群众参加革命队伍中起到过重要作用。原大坝区、附城区党组织负责人袁明、黄百炼先后被工委派往部队，并分别担任三南队、附城队的政治指导员。党员黄又青、黄和分别担任三南队特务长和短枪队长。中共和平县城区及大坝区负责人卢英德、高发支部书记曹广盛、坝心支部书记曾吾安等积极发动群众参军参队，并与部队保持着密切联系，组织党员支持武装斗争。半坑的老党员、农会会长王达还在三南队担任了班长等等，诸如此类，不胜枚举。

解放战争是中国两种命运的大决战，革命阵线与反革命阵线之间的斗争非常残酷，三南地区革命群众为革命做出过很大牺牲。1948年春夏之交，国民党和平县县长黄梦周带着反革命武装"进剿"岑江，苗岭妇女主任陈水兰、中洞民兵队长曹新焕、岑江游击队员苏佛水等六人惨遭杀害。下车游击队交通员吴兆裕被开膛破肚，罗耕坪老百姓房屋全部被烧毁，村民流离失所。反动派的疯狂屠杀，不但阻止不了人民群众的革命行动，反而使当地人民群众对反动派更加仇恨。

1948年9月，为适应斗争形势的发展，中共九连工委在九连地区建立交通情报总站，罗革任总站长，曾博任副总站长，工委组织部成员梁珊（严尚民妻子）兼任支部书记。工委书记严尚民亲自抓交通情报总站工作。罗革把原来分散在粤赣边区13个县的交通情报网点、人员、情况、密码代号连成一个互通网络，并做了必要的补充，撤换了个别不稳定分子。1947年至1949年初，粤赣边13个县的交通网点已发展到83个，专职、兼职人员共150多人，其中潜入敌特内部的高、中级情报人员有30多名，开辟了8

条秘密交通情报传递渠道，侦查、收集、传递了2000多份情报、手令，转送了1万多份革命书刊；曾经护送粤赣湘边区党委副书记梁威林、边纵副司令黄松坚等领导及200多名革命青年知识分子顺利通过国民党军队防区；筹备粮食800多担，押送现金600万元，协助锄奸12名。自1947年至全县解放两年多来，情报总站站长罗革靠双腿步行，先后到7个县的情报网点检查工作，往返6000多公里，亲自探取和传送极为重要的情报19宗。有一次在连平锯板坑、曾田横坑遭遇敌特包围，幸遇连队支援突围脱险。粤赣边支队前参谋长曾志云说过："1947年高陂战斗反败为胜和1948年上莞堂背战斗之所以损失较小，全是情报传达及时、准确之首功。"

罗革同志在多年的操作和执掌指挥交通情报工作中，显示了百折不挠的坚定信念和超人的组织才能。他为革命事业付出了非常大的代价，1947—1948年，敌人在向热水"扫荡"中，几次声言要抓罗革的父母顶罪。罗革的父母怕遭毒手，只得逃往偏僻的山坑长期风餐露宿，家中房舍遭敌人焚毁后，无家可归。但是罗革不为所动，仍然坚持完成党的工作任务。

四、部分乡村政权建立与土改分田

自恢复武装斗争以来，九连工委坚决贯彻执行广东区党委和中共中央香港分局制定的游击战争战略方针，刚刚建立起来的武装队伍，在国民党当局的军事"扫荡"中，不但没有被消灭，而且愈战愈强，不断壮大。

1947年6月，在九连工委领导下，热水、青州、大湖成立乡自治委员会等乡级人民政权，并建立常备队等人民武装，形成了连片的解放区，叶吉祥、赖书祥和曾宪章分别担任乡自治会主任。7月，成立中共连和分区工委与中共和东分区工委。曾志云任连和分区工委书记，邓基、陈实棠、黄志猷为委员，下辖和西、忠信、惠化等地区，下设附城、大坝、热水区工委及青州直属支部。魏南金任和东分区工委书记，林镜秋任副书记，陈麟、骆仰文、梁锡祥、李群为委员，下设古寨、彭寨、东水、和北、（龙）川北5个区工委。

1947年冬，九连全区主力连队发展到9个，地方连队有19个。此外，还建立了13支武工队，民兵4000多人。至1948年2月底，九连地区建立农民协会组织近300个，农会会员有2万多人。党组织普遍得到恢复。在反击国民党军进攻中，人民武装力量活动区域扩大到连平、和平、河源、龙川、紫金、五华、新丰及江西定南、龙南等9个县，有20个乡得到解放，52个乡为地方党组织和部队所控制，游击区域纵横150千米，至此以九连山为中心的连和、和东、河西、河东四块游击根据地基本形成。

在武装斗争和根据地不断扩大的形势鼓舞下，船塘、上莞、骆湖、曾田、三河、樟溪、热水、青州、古寨、安坳等地的乡村人民政权不断巩固，人民群众的革命热情日益高涨。

1947年12月26日，中共九连工委做出了《关于大搞方针和任务的决定》，按照"依靠贫农，团结中农，争取富农，分化地主，打击恶霸"的政策原则，开展"减租减息"斗争，实行土地改革。九连工委要求全区军民进一步放手发动群众，从经济上、政治上打击反动恶霸地主，发展壮大人民武装力量，发展和巩固游击根据地。连和、和东分区工委亦分别做出了相应部署。于是热水、青州、古寨等比较巩固的地区以及长塘、下车、林寨等新区和边远地区开展了停租废债和土地改革，至次年春耕前运动全面结束。全县24个乡镇中有15个乡镇进行了土改分田，有近6万农民分得土地6万多亩。各地的土改分田在1948年春节前完成90%。1948年春节期间，青州各地农会干部组织村民家家户户送来油果、鸡鸭和猪肉，肩挑手提，敲锣打鼓、舞龙舞狮将慰问品送到九连游击队总部驻地青州星塘村新寨（下新屋），表达了根据地人民对党和人民军队的感激之情。部队首长严尚民、郑群、曾志云等穿着节日盛装，与前来贺岁的群众一起，欢度新春佳节。

和东新一区的土改运动是搞得最好的，在九连地区影响很大。1948年1月，和东分区工委在古寨双溪鸦鹊窝成立了中共和东新一区委员会及和东新一区人民政府，李群任书记、区长，陈兰台、肖日保为副区长。在新一区人民政府下面成立了水西、双溪、安坳、马塘、高山五个乡村政府。和东新一区人民群众在党组织领导下，组织农民协会，实行"减租减息"，土地改革运动蓬勃掀起。

和东新一区政府为了取得经验，由古寨乡水西青干班政治指导员李楚领导在嶂下、梅华两村先搞试点。试点结束之后，和东分区工委根据《中国土地法大纲》和试点经验，制订和公布了《和东区分田暂行条例》，将青干班学员组成民运工作队、组，分别派到新一区所属的水西、双溪、安坳、马塘和高山五个乡，深入发动群众，组织、健全农会和穷人"翻身团"，成立分田委员会，为全面铺开土改工作打好基础。

1948年2月，由12名青干班学员及部分乡村干部组成的水西乡民运工作队下乡后，首先健全巩固农会，开展宣传发动，全乡有90%以上的农民都参加了以穷人"翻身团"为核心的农会。工作队提出"一切权力归农会"的口号，并在农会直接领导下成立分田委员会，主任由乡长肖辉煌兼任，副主任由农会会长肖日暖兼任，委员有尤文兴、林启明、林世潮、林英桃和陈冬阳等人。民运工作队及委员会的成员分成5个组，分片将全乡土地面积、人口进行全面核实登记。然后，以原耕地为基础，按照"抽多补少，抽肥补瘦"和"远近搭配"原则，进行分配。同时规定，有耕牛的农户分远田，无耕牛的农户分近田。嶂下、梅华两个村共有333人，每人分得水田0.96亩。水西乡"翻身团"团长尤文兴还亲自丈量水田、评级、插签。水西、河东、河西三个村有1800多人，每人分得水田0.8亩。接着新一区有五个乡转入全面分田。

和东新一区进行公开分田的还有安坳、双溪、高山、马塘4个乡。其他一些村党群组织基础好，农民群众思想觉悟高，但由于靠近敌人据点，为了不暴露分田真相，采取秘密分田方式。彭寨十聚围、东水大坝、贝墩三坑等村，均由当地农会自己分田，其中影响较大的是十聚村。

彭寨十聚村在抗日战争时期已有党的活动，群众基础良好。该村贫苦农民多，受党教育影响较深，进步青年较多。1947年9月，该村就成立党支部和"贫农团"农会组织，并有70余人参加武装队伍。该村农会还在5个自然村内成立分会，会员有450人，占全村总户数97%。1947年秋收后，实行"二五"减租，开仓分粮。同年冬，支委都先后参加和东地区党员骨干学习班，农会干部也先后到部队在水西举办的农干培训班学习。1948年春节期间，便酝酿分田。十聚村党支部根据实际情况，决定让群众自己秘密分田。于是党员和农会干部到各家各户进行个别发动，分发《中国土地法大纲》。等到酝酿成熟取得一致意见后，以原耕地为基础，由各户自报现有水田数量和质量，农会负责协调。地主、富农一样参加分田。经农会评定，然后发出分田通知书，分送到各户，要求各户保密不得外传，全村共有500多户2100多人全部分得土地。

后来，水西乡政治指导员李楚在《和平新一区大搞分田的回顾》一文中，曾提到一个典型事例：古寨乡水西石圳有一位寡妇，领到土地证时，非常感激，立刻烧香告祖，她说："我一个寡妇人家也分到田地了。"这个寡妇先前曾与一位铁匠相恋，但由于族规规定"不准寡妇再嫁，违者要装进猪笼投入水中浸死"，因此不敢再婚。土改时，乡人民政府给她做主，让她与铁匠成亲。这事成了当时的一段美谈，在当地广为流传。

当年和东新一区人民群众通过开展"减租减息""停租废债""土改分田"等群众运动，深刻体会到共产党是穷苦人民的救星。从此，党和人民武装力量深受人民群众拥护和爱戴。

1948年春，分得田地的翻身农民生产积极性空前高涨，大家都说要多打粮食，改善生活，支援前线。为保卫胜利果实，解放区青年们掀起参军热潮。恢复武装斗争之时，和东区武装队伍仅有70多人，到1948年4月，迅速发展到1500多人，民兵有800多人，国民党反动派不敢轻易进犯解放区。和东部队行动自如，驻军十天半月不用转移。军爱民、民拥军，军民亲密如一家。"解放区的天是晴朗的天，解放区的人民好喜欢"就是当年和东新一区大搞分田的真实写照。为安定社会秩序，各乡自治会还成立了调解委员会，调解民事纠纷，公布禁烟（鸦片）绝赌政令，提倡移风易俗，改革婚丧旧习，提倡婚姻自由等等，深受群众欢迎，到处呈现出一片生气勃勃的景象。

微信扫描二维码
您立即开展本书的
延伸阅读。

反"扫荡"斗争与根据地人民的支持

一、九连地区第一期反"扫荡"斗争

1947年12月宋子文主持广东政务后，为了扑灭人民武装斗争的烈火，集中第六十九师第九十二旅、第九十九旅、保安第一团、保安第五团、保安第八团及湘赣边境的保安队共10000多人，纠合各地反动武装，对广东各革命力量实施第一期"清剿"。1948年1月23日，宋子文颁发《绥靖新策略》，强调"不求急功，但求实效"，为实施其第一期"分区扫荡""重点进攻"的绥靖计划，并确定以粤北、南路、兴梅三个地区的人民武装及根据地为进攻重点，采用夜间行军，拂晓进攻，化装便衣，远道奔袭，分路合围，跟踪追击等战术。所到之处，建立反动据点，大搞移民并村，计口授粮，联保连坐，封锁山区，企图以此将人民武装队伍围歼于山中。

和平县解放区及游击区军民坚决贯彻九连工委制定的"打击敌人，坚持地区，保卫人民，保全力量，争取新的发展"的总方针，全力以赴，一边组建新的地方武工队、发展武装力量，一边寻找机会主动袭击敌联防队和区乡反动政权。

和西区　1948年1月24日晚，郑群、陈实棠率领九连总部主力队、三南队及热水队共300余人，攻打浰源乡公所。因天气严寒，地雷失灵，屡攻不下。天亮后（即25日），发现国民党县参议员白梓汉、浰源乡副乡长陈胜如等人率反动武装100多人，从上涧、塘背方向赶来增援，联防中队中队副、乡长黄达才的叔父黄荣福率100多反动武装又从李田、磜头方向侧面攻击九连主力部队。最终郑群率部向羊角嶂、双卡水和三坑水方向撤走。此役，九连主力部队牺牲指导员罗羿等32位同志，丢失机枪1挺、驳壳枪1支、步枪20余支，是九连武装斗争史上损失最惨重的一次战斗。

为了总结经验教训，九连工委在永丰村竹林居召开扩大会议，严尚民在会上对战斗失利的主客观因素做了详细分析，要求大家统一思想，放下包袱，振作精神。这次会议，及时扭转了队伍中因战斗失利而产生的消极悲观情绪，增强了信心，对后来粉碎国民党反动军警"扫荡"夺取斗争胜利具有极为重要的意义。

为了反击敌人的"扫荡"，九连工委从当年2月份开始就全力投入准备工作，抽调十几个连队和几十支武工队及近300个民兵小分队，组成一支反"扫荡"武装队伍，严阵以待，随时准备迎击敌人进攻。

二三月间，九连工委成立附城队，人员由三南队调一个小队加上在附城发展的一个小队组成，共60余人，何平任队长，黄百炼任指导员，主要活动于附城、大坝地区。主要任务有四个：一是到均石、谢洞、龙狮等地组织农会、废债分田；二是骚扰牵制县城敌人；三是打击反动地主、土豪劣绅；四是通过统战工作，营救部队被捕同志及家属。随后又成立永丰队，王汉任队长，共五六十人，主要在合水、眼坑、公白、礼士一带活动。

同年3月，九连工委在青州召开紧急会议，做出了"关于第三次反'扫荡'斗争的工作指示"，先后发出《关于反对敌人第三次扫荡的指示信》《关于反扫荡政治动员及开展立功（活动）的指示信》，决定将总部机关转移到深山掩蔽。严尚民、魏南金、钟俊贤、郑群等领导人分别到和东、河西、河东等地领导反

"扫荡"斗争。敌人进驻永丰村扑空后，气急败坏地将赖书祥的母亲王阿娣抓走，关押了半年之久，并张贴告示，声称悬赏80担谷缉拿赖书祥等人，但始终未能得逞。

为了有利于牵制敌人，扩大政治影响，活动在"三南"游击区一带的九连部队在上陵寨西处决了职业特务黄桂森，并派出叶吉祥率领短枪队10人，到龙南横岗、白沙、杨村、大坝及定南三亨、罗竹坝、板埠、古地一带活动。九连游击队总部首长郑群指示他们"要大胆干，提高警惕，做出成绩"。短枪队到龙南后，散发传单声明要逮捕龙南县参议员、反动头子叶济华。叶济华是龙南县大坝河口人，住在单家独屋，石砌的三层楼阁并有武装防守，靠短枪队强攻是攻不下的，只能智擒。于是先派出战士化装侦察，摸清叶济华的行动规律，然后派战士埋伏在距保安队驻地只有2千米的狭窄山径处，待叶济华出现时，战士们一跃而出，一枪不响就将其擒住，然后撤离阵地，将叶济华押送九连游击队总部。后来，又将叶济华押解至和平县热水监管3个月，令其交出稻谷200担、步枪10支、长龙古手枪1支，经教育后释放。此举在"三南"游击区一带影响很大。

此时，国民党广东省第六行政督察专员公署专员、第六"清剿"区司令曾举直，调集第六十九师第九十二旅第二七六团及保安第五团、第一团、第八团各一部，以及地方反动武装共6000多人向九连游击根据地发动进攻。

1948年3月11日，国民党保安第五团一个营及和平县警队共300多人，在地主武装配合下，由和平县城远道奔袭大湖，遭到九连部队与民兵1000多人阻击，激战一天，敌无法立足，撤往忠信。敌人受挫后，于同月17日分两路向青州、热水进攻。国民党保一团蔡少达营300余人，由忠信经高莞向青州进犯。九连工委获悉情报后，派曾志云率青山中队及九江中队到杨里坳两侧设伏，并派赖春娣率警卫班到船埠伺机诱敌深入。是日上午8时许，刚入船埠村口的敌人即遭赖春娣警卫班袭击。赖春娣率全班战士边打边撤，将敌引入杨里坳，待敌人全部进入包围圈后，正面由600余民兵堵住敌人进犯青州的去路，青山中队与九江中队从左右两侧发起攻击。敌我双方激战至下午2时，敌被迫退回忠信。是役毙敌2人，伤敌9人，我部副中队长黎金苏及民兵队员赖龙安牺牲，副班长赖春娣负重伤。

3月30日，敌700余人再次由忠信、和平、船塘三路夹击大湖。连和区部队及大湖民兵2000多人，在2公里长的公路上与敌展开浴血奋战。因弹药不足，连和分区部队乘夜撤退，大湖被占领。3月31日，大湖乡余屋村农会会长余旺兴率领20余名民兵，与十几倍之敌激战一天，打退敌人十几次冲击，击毙敌排长以下官兵5人，伤敌数十人。终因敌众我寡，力量悬殊，敌人攻进村庄，烧杀抢掠。余旺兴在战斗中牺牲，余亚彬等13人被捕杀害。

4月6日，敌人第三次"进剿"热水。保五团官照晒营300余人配备钢炮4门、重机枪4挺、轻机枪10余挺，与县警曹宪中大队200多人以及涮源、三民、合水、大成、大同等乡反动联防队，共1000余人，从上合栋、下合栋、下径、罗香洞、马坑径五路夹攻。黄如镜率全乡民兵天亮前在敌人必经之路设伏，天亮时，战斗打响，持续到中午，毙、伤敌10多人。由于敌我力量悬殊，至下午黄如镜率主力撤进深山。热水区工委为反击敌人，当夜派出热水游击队30余人，赶到热水乡北联村。次日凌晨，由中队长王水泉带队，安排两个班兵力埋伏在黄泥丘屋背，排长黄伯钦率一个班埋伏在黄泥丘附近。敌县警中队及联防队70余人在特务黄金棠带领下进入伏击区，遭游击队火力猛烈扫射，黄金棠丧命河中，其他敌人被打得晕头转向，慌忙掉头向兴隆方向逃窜。在追击逃敌时，我方排长黄伯钦不幸中弹牺牲。

敌进驻热水后，恢复反动政权。当地反动势力抬头，对热水人民进行疯狂报复，实行烧、杀、抢三光政策。整个热水被烧毁房屋11座100多间。其中有窄口街店铺18间和上排王屋、增光岩黄屋、茶头龙王屋、黄泥屋，叶村凌屋，铁子坑口凌屋、胡屋、叶屋、联丰蓝房头、罗屋等10座民房，还有学校1座，一半以上群众的财物被洗劫一空，人民群众遭受了惨重损失。敌人到处抓捕革命家属，开枪杀人。当时热水被捕的游击队员家属有数十人被押送县城坐牢，被枪杀17人。敌人还强迫群众搞联保联防，封锁交通，整个热水陷入一片恐怖之中。游击队减员严重、缺少弹药，只得转移掩蔽，部分党组织停止活动。

同月，陈实棠率和西区部队一主力排和热水队共80多人到岑岗、三亨一带活动。中旬（农历三月初八），到定南惩处了恶霸谢镜森和反动保长温为尧等，将没收的财产趁夜运往上陵岑岗的寨西。定南保安队发觉之后，派出200多人尾随而来。第二天上午8时，陈实棠部突遭敌人袭击。敌仗着有3挺轻枪，居高临下，发起攻击。战士们英勇抵抗，激战了一天，敌人无法前进一步。下午4时，陈实棠命令分出一支队伍迂回到敌阵地背后，发起冲锋。敌人遭前后夹击，狼狈逃窜。在追击途中，陈实棠不幸被流弹击中，身负重伤，在转移途中光荣牺牲。

陈实棠牺牲后，中共三南工委主要领导剩下郑群一人，力量明显不足。为加强三南地区的领导，不久又成立中共三南临时工作委员会，书记叶吉祥，副书记陈君明，委员麦启华、王奋、袁明、李蓝天，上属中共九连工委领导。叶吉祥上任后，就收编改造了龙南县大坝民众自卫武装。当时江西龙南县大坝反动势力较大，不过岗上叶姓大屋有300多户人家当中绝大多数是穷人，他们为了保护自己，组织了一个大刀队，有20多人，但只有刀，没有枪。为首的叶百春是一个迷信思想根深蒂固的人，天天装神弄鬼，宣称"刀枪不入"，迷惑性很大。为争取大刀队，打击反动势力，叶吉祥的短枪队以罗竹坝为立足点，以当地积极分子叶源桥、叶源添为向导，了解到大刀队原是民间组织。于是，叶吉祥对他们做了大量深入细致的政治思想工作，将他们收编。经九连游击队总部同意，命名为"大坝队"，队长叶源根，副队长叶恒芳，政治工作由叶吉祥兼管。杨村、石下及罗竹坝也有6位青年加入该队，部队配给该队步枪10支、驳壳枪1支。

6月，大坝队到九连游击队总部青州参加集训。集训结束后，总部派他们回到定南县罗竹坝一带活动。但他们没有执行上级指示，擅自回龙南大坝、横岗一带活动。当时叶吉祥调动工作，总部又忙于集中主力组织反"扫荡"，没有及时加强政治指导。后因龙南县大坝乡公所耍两面手法，暗中派人到赣南保安司令部告密，大坝队毫无觉察，结果全体队员被俘。敌人强迫他们"自新"，正、副队长叶源根、叶恒芳和炊事员张火苟3人坚决拒绝，最后壮烈牺牲，其余的人被拉去充当壮丁。赖鉴慈、叶祥国、叶林清等10人在途中逃脱，回到总部被编入热水队。大坝队虽然不存在了，但在队伍中造成了很大影响。

和东区　国民党军在向和西大举进攻的同时，对和东区也采取了较大规模的军事行动。1948年2月，龙川反动联防总队长黄道仁率反动武装200余人"进剿"东水镇宋洞村。宋洞村民兵70余人凭借炮楼顽强抗击敌人，坚守了三天三夜，多次击退敌人进攻。敌人久攻不下，狼狈撤走。此役共毙敌12人，伤敌6人，民兵队长身负重伤后牺牲。

从3月开始，国民党以重兵"扫荡"和东区。先由广东省第六行政督察专员公署专员兼保安司令曾举直率领保五团一个营300余人及县长黄梦周率县警200余人采取"重点进攻""分区清剿""分进合击"等战术轮番进攻。林镜秋率领部队避开敌人主力，撤出中心地区，转到边区外线，牵制打击敌人。游击队乘敌防守空虚，直插油竹坝（优胜）袭击联防队，毙伤敌5人，缴获长短枪支及物资一批。敌人发现和东区主力转到优胜以北地区，立即又增调武装800余人进行反扑。游击队凭借熟悉的有利地形又击毙30余名敌人，因敌我力量悬殊，星夜撤退，急行军返回古寨水西。但敌人死死咬住和东部队主力不放，并纠集龙川、和平两县各地据点军警、联防队共1300余人，对林镜秋部进行三面夹击包抄。一路由彭寨马塘绕道山路进发，另一路从彭寨叶坑侧面而来，龙川军警由东南面黄石挺进，三路包抄进攻和东区水西嶂下、鹿湖、老杨坑一带根据地。因敌众我寡，和东部队化整为零，迅速分散转移，再次转到外线，致敌扑空，阴谋破产。

敌人找不到游击队，气急败坏。保五团团长列应佳与和平县县长黄梦周凶相毕露大放狂言："彭寨杀一半，古寨要杀光""通匪者杀""窝匪者杀""一家通匪，五家问斩"。敌人在和平县城与彭寨、古寨街头及农村，广发通告并粉刷标语"活捉林镜秋，赏谷五百石（担）"，企图诱迫群众上山"劝降"。敌军所到之处杀人放火，洗劫财物，无恶不作，其行径令人发指。

3月4日，下车石含支部书记周宝珊在石含村社山召集党员和进步青年开会，被下车联防队队长徐英奇指派的特务徐名赞、周宝寿发现。8日夜，周宝珊在家中遭徐英奇联防队包围被捕。19日，坚贞不屈的周宝珊在兴隆村尾大坳埂山下被徐英奇杀害。月底，游击队和北大队逮捕了特务徐名赞、周宝寿，将他们押至石含育成小学附近处决。

3月9日，国民党县警中队长叶培根率60余人到彭寨高山乡光子嘴、三坑抓人并抢劫财物。和东分工委获悉后立即派陈荣章、曾辉率80余武装及高山乡民兵400余人到片田设伏。待敌人进入伏击圈后，陈、曾部即发起冲锋，将敌截成两股后予以痛击。此役毙敌7人，伤敌6人，缴获步枪9支、子弹1000余发。后追至七窖，救出被捕群众曾东妹、陈海清、叶知春等10余人，夺回物资一大批。敌狼狈逃回县城。

同月，在古寨猪麻坑驻扎的和东部队，获悉县警一中队与彭寨、古寨联防队共300余人进驻古寨，决定派一部分人到南蛇塘诱敌出洞。敌人果真来犯，遭到和东部队伏击。此役毙敌3人，敌一名副中队长受重伤被抬回古寨街后死亡。紧接着，李群率领肖琴书中队、肖波中短枪队共200余人，分别攻打安坳联防队及驻安坳街的县警黄明中队。肖琴书率队攻下联防队部，俘敌5人，缴获长短枪5支和物资一批。县警黄明中队星夜逃遁。

3月下旬，肖琴书中队的民运组长何月朗，带领刘中、徐青两位战士前往优胜上石村参加土改分田，途中与国民党县警队相遇，因回避不及不幸被捕。当天中午，县警队在返回和平县城途经杨梅岗时遭到陈苏中队伏击，敌排长吴大才被击毙。次日，国民党县警队在县城公祭吴大才，将何月朗、刘中、徐青三人当场杀害，丧尽天良的敌人竟然凶残地将何月朗的心脏挖出挂在刺刀尖上游街示众，之后炒熟下酒。敌人像魔鬼一样丧心病狂、疯狂报复革命，手段极其残忍。

4月中旬，国民党保安第五团团长列应佳率1000余人与和平县县长黄梦周、国民党反动书记长李村率县警队、联防队400余人，一齐向和东进犯，占领了彭寨。5月初，敌800多人进犯龙川北部，和东部队及武工队集中力量阻击，毙伤敌30余人后，趁夜撤出战斗。随后，敌1000多人分几路包围和平古寨，因敌强我弱，和东部队冲出重围撤往河西，古寨、东水等地被占。紧接着，国民党军又将进攻矛头指向河东区，对黄村、叶潭、康禾进行"清剿"。

国民党军警每占领一地，立即恢复当地"戡乱建国委员会"，强迫"自新"，强逼移民并村，镇压百姓，疯狂至极。在敌占区里，"戡乱会"和"还乡团"派人到处涂写"窝匪、藏匪者杀！""活捉匪首林镜秋，奖谷五百石"等反动标语；强迫革命家属、亲属组成"哭降队""劝降队""迫降队"，妄图瓦解人民武装。敌人所到之处，烧杀抢掠，无恶不作。古寨、下车、彭寨、青州等地，被烧毁房屋难计其数，数以千计的群众及革命家属无家可归。被捕的革命家属和群众数百人，被杀害者有100余人，仅下车竹子背不足100人的小村就被杀16人。国民党县长黄梦周命令下属抄了中共和北区工委书记徐梓材的家，封了他家店铺，抓走他父亲和弟弟。黄梦周狂言徐梓材不投降，就要杀绝其全家。后来黄梦周见达不到目的，勒索了100担稻谷后，将徐梓材家人释放。

为了应对敌人的疯狂"扫荡"，九连工委领导魏南金在刘春乾陪同下到河明亮召开和东区反"扫荡"工作会议。会议由和东分区工委副书记林镜秋主持，李群、陈麟、梁锡祥、曾辉等参加了会议。魏南金做《形势与任务》的报告，详细部署了反"扫荡"计划。林镜秋做《武装斗争战略战术》的报告，刘春乾做《关于地方党坚持反扫荡斗争》的报告。这次会议，使与会同志对反"扫荡"斗争长期性、艰苦性的认识得到提高，对指导和东区军民深入开展反"扫荡"斗争具有重要意义。

4月26日，陈苏率领和东部队部分主力队伍及地方常备队共100余人，袭击了优胜（油竹坝）联防队部，毙敌2人，伤敌数人，缴获步枪26支、驳壳枪4支、物资一批、稻谷50担。同月，国民党保五团一个营及县警中队共300余人进犯和东安坳芹菜塘根据地。李群率领肖琴书队100余人，在民兵的配合下抗击敌人，毙敌2人，伤敌5人。

5月，林镜秋率领陈苏大队3个中队在贝墩与优胜交界的浊水坑一带活动，获悉国民党保五团两个排80余人从彭寨押运一批军需物资到和平县城，星夜率部赶到老茶亭至甘子坑中间设伏。下午3时30分，沿山冈搜索前进的敌兵一个排，突然与埋伏在山顶的游击队在前哨交火，待押运物资的敌人进入伏击圈，部队发动猛烈攻击。大约一小时后，敌人向附城乡及县城方向仓皇溃退。是役毙敌排长以下7人，伤敌8人，缴枪10余支，缴获物资一批。此后，和东区主力部队曾一度开到（龙）川北（部）的背岭一带，配合川北部队在粤赣边界活动，开展新区工作。为解决部队给养并诱惑敌人，和东几个主力队在川北集结，架起机枪设站收税。敌果真集中七八百兵力向川北扑来，妄图消灭和东主力部队。和东部队设伏痛击，毙敌10余人后立即甩开敌人，返回古寨水西山中掩蔽。龙川县警队、保五团一个营及和平县警队与和东的联防队共1000余人，分数路跟踪而来，在古寨水西与马塘交界大山中向和东部队发起攻击。和东部队与敌激战数小时后迅速撤离，然后以小组为单位分散活动，骚扰敌人，惩办敌特分子。敌人撤走后，和东部队由林镜秋率领经河西进入九连山与和西主力会合。

1948年6月之后，国民党军第六十九师北调华北战场，敌人对九连地区的攻势基本结束，但仍有部分保安团队配合地方反动武装驻扎于各地区被占领的据点，继续实行"搜剿"。

二、中共九连地区委员会与粤赣边支队成立

1948年6月，中共九连工委在河西船塘召开会议。会议传达了粤赣湘边区（临时）党委[①]"关于公开斗争旗帜，组织主力团

---

① 1947年12月，中共中央批准成立中共粤赣湘边区委员会（简称粤赣边区党委）。在此之前，粤赣边区党委是以临时性质的区党委开展工作，负责指挥粤赣边区的游击战争。

队"及成立广东人民解放军粤赣边支队等重要指示和决定，改组中共九连工委，成立中共九连地区委员会（以下简称"九连地委"），由魏南金任书记，钟俊贤任副书记，郑群、黄中强、曾志云为常委，张华基、骆维强、刘春乾、李辉、梁四源为委员。下辖连和、和东、河东及河西区工委，卓扬、骆维强分别为连和区工委与和东区工委书记。严尚民调粤赣湘边区（临时）党委任职，但仍留在九连地区负责指导工作。会议认真研究了如何扭转形势和建立主力团队、集中兵力打歼灭战等问题，还检查了土改工作中侵犯中农利益等过"左"、过火的做法。九连地委决定，将和东、和西部队转移到青州，与河东、河西部队同时开展整军、整党运动，要求在整军、整党运动中进行阶级教育和形势教育，总结了第三次反"清剿"斗争的经验教训。

会后，九连部队总部立即召集和东、和西的部队在青州进行为期一个月的整训。和西地区参加整训的部队除珠江队、九江队及青州队外，还有桂林队、热水队、三南队、附城队、永丰队、龙南大坝大刀队，以及经教育争取过来的连平上坪三点会头领谢×。由于参加整训的部队人数较多，整训地点分别设在青州星和村崩岗下屋、星兴村广运居等处，其中星兴村广运居是珠江队与九江队的驻地。这次整训以学政治和军事训练为主，由九连工委书记严尚民主持，粤赣湘边区（临时）党委成员梁威林作了重要报告。整训结束后，各队回到原活动地区打击敌人。通过整训，提高了指战员的政治素质和部队的战斗力。整训期间，留在和东的部分队伍白天在深山掩蔽，晚上出来骚扰，寻找机会镇压土豪或"还乡团"。据九连地委统计，和东地区的骆仰文队、魏洪涛队、李群队、林若队、陈荣章队、林强队、叶宗武队、骆接青队一共进行了53次战斗。同月，连和县行政委员会在青州成立，上属中共九连地委领导，下辖和西地区、大湖、惠化及连平忠信地区，黄志猷任主席。和东县行政委员会在古寨嶂下成立，上属中共九连地委领导，下辖和东地区、龙川北部地区，林镜秋任主席。此时，还成立了龙和边区临时工委，由魏洪涛任书记，骆仰文任副书记。

7月初，九连地委及部队总部在青州召开纪念建党27周年大会。此后不久，保五团官照晒营、和平县警大队、涮源乡联防队、连平县警队共1000余人，分三路突袭青州。九连部队总部获悉情报后立即组织抗击，后主动撤入上、下八礤深山，并决定将总部转移到河西。之后，热水队与总部的联络被截断，只好转入千斤地、石缺等处隐蔽，保存力量，至下旬才回到热水附近活动。

8月1日，九连地委在河西上莞召开八一建军节庆祝大会，驻河西的全体指战员及河西广大群众参加了大会。九连地委公开发表宣言，宣告成立广东人民解放军粤赣边支队，钟俊贤任司令员，魏南金任政治委员，郑群任副司令员，曾志云任参谋长，黄中强任政治部主任。

支队下设5个团：和西为第三团，曾志云兼团长，郑群兼政委，章平任政治处主任；河东为第四团，王彪任团长，张华基任政委，张日和任政治处主任；河西为第七团，魏灵机任团长，黄日任副团长，吴振权任政委，郑凤任政治处主任；和东为第六团，林镜秋任团长，骆维强任政委，李群任政治处主任。后将新来的部队编为第二团，龙景山任团长，郑大东任副团长，梁四源任政委。此外，还有江防大队、龙川大队、江北大队及各地区的地方大队。其中，三团与六团为主力。

曾志云、郑群带领的三团活动于连和区即和西、大湖、忠信以及三南地区，下辖主力连队有：珠江队、九江队、桂林大队，地方武装队伍有：热水队、大坝队、青山队、永丰队。珠江队，队长庄九，指导员林岚（代）、麦启华（后）。九江队，队长叶日平，指导员陈金。桂林大队，大队长曾坤宜，政委邓基。桂林大队下设三个中队：桂林一中队、桂林二中队、桂林三中队。桂林一中队，队长曾坤延（兼），指导员吴建昌；桂林二中队，队长香美康，指导员何恩惠、袁明（后）；桂林三中队，队长曾宗，指导员曾宗（兼）。热水队，队长王水泉，指导员罗南星。大坝队（江西定南），队长叶源根，政治特派员叶吉祥。青山队，队长赖书祥、赖汉钦（后），指导员罗伦。永丰队，队长王汉，指导员黄百炼。

林镜秋、骆维强带领的六团活动于和东、和北及川北地区，下辖4个大队：（1）主力大队，大队长陈苏，教导员周连宗。下辖4个中队：火球队，队长梁山，指导员黄柱昌；火星队，队长郑新强，指导员李根，副队长黄伟枝；火花队，队长林振达，指导员骆柱石；火焰队，队长林尧，指导员林山。（2）古贝大队，大队长兼教导员李群，参谋何友达。下辖5个中队：刘进中队，队长刘进；林强中队，队长林强；凌春涛中队，队长凌春涛，指导员朱玉辉；肖日保中队，队长肖日保，指导员林希珍；骆接青中队，队长兼指导员骆接青。（3）长车大队，大队长兼教导员林若。下辖2个中队：刘德欣中队，队长兼教导员刘德欣；刘达明中队，队长刘达明，指导员刘林山。（4）彭林大队，队长兼教导员陈荣章。下辖3个中队：曾作霖中队，队长曾作霖；叶奇中队，队长叶奇，指导员叶崇武；黄桐中队，队长黄桐。

九连地委和粤赣边支队的成立，标志着九连地区的革命斗争进入大发展时期，为粉碎国民党反动派第二期"扫荡"做好了组织上和军事上的准备。

三、九连地区第二期反"扫荡"斗争

1948年夏，人民解放军全面转入外线作战，全国主要战场转入国民党统治区。国民党军队因为在战场上节节败退，不得不放弃"全面防御"，收缩兵力，采取"重点防御"策略。于是华南人民游击战争烈火越烧越旺。宋子文的第一期"扫荡"计划被打破后，不甘心失败，在第六十九师北调之后，经过一番准备，调集3个旅、15个保安团和12个独立保安营及地方团队，对广东人民武装力量发动第二期"扫荡"。这次"扫荡"以"肃清平原，围困山地"为目的，一方面以主力组成若干机动兵团，实施重点进攻，企图歼灭我主力；一方面加紧组织地方反动武装，分区联防，划区"清剿"，健全保甲，企图肃清我平原力量，配合其机动兵团的进攻。

为了粉碎敌人的第二期"扫荡"，中共中央香港分局及时发出指示，制定了"到处发展，相机进攻，以粉碎宋子文重点进攻""坚持平原游击战，以掩护山地边区建立根据地"的反"扫荡"总方针。要求各地区党委和武装部队"从普遍发展中组织兵力，提高战斗力，紧密依靠人民，有配合、有策应的歼灭宋子文'扫荡'部队，瓦解地方反动武装"。1948年春夏间，粤赣湘边区（临时）党委成员黄松坚、梁威林等进入九连地区，迅速组织主力团队，开展整训和立功竞赛运动，部队的战斗力得到提高。

九连地委自从移驻九连地区后，基本驻扎在和平县青州乡，青州也就成了国民党反动派"围剿"和"清乡"的首要目标。1948年7月初，九连山的主力连队珠江队和桂林队已先后被派往九连山北部赣南和大湖三角一带牵制敌人，地委机关有政治处、后勤处、电台、报社、文工队、通信班等非武装人员100余人。只留下一个主力连九江队驻扎在湖塘围负责保卫地委机关，中队

长叶日平，指导员陈金，副队长张明，小队干部有曾锦标、唐喻、骆亨、骆丙章、罗援、骆福添、刘史珍等人，武器装备有步枪80余支、轻机枪1挺。

7月3日凌晨，国民党保五团官照柴营及县警曹宪中中队与国民党保一团蔡绍达营经30多天的准备，自恃兵多器利，兵分三路直逼和平县青州湖塘围，妄图一举歼灭九连地委机关和游击队总部。一路由高陂、船埠至青州；一路由热水新洞、斋公背至河洞围；一路由大湖、大片田至大坪墟。三路敌军直逼地委机关重地水缺头。九连地委机关领导人严尚民、郑群、曾志云等亲自上阵指挥迎击。拂晓，九江队的军事哨班班长周密在对门岭左侧的佛哥坳发现了从高陂经塘埠方向来犯之敌，立即向总部发出信号，并利用对门岭地势，居高临下阻击敌人。总部听到枪声后，立即部署后勤机关向陈湖坑转移。总部首长亲自率领通信班撤离水缺头，沿捕狼山登上鸡占岗山巅。九江队登上捕狼山占据有利地形，中队长叶日平派副中队长张明率领曾锦标、骆亨小队增援对门岭的军事哨班，还未到达，哨班战士即遭敌人包围，增援小队遭敌人火力封锁。敌自恃兵多器利，疯狂地向增援小队扑去。叶日平、陈金见状，即命令小队长骆丙章、罗援两个小队组织"排头火"及机枪对进入开阔地带之敌狠揍猛打。敌人被突如其来的火力打得晕头转向，哨班的战士和增援小队则趁机向捕狼山靠拢。当敌人掉头向捕狼山扑来时，九江队居高临下，以逸待劳，猛烈开火，击毙敌人五名，伤敌多人。

中午时分，从热水和大湖方向的来犯之敌已相继到达捕狼山下，敌人先以迫击炮轰击山头，继以重机枪作掩护，发起冲锋。捕狼山是鸡占岗的一个山头，此山坡陡林密，怪石嶙峋，易守难攻，是扼守通往陈湖坑和担杆滩的天然屏障。九江队凭借有利地势，打退敌人多次进攻。战斗一直持续到下午3时多，大部分战士的步枪子弹都快打完了，机枪的子弹也只剩下七八十发，而敌人仍不死心，不断地向山头炮击。九江队指战员自知处境渐趋危急，即召开战地支部会议，动员党员坚守阵地，坚决堵住敌人。叶日平、陈金抓住战斗间歇布置指战员准备大量石块，等到敌人往山上爬来时，大家翻动大石滚向敌阵，砸得敌军人仰马翻，头破血流，鬼哭狼嚎。就这样，九江队击退了敌军多次进攻。战斗中，尽管枪弹炮弹呼啸穿梭，但湖塘围和河洞围的人民群众仍然冒着生命危险一起为部队送水、送饭。人民群众的支援，极大地鼓舞了指战员的战斗意志。部队坚持到日落时分，敌人突然用迫击炮和重机枪向捕狼山、鸡占岗盲目轰击、扫射一阵，然后匆匆撤向大坪墟。在这次战斗中，九江队班长欧阳万献出了年轻的生命。先锋村水口屋村民刘增华、刘观湖等人连夜赶做出一副棺木，乘着夜色将烈士的遗体安葬。

次日夜，九连地委领导率领机关100余名非武装人员在九江队护卫下，悄悄地撤离陈湖坑，留下青山队在原地坚持斗争。地委机关经丘屋排、塘埠、上山塘、白泥坑、大湖、绣缎、三河、船塘等地，到达了河源的上莞，与河西、河东、和东、连和区的主力部队会合。

九连地委机关转移后，仍有部分物资留在原驻地。当地农会干部及民兵将部队留下的棉衣、棉袄和来不及带走的三把枪支秘密隐藏在群众基础较好的水口老屋。但还是走漏了风声，第三天下午国民党反动派便将先锋村水口老屋围得水泄不通。敌人把屋中所有人赶到屋前大坪集中，将青壮年男人绑起来，然后翻箱倒柜搜寻游击队留下的物资，一直折腾到傍晚，结果什么也没有搜到。他们便将13名青壮年男子押回驻地（星和村崩岗下）继续威逼审问。当时水口老屋只剩下老弱、妇幼，各家一片狼藉，也没有人生火做饭，沉浸在一片恐怖和忧伤之中。九连地委为保护和及时解救被扣押的群众，指示当地村民"可以先把物资交出去"，并说"以后会叫敌人加倍偿还的"。但村民们没有一个人交出物资。敌人在水口老屋整整搜寻了七天，只搜到了一小部分物资，就以此证明被扣押的群众是"赤匪"，扬言要杀害他们。此时，游击队便放出消息"若这些无辜群众被杀害，我们便将星和村崩岗下敌人老巢夷为平地"，当地上千名刘氏族人也正在附近聚集。敌人见势不妙，只好释放被扣押的13名群众。

国民党当局对和东区的进攻也十分猖狂。1948年7月，林镜秋率和东游击队主力开赴河源上莞后，留下李群等少数的武工队，牵制和北（长塘、下车、优胜一带）的联防队，掩护肖琴书中队转移，到上莞参加整编。李群下属的埔峯武工队在熊家嶂与敌周旋。7月21日晚，武工队8名队员在队长肖波中的带领下，下山筹集粮食并救治伤病员，不料，被安坳乡联防队长肖干南发现。驻彭寨"清剿"指挥部和在场的反动县长黄梦周接到报告，连夜纠集贝墩叶席珍联防队和优胜徐树惠联防队从东面和北面向埔峯村包抄，黄梦周则亲自率领县警黄明中队、保五团的一个连和叶培根中队共300余人从南面兵分三路将埔峯村包围得水泄不通。天亮时，贝墩叶席珍联防队和优胜徐树惠联防队100多人也已赶到埔峯村，在周围山冈上已经布满了敌人。肖波中等人发现被包围后，命令战士们分散突围。因遇倾盆大雨，有3名战士安全撤出，肖波中等3人被迫跳下山溪，隐蔽在一个岩洞中。这时敌人从四面山冈上朝村中扑来，挨家挨户进行搜查。接着，把全村群众集中在一起，威逼他们交出游击队员。黄梦周命令两个县警中队、两个联防队及保五团的一个连共500多人，分头在周围搜查，结果发现了岩洞中的肖波中他们，于是下令筑堤坝拦水，溪水浸没了岩洞，肖波中和另外2名队员英勇牺牲。藏匿在附近的一名伤员和一名卫生员也被敌人抓捕，他们临危不惧，英勇不屈，最后壮烈牺牲。

1948年8月初，九连部队改编为广东人民解放军粤赣边支队，以公开斗争旗帜为契机，召开誓师大会，进行战前动员，部队情绪日益高涨。8月上旬，九连地委派董世扬为特派员，率领永丰、三南、彭寨黄桐3个队到公白乡一带活动。有一天，县警黄明中队来犯，遭到董世扬率领的部队及三河民兵包围。拂晓前，游击部队发起攻击，敌居高临下，负隅顽抗。激战一天后，敌人乘夜色突围逃回县城。几天后，黄明中队再次进犯，在金竹坪遭永丰队伏击，逃回驻地。17日，林镜秋率领六团刚从河西返回东水莫塘，与敌保五团及县警200余人遭遇。林镜秋指挥部队迅速占领有利地形，以猛烈火力击溃了保五团"敢死排"的3次冲锋，敌人在死伤10余人后溃退。战斗中，中队长肖琴书被内奸肖娣从背后开枪杀害。当夜，部队在上水礤召开公审大会处决了内奸肖娣。

8月底，粤赣湘边区（临时）党委领导梁威林在连和分区工委书记卓扬的陪同下，到九连山月子坝召开热水队、乡自治会干部会议，分析政治形势，研究斗争方针和具体措施。会后，热水队按照梁威林的指示，星夜出动，抓捕了赤沥特务黄月德和新屋下罗定海、石圳罗亚庆等并予以枪决，之后又抓捕了横坑诱迫游击队员"自新"的保长叶胜健和北联的特务王亚全，并就地处决，有效地打击了地方反动势力的嚣张气焰。此后，特务不敢猖狂活动，连县警队、联防队也龟缩在据点，不敢轻易外出。8月下旬，保五团官照晒营撤到县城，县警曹宪中中队、三民乡黄桂初联防队、热水王域中队共300余名反动武装虽然留在热水，但是由于热水队经常出动骚扰，他们也只能龟缩在驻地碉堡里，不敢出来活动。

8月下旬，盘踞青州的国民党保五团官照晒营突袭粤赣边支队三团驻地。郑群率珠江、九江两个主力队及青州队迅速抢占有利地形正面迎击敌人。赖书德率青州队绕道向敌侧发起攻击，敌人受夹攻后溃退。是役毙、伤敌10余人，游击队牺牲3人，伤4人。此后，官部不敢再轻举妄动。同月，热水队在队长王水泉率领下经常骚扰袭击县警队，又先后到地主罗毅林、罗振环家破仓分粮，还在合栋、河田镇等处设伏，截击往热水运粮的县警队，缴获粮食100余担，击毙税敌收员及县警数人；然后配合主力部队到南湖、中兴破仓分粮，枪决了南湖反动保长叶某人。

9月，粤赣边支队六团团长林镜秋、政治处主任李群率一个主力营和民兵400余人，在贝墩三坑伏击县警曹炎通中队及贝墩联防队，击毙敌小队长以下7人，俘敌3人，缴获步枪10余支。其间，国民党反动派一个中队80多人企图袭击和东游击队设在"伯公娶伯婆"庙中的税站，刚到税站附近遭到郑新强中队伏击，不到半个时辰就毙敌2人、伤敌1人、俘敌10余人，缴获步枪7支、手榴弹4颗、子弹数百发，我方无一伤亡。此后，敌人整天龟缩在碉堡里，再也不敢轻易出来。

随着反"扫荡"斗争深入开展，九连地委对毛泽东主席战略战术思想的理解不断加深，开始建立跨地区机动作战的主力部队，准备通过集中优势兵力打歼灭战，消灭敌人有生力量。大湖是九连地区的重镇，处于和平、忠信、船塘三角地带之中，是通往九连山和九连地委、粤赣边支队司令部所在地的重要门户。国民党当局在此派驻了保安第一团第三营部及其所属160多人的加强连。为了歼灭大湖守敌，粤赣边支队决定采取诱敌深入，各个击破，包围聚歼的战术。战前部队领导进行了认真研究和充分准备，在全军上下进行思想动员，开展立功创模运动，组织党员先锋班、尖刀班、火线立功"参党班"等突击队伍，全体指战员情绪十分高涨。

支队司令部派员侦察地形后，决定诱敌至大湖绣缎狮子脑山而歼击之。狮子脑山海拔约400米，周围都是丘陵，主峰前有两个小山头，小山头前有一片开阔地，有利于伏击。11月15日，支队派出三团四个连的兵力秘密进入伏击地点。其中两个连埋伏于狮子脑主峰前两个小山头，另两个连埋伏于左右两侧山地，担负迂回侧击任务，形成"U"字形阵势。与此同时，支队派熟悉当地情况的桂林大队一中队队长曾坤延率一个小分队到敌人驻地附近活动，诱敌出击。上午8时许，敌人发现小分队，立即倾巢出动，企图追歼。小分队且战且走，佯装败退，按预定路线步步诱敌深入。9时许，敌人全部进入伏击圈内，暴露在狮子脑前沿开阔地带。三团担任正面拦击的两个连队，立即集中火力，迎头痛击。装备精良的敌人以6挺机枪作掩护，向三团正面主阵地发起猛攻。主阵地两个连队被迫退至狮子脑主峰，打退了敌人数次冲击。10时左右，左右两翼部队插到敌后两侧，将敌人包围，使之成为瓮中之鳖。敌人连续多次发起反击，妄图突围，均被击退。最后，参战部队从四面包抄，紧缩包围圈，与敌展开白刃战，敌人死伤惨重，除连长冯志强带领一个班逃脱外，其余全部被歼。此役共毙、伤敌70多人，俘敌35人，缴获轻机枪5挺、长短枪50余支、掷弹筒5具，粤赣边支队三团牺牲7人。

大湖狮子脑战斗是九连地区变被动为主动、扭转战局的首次歼灭战，开创了歼灭敌人整连兵力的战例。17日战斗全面结束，支队在河西船塘举行了声势浩大的万人祝捷庆功暨公祭革命烈士大会，会上报告了7位烈士的生平和英勇事迹，宣读了年仅16岁的文化教员朱振汉烈士战前写下的遗书。

九连地委根据烈士生前表现和志愿，追认朱振汉、吴干恒、凌海金、曾贞坤等4位烈士为中国共产党党员，并授予14人"战斗英雄"、29人"战斗模范"荣誉称号。

此后，粤赣边支队在不利条件下临危不惧，化被动为主动，连续取得了鹤塘战斗、骆湖战斗、大人山战斗的胜利。从1948年10月至1949年1月仅两个多月的时间里，粤赣边支队集中优势兵力，主动积极寻找战机歼灭敌人，连续取得了五次战斗的胜利，从根本上扭转了全区局势，给保安第十三团以狠狠的打击，从而彻底粉碎了宋子文所谓的第二期"扫荡"，为建立大块巩固的根据地创造了条件。

国民党反动派对九连地区两期军事"扫荡"至1948年底已宣告破产。此后，虽然极力拼凑军队对人民武装发动新的进攻，但大势已去，回天乏力。国民党军队的中下级军官大多数感到前途渺茫，日益消极，有的人则忙于与人民武装搭线，寻求出路。九连地区人民武装力量经过两个多月艰苦斗争，有效歼灭敌人有生力量，赢得战争主动权，已经转入集中主力协同作战的全面进攻阶段。

1949年1月1日，中国人民解放军粤赣湘边纵队成立，粤赣边支队编为边纵东江第二支队，郑群任司令员，钟俊贤任政委。与此同时，连和县人民政府在青州镇山塘村中兴围（刘姓祠堂）成立，骆维强任县长，邓基、黄志猷任副县长。

四、根据地人民群众的无私奉献

解放战争期间，九连山根据地人民大力支援部队，无私奉献，英勇奋斗，涌现出了许许多多动人事迹。

1947年2月，九连游击队卫生队队长江培荃（曾志云妻子）已临近分娩，九连工委决定让她装扮成当地农村妇女，在江西古地协助黎金苏、杨三泰看守9名被俘的国民党反动分子。2月13日清早，她突然发现敌人分两路向古地扑来，于是立即通知战友们将看押的犯人转移掩藏。不一会敌人就进入村庄，处境十分危险。当地一个70多岁的老大爷连忙带她到一个偏僻的山坑里隐蔽。敌人在村子里狂呼乱叫，要乡亲们交出"土匪婆"，还不时向深山放冷枪。中午时分，下起了倾盆大雨，直到黄昏时刻，大雨仍然未停。由于没带任何防雨工具，江培荃只好脱下棉衣遮住头，任凭大雨淋洒。时正初春，天气寒冷，江培荃冻得直打哆嗦。天快黑时，老乡们见敌人抢劫一大批财物离开了村子之后，便打着火把上山，当中有个70多岁的老大爷也一起摸黑爬上山岭寻找江培荃。回到村里，曾玉林老大娘为江培荃换上了衣服，生了一盆炭火，一边烤火一边将湿衣服烘干，然后叫家人给江培荃端来了热乎乎的饭菜。江培荃面对乡亲们的热情关怀，两行热泪禁不住夺眶而出。

不久，江培荃回到热水，带着卫生员丘芬护理5名伤病员，住在北联村增光岩堡垒户黄石伟家的草屋里，没几天生下了一个女婴。产后第十天，由于发现敌情，他们在热水籍党员王水泉带领下又跋山涉水走了十多里山路转移到新地点。当时部队给养相当困难，江培荃产后缺乏补养。堡垒户黄石伟想尽千方百计做了一瓮糯米酒，买了二三十个鸡蛋、一只活鸡和一些生姜，从老远送来给江培荃补身子，江培荃十分感动。产后第四十天，江培荃要回部队参加战斗，她将女儿托给黄石伟抚养。在黄石伟母亲的精心喂养下，一个月后婴儿长得很可爱。1948年春，国民党反动派包围了热水崩岗下，声称要绝杀曾志云（江培荃丈夫）的后代，逼群众交出曾志云的女儿。幸亏黄石伟早就抱着孩子冒着生命危险躲进了深山老林避难。黄石伟带着小女孩在深山里待了一天一夜，因为没吃没喝，又经风吹雨淋，孩子发高烧抽筋，但又不敢进村求医取药，结果孩子被活活困死在深山里。

1948年夏秋之间，江培荃又怀有身孕，因战斗频繁，四处奔波，七个月便早产，为了确保其平安分娩，青州永丰村斋公背堡垒户朱三英让其儿子朱光华从斋公背星夜护送江培荃至5千米外的上八磜。当年上八磜只有周、罗、赖三姓共五六户人家，十分偏僻，早在1946年曾志云带领的部队就经常在此隐蔽活动，与当地农会会员吴长娣因同姓结下了深厚的革命情谊。曾志云其实也姓吴，因经常要在大湖、忠信一带开展革命活动，而大湖曾姓是大姓，为方便工作和安全隐蔽起见，才改为姓曾。敌人"扫荡"时，游击队电台和报社也曾经撤到上八磜、中八磜一带。上八磜的周亚南15岁就给游击队送信，还有吴长娣带着周石稳、赖门秀等人为游击队购买粮食和生活用品，因敌人封路设卡，只得摸黑走到30千米外的连平高陂寨去采购。江培荃在上八磜生下了一个小男孩，由吴长娣和罗水苟的养女蔡亚来接生。江培荃母子在上八磜由大家轮流接济坐月子。由于得到了当地群众热情周到的照顾，江培荃的身体得到很快恢复。在她产后还不足一个月时，因敌人重兵压境，要随部队转移，她毫不犹豫地决定将婴儿寄养在青州队事务长赖石贵家。那时赖石贵爱人丘翠兰的孩子出生也只有三个多月，为了保护江培荃小孩的安全，赖石贵夫妇答应将自己的亲生女儿送到亲戚家抚养，专心照顾好江培荃的小孩。江培荃感动得说不出话来。临别时善良的丘翠兰望着眼泪汪汪的江培荃，轻声地安抚她说："先生娘，放心去吧！"江培荃含着泪水又一次离别了亲生骨肉。

敌人占领青州后，包围了赖石贵家，逼他家人把曾志云的儿子交出来，否则烧毁房屋，全家斩尽杀绝。丘翠兰不管敌人如何威胁恐吓，就是坚决不从。她把江培荃的儿子视如己出，白天抱着上山躲藏，晚上偷偷回村。尽管丘翠兰小心翼翼地呵护着革命后代，但在那残酷的斗争岁月中，江培荃的儿子还是未能逃脱劫难！

在反"扫荡"斗争中，由于力量过于悬殊，连和、和东及河东的主要墟镇曾一度陷于敌手。九连部队退守河西，一段时间处于极为被动的局面。一大批革命群众经受了残酷的考验，他们在强敌面前英勇不屈，有的还献出了宝贵的生命。

第一期反"扫荡"期间，九连地区军民遭受了严重损失，部队的战斗和非战斗减员严重，整个九连地区部队由5000多人减至3700多人，仅和平县境内牺牲的战士、民兵、武工队员、交通员、情报员、农会干部就有268人。根据地革命群众被无辜杀害的难计其数，仅和东区被杀害革命群众500多人，被烧毁民房300余间。其中，下车竹子背一个村被杀害16人，古寨水西一个村被杀害30余人；古寨鸣凤径一个只有60户人家的小村庄，被杀害5人，被捕革命家属、群众120余人，烧毁民房160余间。还有彭寨高山乡，1947秋至1948年冬连续遭到敌人的疯狂"清剿"，惨遭杀害的农会干部、游击队员、民兵及无辜百姓有23人，王仕坑、隆周上河背共有63间民房被烧毁。

其间，敌人每到一处，就将财物洗劫一空，强奸妇女，牵牛扛猪，杀鸡抢鸭，无恶不作，其残暴行径令人发指。原来一派生机的解放区顿时风云突变，惨不忍睹，处于白色恐怖之中。但是，这一切并阻止不了人民群众对革命的支持。

公白乡旱塘村陈应忠家，是游击队税务班的宿营地和联络站。1947年农历十一月二十五日，骆炳章税务班在陈应忠家住宿。翌日凌晨，被国民党反动军队包围。屋外警戒的7名战士，其中2名被俘，其他5名战士开枪还击后，撤离险境。班长骆炳章和4名战士准备冲出屋外，看见敌人从四周冲来，不能突围了，只得退回屋中。在这生死关头，陈应忠与弟弟陈应远毫不犹豫义无反顾地同敌人展开搏斗，与游击队战士共存亡。敌人多次强攻，均被击退，敌人无计可施，放火烧屋。陈应忠的母亲急忙叫战士躲到牛栏里去，用牛屎遮挡不被烧伤。为了转移敌人视线，保住战士生命，陈应忠及陈应远夫妻三人冲出屋外，立即被敌人抓住捆绑起来。敌人以为游击队已被烧死，便派几个敌兵进屋，一个散兵被游击队击毙倒在地上。其他敌人再也不敢近前。最后敌人逼迫陈应忠劝降，将他推进屋里。陈应忠进屋后再也没有出来了。敌人气得暴跳如雷，当即将陈应远的妻子杀害，然后几次企图破墙冲进屋均未得逞。时近黄昏，从远方传来密集的枪声，敌人以为游击队主力赶来解围，恐遭歼灭，便向林寨撤退。骆炳章和4位战士得救了，陈应忠和母亲、孩儿得救了，可是陈应忠兄弟俩的房屋被烧毁，财物被烧光，陈应远和两名战士被捕，几天后在县城遭枪杀。陈应忠一家为革命付出了巨大牺牲，真是感人肺腑！

革命母亲梁水娣的感人事迹在九连地区更是家喻户晓。梁水娣家在安垇乡埔畲村，与优胜交界。1945年11月东纵三支队挺进九连山后，林镜秋奉命带领部队在和东活动，梁水娣家就成为部队的交通联络站。她积极支援部队，三个儿子都参加了游击队。大儿子肖琴书是游击队中队长，二儿子肖炳章是武工队员，三儿子肖波中是游击队武工队长。她自己是部队的交通员，不但经常为部队传送信息，还为部队保管物资，经常上山寻找草药给伤员治病。在他们全家的带动下，这个村子就成了部队的活动据点。联防队多次围捕梁水娣，先后两次焚烧她的房屋，她都勇敢机智地化险为夷，逃出虎口。有一次，敌人在拂晓前包围了埔峯村，她家的房屋被围得严严实实。那天她恰巧将粮食寄放附近人家且在那里留宿。天亮后，梁水娣在回家途中发现敌人就急中生智跳进溪边芦苇丛中，躲过敌人围捕。1948年6月，她的二儿子肖炳章、三儿子肖波中及另外3名武工队员在安垇乡埔畲村隐蔽，被国民党联防队与保五团500多人包围，兄弟俩同一天壮烈牺牲。8月，她的大儿子肖琴书在东水莫塘战斗中又不幸牺牲。三个儿子为革命牺牲后，母承子志，她强忍着悲痛将两个儿媳和两个小孙子安置在亲戚家中，来到部队为战士们缝补衣服，寻找草药替伤病员疗伤，直到全国解放，从未间断。她把战士们看作自己的亲生儿子，战士们都尊称她为"革命母亲"①。她为革命事业奉献一切的动人故事，在九连大地广为传颂。

1948年8月，在下车乡活动的和平人民义勇队长车大队（飞鹰游击队）抓了下车乡乡长徐冠群的儿子及联防队副大队长徐伟东的侄子，勒令国民党反动派以120顶斗笠、120件棉衣和1000发子弹等物资交换人质。下车联防队队长徐英奇恼羞成怒，便将和平人民义勇队长车大队（飞鹰游击队）队长朱华林的侄子朱光洲抓去换人质。其间，还将游击队员刘福美的母亲叶亚金关押，用酷刑逼供。叶亚金顽强不屈，徐英奇无计可施，竟唆使士兵对叶亚金进行轮奸，最后叶亚金在下车街惨遭杀害。

他们是和平县革命群众的杰出代表。在战争年代，根据地人民群众节衣缩食将自家的粮食送给部队，或将儿子送上部队，或不顾生命危险掩护部队，照顾伤病员，或冒着生命危险为部队送情报、运物资等等，以各种不同的方式为革命事业做出了自己的贡献，但相同的是不求回报，无怨无悔。老根据地人民这种不怕牺牲、无私奉献的革命精神永远值得铭记和敬仰！

---

① 中华人民共和国成立后，人民政府把这位功劳卓著的好妈妈、革命的母亲安置在县城。人们尊敬她，都称她"肖母"。1951年肖母以广东革命老根据地人民的代表身份与彭湃烈士的母亲一同赴京参加国庆观礼，受到毛泽东和周恩来亲切接见。肖母于1953年光荣加入中国共产党。后来被选为县政协委员，省、惠阳地区妇联委员，曾出席全国烈军属代表会议和省、地农代会、妇代会，省人大会议。于1984年辞世，享年85岁。和平县委、县政府为她举行隆重的葬礼，骨灰安葬在县城烈士陵园。

和平县全境解放与根据地人民迎军支前

一、和平县全境解放与人民政权建立

1949年5月，和平县的东水、林寨相继解放。此时龟缩于和平县城之敌已是四面楚歌，只好狼狈出逃，苟全性命。5月21日，国民党和平县县长黄梦周、县党部书记长李村等由县警中队长黄明率队护送逃往江西。县参议长欧阳励侬等也星夜逃离县城。22日，徐定安在徐英奇、徐树蕙联防大队护送下到和平县城接任县长。当天，徐定安任命徐英奇为县警总队长，任命徐树蕙、曹宪中、黄桓桑为一、二、三大队大队长。但是慑于共产党部队的威力，徐定安、徐英奇于上任后第二天（即23日）凌晨就带上500余名残兵败将逃往下车乡。23日上午，城内民主人士黄汉廷派黄华添前往半坑向武工队傅明、黄百炼报告情况。傅明、黄百炼当夜率武工队30余人进驻县城。24日早上，黄志猷、罗南星率80余名武装民兵，从热水向县城进发，上午11时由西门入城。下午2时，徐梓材、罗宝萱、林密等率青州、大湖民兵200余人进驻和平县城。当天，连和县人民政府县长骆维强，副县长黄志猷、邓基署名颁发公告宣布和平县解放。

5月30日，粤赣湘边纵队东江第二支队参谋长林镜秋率第六团及新编一个加强营共1000余人，由彭寨北上抵达县城。到达三背坑时就受到先行到达县城的黄志猷和社会人士、人民群众夹道欢迎，鞭炮声、锣鼓声、口号声此起彼伏，盛况空前。同月，国民党县参议员白梓汉逃离涮源后，掌握涮源乡联防队实权的黄慕才、白瑞福等打出起义旗号，率该队70余人，携带轻机枪1挺、长短枪70余支前往热水向罗南星部队投诚。随后，阳明镇人民政府成立，县政府委任朱锦齐为镇长，黄克雄为副镇长。紧接着，三民、大成、大同、岑岗、合水等乡相继成立人民政府。至此，除长塘、下车外，和平县境内其余乡镇都获得解放。

6月2日，按九连地委指示，连和分县，成立中共和平县委员会及和平县人民政府，林镜秋任县委书记兼县长，黄志猷任县委副书记兼副县长，徐梓材、罗宝萱、陈荣章、王森喜、梁锡祥任县委委员。6月4日，在县城新市场举行有近万群众参加的县人民政府成立及县长就职典礼。县长林镜秋和副县长黄志猷分别讲话，向全县人民宣布和平县人民政府今后的施政方针。此后，政权建设及各项工作逐步走上正轨。

1949年6月上旬，和平县新生人民政权根据形势需要，成立和北大队，罗南星任大队长兼教导员。该队下辖何友达、李根两个连及由涮源乡联防队改编的一个连，主要任务是开赴岑岗、上陵、下车、长塘一带追剿残匪。6月下旬，林镜秋、徐梓材率王水泉营到和平县与江西交界边境追剿匪首徐英奇。徐英奇部共500余人，经常在和平与江西交界一带窜扰，袭击乡村政府，杀害革命干部、民兵、群众，猖狂至极。后经剿匪部队穷追围歼，剩下100余人窜至江西龙塘被南下大军歼灭，徐英奇带几个亲信逃往香港。

是年秋，和平县设立了4个行政区，委派了各区党政领导。第一区区委书记王水泉，第二区区委书记叶文礼，第三区区委书记梁锡祥，和西区区委书记罗南星。同年10月，划林寨、东水、礼士、公白为第四区，黄馨荣任书记。至此共有5个区，各区区长大都由区委书记兼任，另设一至两个副区长。和平县政府增设建设科、粮食局、税务局，成立县贸易公司、人民银行、县人民法院。

8月中旬，东二支参谋长林镜秋、新六团政治处主任徐梓材率一营兵力及20余名政工干部前往江西解放定南县。当时，留下何友达连与三南武工队一起驻守定南老城。8月20日午夜，南下大军先遣部队的一个营经过老城时，由于彼此未取得联系，不明情况，均误以为碰上国民党残部，发生交火。何友达连指导员陈山牺牲，伤7人，南下大军死伤各4人。南下大军自渡江以来从未打过这样的硬仗，于是产生了怀疑，找来当地群众一问，方知遇上了广东游击队，立即派员前来联系，双方停战，互致歉意。几天后，国民党龙南保安团团长王觉民到岑岗与三南武工队商量起义事宜，林镜秋派徐梓材、王水泉率一个营前往谈判。不久，王觉民率部投向人民，并将龙南县县长、警察局局长押送到岑岗。该团官兵400余人除100余人遣散回家外，其余全部到河源集中整编。县公安局及各区乡将原国民党军官、政府人员、党团骨干集中看押，并进行登记审查，收缴了他们私藏的枪支弹药，紧接着抓捕惩办了一批最凶恶、最残暴的反动分子，其中包括匪首黄南、叛徒黄西金、兵痞曹坤、特务邹绍狄等，一批怙恶不悛者被人民政府镇压后，全县社会治安秩序明显好转。

8月，林镜秋调离和平县，由黄志猷接任和平县委书记兼县长。黄志猷莅任后，派出县委宣传部长罗宝萱兼任和平中学校长，并提拔一贯支持党组织的徐云华为副校长，又选派了一批年轻、进步的知识分子任教师。同时开办干训班，培训了一批乡村干部和小学师资。同时，在县内组织人民群众开展迎军支前。

二、解放区人民迎军支前

1949年8月1日，中共中央决定组成以叶剑英为第一书记的新的中共中央华南分局，叶剑英、陈赓率第二野战军第四兵团和第四野战军第十五兵团进军华南，当月14日解放赣南重镇赣州市。

9月华南分局第一书记叶剑英在赣州主持召开了赣州会议，号召广东各地党政军民紧急动员起来，全力支援南下大军入粤作战。

根据华南分局和粤赣湘边区党委指示精神，九连地区各地党政领导立即做出部署。东江人民行政委员会第二区督导要求各县、区设立支前委员会，各乡设立支前指挥所，村设立支前指挥员和支前工作队，规定各级支前机构领导由党政主要领导担任，实行一元化领导。其实，和平县在南下大军到来几个月之前就掀起了迎军支前的高潮。

"九连山上红旗飘，九连人民翻身了；红旗飘飘大军到，九连人民哈哈笑！"这是当年和平县人民迎接南下大军时全县男女老幼广为传唱的歌词，是《热烈欢迎南下大军》开头的一句，生动地表达了九连山下和平人民获得了解放的畅意和热爱共产党、拥护解放军的深情厚谊。几十年过去了，现在仍然不难想象当年老根据地人民支前的高涨热情。

解放伊始，百废待兴，和平县委、县政府的工作千头万绪，困难重重。接到华南分局《关于南下大军渡江后的工作指示》后，和平县成立迎接南下大军支援前线指挥部（区、乡亦成立相应机构），其他各项工作一律为迎军支前让路。城乡各部门单位雷厉风行，通过讲座、街头讲演和出版黑板报或墙报，掀起大宣传行动。一时间，"热烈欢迎南下大军！""消灭一切反动派，解放全中国！"等大小标语口号在街头巷尾举目可见；机关单位乃至农村夜校到处教唱《热烈欢迎南下大军》《解放区的天》《三大纪律八项注意》和《送郎参军》等革命歌曲，迎军支前家喻户晓，深入人心，气氛非常热烈。

9月3日至7日，南下大军由陈赓指挥，兵分三路向广东进军。和平县委指示相关单位部门火速筹足军粮，备足马料；特地派出以县政工团成员为主的工作队下乡，吸收部分暑假回乡的青年学生一起参加宣传和募捐慰劳物品工作。

作为九连山革命根据地的和平县人民获得翻身解放之后，对共产党深怀感激之情，个个积极响应党和政府的号召，有钱出钱，有力出力。有的十户八家合伙捐出肉牛，也有三五家人凑股献生猪，捐献鸡鸭蛋品的更是难计其数。老区村庄的妇女们还掀起一个献"迎军鞋"（农村妇女手工缝制的布底鞋）的热潮。有些女青年竟将谈婚信物（亲自缝制准备给夫婿穿的布底鞋）也捐了出来。迎军支前工作前后不到一个月时间就全面完成，和平人民除军粮马料按计划完成任务外，还募捐了肉牛20余头，生猪100余头，三鸟及蛋品、手工缝制的"迎军鞋"不计其数。工商界还捐献了一批毛巾、牙膏牙刷、口盅、胶鞋等日常用品。

为了南下大军的辎重部队顺利过境，和平县发动全县人民对县境内废弃多年，长达70千米的和（平）定（南）与和（平）忠（信）公路和平段进行修复。公路沿线老百姓献工献料（木材、沙石），调动木匠、泥水师傅2000余人，出动民工2万余人，分段负责包干，夜以继日进行抢修，仅一周时间就修好了大小桥梁57座，9月底全线通车。老百姓在公路沿线设立了很多茶水供应站，担架队、运输队和洗衣组像等待亲人一样等待南下大军到来。

10月8日至10日，和平县人民日夜盼望的南下大军——以东江纵队北撤山东的官兵为主的中国人民解放军两广纵队何宝松师1万多名指战员，由司令员王作尧、政治处主任杨康华、政治处副主任刘田夫率领，从江西定南老城沿公路进入和平县境。沿途一座座硕大肃穆且装扮得五彩缤纷、红旗招展的牌楼挂满了"热烈欢迎南下大军"的横幅。待解放军到来时，群众夹道欢迎，鞭炮不断，锣鼓喧天。守候在茶水站前的乡亲们欣喜若狂，蜂拥上前，争先恐后将茶水、熟蛋、糕点及鲜果等塞到子弟兵手上或袋兜里，大军的队伍几乎无法正常行进。"热烈欢迎南下大军！""打倒一切反动派！解放全中国！"等口号声此起彼伏，经久不息。军民们个个热泪盈眶。热烈的气氛，深厚的情谊，令人难以忘怀。

9日夜，纵队司令部、政治部首长及宿营县城的大军战士与和平县城党政军民1万余人，在县城和平中学大操场举行盛大的联欢晚会。傍晚时分，就有不少城郊老百姓从四面八方来到大操场，大家都翘首企盼着联欢晚会快点到来。至夜幕降临时，附近农村前来观看联欢晚会的群众，高举竹柴火把，从四面八方涌来。会场上，大军的探照灯一个一个地射向高空，照得整个县城如同白昼。待大军战士排着整齐的队伍有序地进入会场时，在场观众欢呼雀跃，盛况空前。

当两广纵队领导王作尧、杨康华、刘田夫等在和平县委书记兼县长黄志猷陪同下步入会场时，整个会场顿时沸腾起来，掌声和欢呼声此起彼伏，更加令人难忘。黄志猷首先在联欢晚会上致欢迎词，接着两广纵队政治部主任杨康华做讲话，博得阵阵热烈的掌声，军民受到了极大鼓舞。之后，由纵队文工团与和平县政工团演出文艺节目。当和平县政工团演出《热烈欢迎南下大军》表演唱时，全场击掌高歌，歌声、掌声交织在一起，响彻夜空，整个山城沉浸在一片欢乐之中。

最令人难忘的是，大军中一批和平干部，昔日在九连山开辟革命根据地，1946年夏奉命北撤山东的东纵三支队领导曾源、彭沃、陈一民等，以及参加北撤的黄华明、骆越康、罗维之、王守中、袁宝信、刘奇、刘西岳、肖生等一道南下，此时此刻能与当年在九连山地区并肩战斗的同志、群众故地重逢，特别高兴，分外亲切。大军对在大后方坚持游击战争的同志们给予高度赞扬。两广纵队路过和平时，虽是来去匆匆，但军民之间的鱼水情深，给老根据地人民留下了美好的回忆。

第四章

人民政权建立巩固与开展社会主义建设

第一节 人民政权建立巩固

一、建立区、乡人民政权

1949年5月，和平县解放。古寨、彭寨、热水、青州、阳明等先期解放的乡（镇）率先建立了民主政权，接着其他区乡人民政权也相继建立。这些新生人民政权一律称为"人民政府"，它是以"为人民服务"为宗旨，一切权力属于人民的政权机构，与旧社会的政府有着本质的区别。

为了保证政令统一和有利于政令推行，按照全国实行的大行政区制度，和平县设立了4个大行政区，下设1个镇、20个乡。四大行政区分别为附城区、下车区、彭寨区、林寨区。其中附城区辖阳明镇、青州、热水、浰源、岑岗、大同、大成、三民、永丰等1镇8乡，下车区辖下车、长塘、优胜3个乡，彭寨区辖彭寨、贝墩、古寨、粮溪4个乡，林寨区辖林寨、东水、崀仑、公白、礼士5个乡①。各级人民政府分设区长、副区长，乡长、副乡长，村长。各区乡党政领导虽然都是由县委、县政府委派还不是由人民选举产生的，但是他们都深受群众的欢迎，工作效率也非常高，各地令行禁止。

1950年夏，和平县设立大坝区，次年春又将大坝区并入附城区。1951年五六月间，设立贝墩区、和西（热水）区、东水区。

---

① 《和平县志》，广东人民出版社1996年，第47页。

其时全县共有7个区127个乡（镇）。各区人民政府设区长1人、副区长2~3人，下设民政、财粮、文教、生产助理，公安特派员及文书、统计、勤杂员。区下辖乡（镇）、村行政机构。

政府实行精兵简政，县政府内部只设秘书室、财政科、文教科、民政科、经建科、县粮食管理科、税捐处、公安局、人民法院、武装大队等。1951年增设农林水利局、手工业局、粮食局、工商科。此时，政府行政机构共13个，共有工作人员461人。1954年裁减农林水利局，分设林业科、水利科、农业科；裁工商科，分设商业科、工业科；同时增设交通科、统计科、生产合作科、人民检察科。1955年8月，和平县人民政府改称"和平县人民委员会"，秘书室改为县人民委员会办公室。

中华人民共和国成立之初，在各级人民政权建立与逐步完善的基础上，和平县普遍建立了由广大农民群众参加、带有半政权性质的农民协会组织和民兵组织。这些群众组织和武装，主动协助人民政府进行防匪、防特务破坏，成了巩固乡村人民政权的重要力量，它们不仅为维护治安秩序做出了贡献，也为废除旧保甲制度，建立乡村基层政权奠定了基础。许多地方通过农民协会或农民代表会，民主选举产生的乡、村人民政权。各级人民政权特别是乡、村人民政权的建立，完成了对农村基层政权的彻底改造，是和平县在中华人民共和国成立之初政权建设的一项重要任务，这不仅为党开始执政奠定了坚实的群众基础与组织基础，也是和平县历史上社会政治结构的一次重大变革。

二、清剿土匪与收缴枪械

清剿土匪　在中华人民共和国成立之初，人民政权面临的最大威胁是反动武装力量和其他反革命组织。在人民解放战争即将取得全面胜利的时刻，不甘心失败的国民党残余势力，将大批特务及正规军遣散为匪，伺机东山再起。这些匪特竭力网罗反动分子扩充武装，组织暴动，企图颠覆人民政权，成为一股危害极大的反动势力。因此，坚决消灭土匪，根绝匪患，为恢复发展生产提供安定的社会环境，是人民政权的一项首要任务。

1949年5月，和平县城解放时，县内一部分旧政权联防队及其他反动武装，转到偏僻山区分散活动，加上周边地区原来的匪患，治安形势相当严峻。比如下车联防队徐英奇部500余人经常在和平与江西交界一带袭击乡、村政权，杀害干部、民兵、群众，猖獗至极。此外，在浰源与江西交界处也有一伙由国民党军散兵游勇拼凑起来的残匪和潜伏特务，他们打着各种旗号进行反革命活动，主要是连平隆街的赖亚高、上坪的谢舒如、粤赣边区的袁瓦发、九连的蔡春荣等匪首组织的土匪武装。6月上旬，按照九连地委指示，和平县委及和平县政府成立和北大队，罗南星任大队长兼教导员，下辖3个连队，并立即开赴岑岗、上陵、下车、长塘一带剿匪。6月下旬，县委书记兼县长林镜秋、县委常委徐梓材亲自率领一个营追剿徐英奇残部，解放下车乡。七八月间，徐英奇与黄焕新窜回下车、长塘等地，以策应国民党反动派的残余武装胡琏部和一六九师东窜的军队进行活动。加上当时江西一带的残匪由于遭到南下大军的追击，极有可能从和平县夺路南逃，形势严峻。8月底，南下大军解放了江西"三南"，并在龙塘歼灭徐（英奇）、黄（焕新）大部分残匪。9月初，徐英奇被迫逃往香港。至此，和平县的社会秩序基本安定。

1950年初，从连平县上坪窜来的残匪，与和平县境内潜藏的国民党反动军警等逃亡分子沆瀣一气，互相勾结，汇成100余人的股匪。他们在下车、岑岗、浰源一带日藏深山，夜间四出活动，不断干扰破坏，或袭击进村工作队，或恐吓、杀害农民积极分子和农村基层干部，或拉拢落后农民群众，发展反革命势力，甚至光天化日之下拦路抢劫来往客商，危害极大。

3月21日晚，和平县委常委、组织部长陈荣章在县委大院遇刺，险遭不测。消息传出后，一时间人心惶惶。对敌人如此嚣张、横行无忌，人民群众无比愤慨。为确保人民群众生命财产安全，巩固新生的人民政权，和平县委下定决心要平息匪患，并将匪情上报上级党委。于是，东江地委①派出军分区七团二营、九团三营与和平当地武装配合，组成了一支由地方武装、公安部队和民兵联合在一起的剿匪大军，结合农村土改，反复清剿。在人民政府的强大攻势下，匪特分子纷纷弃暗投明，或束手就擒。经过4个月的清剿，县内及周边大股土匪基本被消灭，剿匪工作暂告结束。

大股土匪虽被歼灭，但仍有部分土匪分散隐藏在边远山区。他们有的改名换姓潜伏在群众当中，有的假装积极混进了基层政权或群众团体机关。于是，清匪工作成了党和人民政府一项长期、复杂的任务。为此，和平县委决定，一方面，建立健全自身的公安系统，请求上级帮助训练公安队伍，提高县武装大队的武装力量；另一方面，在各乡恢复健全民兵组织，大力宣传"镇压与宽大相结合""首恶者必办，协从者不问，立功者受奖"的肃匪防特政策。

根据中共中央提出的"军事进剿、政治瓦解、发动群众武装自卫"三者相结合的剿匪方针，和平县于1951年6月13日成立了清匪委员会，县委书记、县长黄志猷为主任，县公安局长王志伟、县武装大队政委骆接青为副主任，内设剿匪指挥部，由县武装部长欧阳诚任总指挥。后来又增加陈荣章为委员，指定何

---

① 1949年12月，撤销中共九连、江南、江北地委，设立中共东江地方委员会，下辖和平县等15个县委。

先觉为专职秘书，袁景煌为专职干事，办公地点设在县公安局。各区、乡也迅速建立健全清匪机构，按要求落实请示报告制度。在匪情严重、群众基础较差的和西、大坝两区建立武工队。和西武工队：队长徐知新（兼），第一副队长叶恩，第二副队长毛春生，由县武装大队两个班和公安队的一个组组成，共有42人，由和西区工委领导，重点负责浰源剿匪。大坝武工队：队长黄如镜（兼），第一副队长肖衍旺，第二副队长林东波，由大坝、附城两区的武装力量以及土改队员组成，共有15人，由大坝区工委领导，负责在岑岗与大同乡一带剿匪。县武装大队负责全县的剿匪行动，同时在各区成立民兵剿匪队，号召全县人民群众积极投入剿匪斗争。

1951年7月中旬，和平县武装部长兼剿匪总指挥欧阳诚与浰源乡武装部长黄万祥率第一区300名民兵，配合清匪武工队、县武装大队，开赴土匪公开活动的浰源乡。他们会同江西驻军一个野战营以及连平部分县大队武装，分别于7月29日和7月31日对匪徒进行两次大规模的分进合击，共俘、毙匪徒6名，缴获土枪1支、大刀1把。从此之后，武工队平时则派出小分队进山搜查，一旦发现匪情，就合力追击，迫使匪徒不敢妄自外出活动，给养断绝。

8月中旬，东江军分区又调派第七团第六连前来和平县协力进剿。同月27日，清匪武工队在该连配合下，在浰源乡流水岭山击毙号称"中国人民剿共军粤赣边纵队第十大队"司令的匪首黄汗珍、参谋长陈添兴与匪徒陈××共3人，活捉匪徒1人，缴获步枪3支、手榴弹1枚和"中国人民剿共军粤赣边纵队"方形钤记及其"第十大队"圆形钤记各1枚。此役，剿匪部队有2名战士负伤。

此后，迫于剿匪部队的军事搜剿和政治攻势，有匪徒30余人先后前来自首，交出步枪10支、子弹342发。经一段时间努力，土匪主力已被摧毁，江西驻军和民兵、连平民兵及和平第一区的民兵分别撤离浰源乡。留下的武工队和浰源乡80多名民兵，继续与残匪斗争。他们坚持不懈地站岗布哨，不分昼夜设卡封路，一旦发现匪徒便立即给予消灭。其时，浰源李曲村一个匪徒刚刚潜回村中，就被击毙。赤龙村民兵发现一名匪徒小头目潜回家中，立即围捕，派人爬上顶扒开瓦缝，将其击毙。截至1952年6月，浰源剿匪工作历时一整年，最终全歼匪徒，共计缴获步枪175支、短枪90支、步枪子弹4.37万发、短枪子弹205发、手榴弹153枚、六〇炮1门，另有火药枪、铁节、马刀一大批。

后来发现在浰源附近的峯营一带又有土匪活动。这股土匪虽然只有10多人，但凶残成性、作恶多端，曾杀害本村农会会长，还多次劫持并杀害兴宁县行商，群众痛恨至极。1952年10月，区、乡政府组织数十名民兵武装力量，在群众的配合下展开清剿，结果有12名匪徒被捕，其余土匪均向政府自首。至此，在和平县内为害数十年的匪患终于被彻底清除，全县人民从此安居乐业。

收缴枪械弹药　中华人民共和国成立之初，和平县内有不少枪支弹药散落民间。这些枪械，一部分是反动分子在仓皇出逃时来不及带走的武器，另一部分是在和平县解放前老百姓出于安全需要，私自持有的各种枪支弹药。枪械泛滥，不但增加了社会不安定因素，阻碍了人民政府的政令推行，而且危及人民群众的生命安全。1949年11月，和平县人民政府下令收缴民间枪支弹药，得到广大人民群众的支持，收缴工作十分顺利。至1950年底，全县共收缴轻机枪2挺、长短枪887支、子弹4.7万发、手榴弹和枪榴弹186枚等武器弹药一大批[1]。1951年7月6日，县委又发出《关

---

[1]　《和平县公安志稿》（下册），第6页。

于迅速成立清匪机构进行清匪、收枪、扩军、清理积案、整理民兵工作的指示》，规定除清缴地主、恶霸、坏分子的黑枪和普通群众持有的枪支外，政府机关、群众团体持有的枪弹也一律清收（按规定配枪除外），并规定区、乡机关的枪弹由各区清匪委员会造册登记一律上缴县公安局，各区、乡民兵组织与普通民众手中的枪弹以及地主、恶霸、坏分子的黑枪，由各区、乡清匪委员会、武工队、土改队收缴上交县清匪委员会，再由县清匪委员会移交县武装部管理。

在机关团体内部收枪，抵触情绪较小，工作进展顺利。但是散落在民间特别是坏人手中的枪弹却很难收缴。各区、乡民兵、武工队、土改队结合"清匪、反霸、退租、退押"八字运动，访贫问苦或"三同"①，从中摸底。在了解情况之后，有针对性地进行思想教育，这类人解除了思想顾虑，才纷纷自愿交出私藏的枪械。截至1951年10月6日止，除机关团体上交的枪弹外，全县收缴私人长枪264支、短枪158支、手榴弹87枚、各式子弹2.8万发。通过收缴枪械弹药，极大地促进了全县社会秩序的稳定。

三、开展"镇反"运动

镇压反革命运动 中华人民共和国成立之初，和平县内潜伏着不少国民党特务和其他反革命分子，还有遍布城乡的反动会道门，他们的方针是"长期潜伏，待机活动"，破坏社会安定。

1949年6月7日，和平县人民政府发出布告，通令全县反动党、团、军、政、警、宪、特人员前来登记。10月，成立和平县公安局，对各类反革命分子开始清查搜捕。1950年6月朝鲜战争爆发，一些反革命分子以为进攻时机到了，又嚣张起来。仅在

---

① 指到贫雇农家中同吃、同住、同劳动。

1950年上半年，县内发生的反革命暴乱、抢劫、凶杀、纵火等重大案件就有17宗；2个乡、村人民政府遭到袭击，6名干部、群众被杀害，县委组织部长陈荣章险遭暗杀。因此，镇压一切反革命活动，严厉打击一切危害人民的反革命分子，成为巩固人民政权的一项紧迫任务。1950年7月，和平县公安局再次发布通告，限令反动党、团、军、政骨干分子和警、宪、特人员重新登记，并在各区设立了登记点，县公安局设总登记处。各级政府通过各种会议，号召群众检举揭发，大力宣传党的政策，促其自新。在党和政府的政策感召下，全县上述敌特人员中有3989人登记自新，绝大部分得到人民政府的宽大处理。只有极个别坚持反动立场继续与人民为敌者，受到了应有的惩治。

1950年12月，和平县成立"镇反"临时指挥所（后改为领导小组），结合抗美援朝、土地改革发动群众大张旗鼓地开展"镇反"运动。人民政府通过召开各界联席会、控诉会、公审大会等，使社会各界人士了解反革命分子的罪行及其危害。于是，群众纷纷行动起来检举揭发，使反革命分子无处藏身。整个运动分为清理外层、中层、内层三个层面进行。到1951年5月，清理"外层"，即清查隐藏在社会上的反革命分子的工作基本告一段落。这时隐藏在各地的反革命分子大部分被揭露、逮捕，尤其是匪首、恶霸受到了比较彻底的打击。1951年5月，浰源、贝墩、优胜分别召开镇压反革命分子宣判大会，公开处决反革命分子53名，判处死缓10名，有期徒刑30名[①]。6月，县政府成立清理反革命案犯委员会，县委书记、县长黄志猷兼主任，清查处理在押反革命罪犯。当时全县在押案犯有657人，7月10—16日经过全面清理，一共清理了案犯340名，有58名被判处死刑，78名判处有期

---

① 和平县人民法院志编纂委员会：《和平县人民法院志》，1987年编写。

徒刑，应判未判的15人，宣布释放的189人，尚未清理的仍有317名案犯，待后继续清理①。10月，又在县城、下车分别召开宣判大会，公开宣判反革命分子99名，处决反革命分子67名②。10月底，全县大规模的群众性镇反运动基本结束。

据统计，至1951年12月，和平县先后逮捕案犯653名，其中旧政权职员299名、反革命恶霸109名、敌地下军1名、特务分子26名、政治土匪13名、抢劫惯匪18名、特嫌分子78名、杀人犯3名。此外还有济匪、偷窃、贪污、替地主掩藏物资、通奸等坏分子71名。因罪大恶极被执行枪决的反革命分子168名，判刑之后投入劳动改造的案犯301名③。

1952年5月，根据中央"立即实行谨慎收缩"的决定，成立和平县清理积案委员会，主任由县委书记、县长黄志猷兼任，集中力量处理积案，将镇反运动引向深入。在处理积案时，强调注意调查研究，重证据而不轻信口供，反对草率行事，反对逼供信，对罪行较轻、愿意悔改者采取宽大的方针。此后，镇反工作重点转入清查隐藏在部队和政府机关（即"中层"）和隐藏在共产党内（即"内层"）的反革命分子，号召各种政治上有问题的对象彻底交代历史，洗清嫌疑，卸掉包袱，以便专心工作。通过对反革命案件的清理和调查，一部分隐藏在党政机关、人民团体和部队中的反革命分子浮出水面。全县共清理出在镇反第一阶段本应逮捕的反革命分子487名，送往劳动改造的351名，释放156

---

① 和平县人民法院志编纂委员会：《和平县人民法院志》，1987年编写。

② 《和平县清理反革命案犯委员会关于清理案犯工作情况报告》，1951年8月1日，惠州档案馆藏A12.1-012-36。

③ 和平县人民委员会：《和平县1951年工作总结》，和平县档案馆藏，县革委会A12.1-10卷。

名，呈批枪决185名[①]。过去一些直接参与杀害革命家属和革命群众的旧军警、特务等，尽管在新中国成立后隐藏得很深，还是被揭发检举出来，受到应有的法律制裁。同年5月9日，县人民法院在县城召开公审大会，公审反革命首要分子官照柴、李村等人。

在"镇反"运动过程中，为避免出现错捕错杀现象，中央规定，逮捕权由县级提高到地委专署一级，枪决的审批权上收到省一级，凡介于可捕可不捕的人一律不捕，凡介于可杀可不杀的人一律不杀。中央强调，必须严格控制枪杀数字，只杀有血债者和有引起群众愤恨的其他严重罪行者，以及最严重损害国家利益者，其余一律采取"判处死刑、缓期二年执行，在缓刑期内强制劳动、以观后效"的政策。中央还进一步规定，在党政军、教育、经济部门及人民团体内部清理出来的反革命分子，其应执行死刑的极少数人，一律要报请大行政区或大军区批准，有关统一战线的重要分子，须报请中央批准。这样，十之八九的死罪分子即可保全不杀。和平县严格执行了中央政策，1950—1953年共查处反革命案件712宗，逮捕反革命分子1697名，执行枪决的反革命分子只有342名[②]，有效控制和减少了死刑犯的实际执行数量，取得了良好的社会效果。

经过这一次大规模镇压反革命运动，反革命分子受到了沉重打击，气焰有所收敛。但随着农业合作社和私营工商业改造运动的开展，其残余势力又死灰复燃，重新活动。他们散布谣言，制造紧张气氛，甚至进行暗害、纵火杀人、聚众叛乱等犯罪活动。1955年4月，根据中共中央《关于全党必须更加提高警惕加强同反革命分子和各种犯罪分子作斗争》的指示，和平县开展了第二

---

① 和平县人民法院志编纂委员会：《和平县人民法院志》，1987年编写。

② 同上。

次镇压反革命运动。这次运动的打击对象，主要是经教育后仍然坚持反动立场和第一次镇反运动中漏网的反革命分子。当年7月17日，在县城公开审判反革命罪犯95名。12月，又惩办了一批反革命罪犯。这次"镇反"运动，从4月开始至12月结束，全县共查处反革命案件66宗，处决反革命首要分子15名[1]。

取缔反动会道门 1952年底，按照公安部的部署，全国各地开展了取缔反动会道门的统一行动。1953年2月，中共中央华南分局发出《广东中小城市取缔反动会道门工作的指示》，要求各中小城镇全面展开取缔反动会道门工作。3月24日，中共粤北区委[2]发出《关于中小城镇及农村取缔反动会道门的指示》，要求各县认真结合生产将镇反工作搞彻底，并以取缔反动会道门作为今后镇反运动的重点，以达到保卫生产建设、巩固土改胜利成果之目的。

1953年3—4月，和平县根据上级指示，抽调出366名干部，经过专门培训后，组成78个调查小组分批深入各区、乡、村进行摸底调查。经过40多天的侦查，证实当时县内的反动会道门主要有先天道、三点会、罳公会、大刀会、药王会、白莲教等组织。其中人数最多、影响最坏的是先天道。先天道又名金丹教，是县内最大的反动会道门组织，分布在全县7个区46个乡，设有洞堂53个，有道首133名、道徒350名，主要集中在大坝、下车、贝墩一带活动。大刀会主要在林寨、贝墩、古寨等地，他们经常利用封建思想欺骗群众，制造房姓争斗，骗取百姓钱财。罳公会主要分布在彭寨、古寨，以"入会后失窃的财物可以找回"为名收取

---

① 和平县人民法院志编纂委员会：《和平县人民法院志》，1987年编写。

② 1952年11月，撤销中共东江地委、东江行政公署，和平县划归中共粤北区委、粤北行政公署管辖。

会费，入会的大多数是惯盗以及落后群众。三点会主要是合伙抢劫财物。据统计，当时全县有反动会道首150余名、道徒近500名。他们多数为国民党军、特务所利用，其主要手法是披着宗教外衣，装神弄鬼，造谣惑众，奸淫妇女，虐杀婴儿，或假以"神水""神药"包治百病，残害百姓，诈骗钱财，扰乱社会治安，进行反革命活动。

但是，反动会道门是一种具有封建性、群众性和欺骗性的反动组织，要取缔它们并不容易。县委为此专门成立了取缔反动会道门委员会，县委书记马一品[①]为主任，县长肖锋为副主任，公安局局长、宣传部长、民政局局长、人武部长为委员。经粤北区党委批准，1953年6月26日，全县正式展开取缔工作。先从公安局、武装部以及调查队抽调干部90多人，参加学习培训，然后分成行动组、审讯组、调研组、登记组、集训组、宣传队深入各区、乡开展工作。从7月6日始，以一、四、五、六区为重点在全县同时行动。这次行动完全按照《华南公安分局社会部关于划分五方面敌人界限的规定》，明确打击对象。对那些办道起家、罪恶累累以及有现行反革命活动的反动"道首"（指反动会道门首要分子）予以逮捕，查封没收"道产"（指反动会道门的财产）。政府通过会议、布告、黑板报、标语、漫画等各种宣传形式，揭露反动会道门的欺骗性和罪行，发动上当受骗的道徒、会众现身说法，检举揭发反动会道门骗财害命的罪行，以事实教育会众。大部分道徒、会众经过教育后有所悔悟，纷纷退会、退道。经过半个月的努力，全县共取缔道坛47座，有11名道首和458名道徒声明退出道会，17名道首被逮捕法办。

1954年4月，被取缔了的先天道又有少数道首四处活动。和平县公安局依法逮捕了其中7名反动道首，管制4名。通过反复取缔、打击和分化瓦解，争取和教育了绝大多数受蒙骗的道徒、会众。广大群众也从中受到教育，提高了思想觉悟，对巩固人民政权、恢复发展生产起到积极推动作用。

随着一批批对人民对国家犯有严重罪行的匪首、惯匪、恶霸、反动会道门头子、反动党团骨干分子、特务及反共地下军头目等被关押、管制、处决，全县社会环境得到了净化，新生人民政权得到巩固。

四、开展抗美援朝运动

1950年6月，朝鲜战争爆发。1950年10月19日，中国人民志愿军跨过鸭绿江，秘密进入朝鲜战场。从此，抗美援朝战争开始。在志愿军打响入朝作战第一仗的次日，党和政府在国内发动了全国人民抗美援朝运动。11月，和平县成立抗美援朝分会。同月26日，在和平县第三届各界人民代表大会上，黄志猷县长以《天边的事，还是眼前的事》为题做了专题发言。他生动有力地向代表们讲明了唇亡齿寒、抗美援朝与保家卫国的道理，与会代表深受教育。会后立即在全县开展宣传，各区、乡都成立了宣传队，每逢街日开展街头宣传，平时在乡村宣传。起先锋作用的是和平中学师生。他们除了在街头宣传以外，还派出上千名师生组成四个宣传队下到各区、乡，历时半个月。师生们白天分头到各个村散发宣传资料，晚上在人口比较集中的地方演出"打倒美帝野心狼"等文艺节目，使成千上万观众从中受到爱国主义教育，自觉投入到抗美援朝保家卫国运动中。

分布在各区、乡的宣传队还以遍布乡村角落的文化夜校为阵地，结合识字、教唱革命歌曲进行抗美援朝宣传。那段时间，城乡之间到处都可以听见"雄赳赳，气昂昂，跨过鸭绿江……"的歌声。在各种不同形式的宣传活动中，最普遍使用的是广播、板报、漫画等。当时每间中小学、每个村都办有黑板报，有的做到每七天至十天定期出版一个专题，宣传抗美援朝的好人好事。与此同时，各地还通过召开声讨会的形式，开展"三视"①教育。据不完全统计，这样的大会，从1950年冬至1951年12月，各区、乡共召开过327次，参加大会群众达60357人次。每次大会，先由主持人或邀请领导干部或当事人讲述遭受美帝国主义侵略之害的血泪史，然后发动群众登台以亲身经历控诉美帝国主义侵略中国的罪行，以激发人民群众的爱国热情，效果十分明显。

　　1951年春节前后，和平县的抗美援朝运动达到了高潮。其中最为突出的是群众性拥军优属活动。当时全县有269个村组织了382个代耕组、帮耕队，参加人数有3160人，将全县350户军烈属的农活包揽下来。由于当年出现较严重的春荒，各村便出动不少优抚队替没有劳动力的军烈属割草挑水，并发动群众给有困难的军烈属捐献粮食。县政府当年发放了军工、烈属救济粮款3亿多元（旧币②），共有1121名军工、烈属获得救济。另外一个特点是全县兴起了参军热潮，1951年，县内各地母亲送儿子、妻子送丈夫和兄弟争相入伍参加志愿军的动人事迹不断涌现。至1951年12月，全县报名参加志愿军的青年共1270人，经体检合格光荣入伍的热血青年共1005人，报考军校的青年学生有757人，被录取99人。后来，和平县这批热血男儿在朝鲜战场上勇敢作战，立功受奖者不计其数，其中连指导员刘影奎，班长朱水利、叶亚井，卫生员卢道永等43人献出了宝贵的生命。

　　订立爱国公约，是人民群众在抗美援朝运动中的又一创举。

---

①　"三视"即仇视、蔑视、鄙视美帝国主义。

②　旧币1万元=1元（新币）。

它把人民群众抗美援朝、保家卫国的爱国热情与实际行动结合起来，用公约的形式加以强化和巩固。县委、县政府因势利导，积极推广这种形式，于是乡与乡、村与村之间开展竞赛，农民群众争先恐后签名订立爱国公约，场面十分感人。例如彭寨区，有一天曾经有17000多名群众顶风冒雨列队前行，一边高举拳头，一边齐声高呼"打倒美帝国主义""坚决反对美帝武装日本""拥护世界和平理事会的宣言和决议"等口号，震天动地。当天，仅在彭寨街的游行群众中就有7551人签名订立爱国公约，可以看出当地人民群众的爱国热情。

和平县还开展各种形式的慰问和捐献"飞机大炮"活动。至1952年5月，全县共捐出人民币4.66亿元（旧币），还有一大批慰问品、800多封慰问信。在活动中涌现出大量的动人事迹，一些农民一时拿不出现金，便捐赠物资抵交。其中，最感人的是合水乡辣坑村的农民卢门祥，他因拿不出现款，就将家中唯一最值钱的一头黄牛交村政府出售，然后将此款全部捐献出来。他的爱国热情受到县委、县政府的表扬。

1951年5月，为了应对美帝国主义发动灭绝人性的细菌战，党中央号召全国开展轰轰烈烈的爱国卫生运动。和平县人民积极响应，人人动手，全面治理环境卫生，清除病菌滋生地，消灭传播病菌的老鼠、苍蝇、蚊子等，在农村普遍订立村卫生公约、家庭卫生公约等。提倡使用公筷，注意饮食卫生。通过爱国卫生运动，既激发了人民群众的爱国热情，又增强了公共卫生意识，树立了农村新风尚。

再次是开展热火朝天的增产节约运动。和平人民提出"搞好生产多打粮，打败美国野心狼！"的口号。在增产节约运动推动下，农民群众的爱国热情和生产积极性空前提高，增产节约高潮一个接着一个不断出现，农业生产连年丰收。1951年全县粮食总产量比1950年增长6.3%，1952年比1951年增长8.7%，1953年比1952年增长16.6%。1951年，和平县以超额5140担的数目依时完成了国家下达的爱国粮任务。每到交公粮时节，各乡各村成群结队敲锣打鼓扭着秧歌送交粮的热烈场面和那些主动帮助他乡送粮的志愿"帮送队"，成了那个历史时期最令人难忘的景象。

五、开展土地改革运动

和平县的土地改革运动从1951年6月开始，至1953年10月基本完成，历时2年4个月。大体分为三个阶段：一是准备阶段，开展"退租退押，清匪反霸"，又称为"八字"运动，为土地改革的实施准备了必要的政治条件和社会基础。二是实施阶段，主要是划分阶级成分，没收、征收及分配"五大财产"①。三是复查与定权发证阶段。

退租退押、清匪反霸运动　1950年3月10日，中共东江地委书记梁威林在地委第一次党员代表会上的报告中提出"土地改革是今年一个相当巨大而又繁重的中心任务，今年一切工作，都应围绕这一中心来进行"。

和平县辖区面积2006.3平方千米，有耕地18.35万亩，户数4.94万户，当年总人口20.18万人，其中地主、富农有2600多户②。山多田少，交通不便，60%的土地集中在地主、公尝手里。农民每年要向地主、公尝等封建剥削阶层缴纳20多万担租谷，生活极为贫困，对土改分田有迫切愿望。和平县虽是革命老区，但群众当时还没有充分发动起来，加上缺乏干部，缺少培训，因而土改工作相对滞后，是东江和北江地区最迟开展土改的

---

①　"五大财产"：是指剥削阶级的土地、房屋、耕牛、农具、余粮。

②　和平县土地改革委员会：《和平县土改工作总结》，1953年4月，和平县档案馆藏，县委会 A12.1–16卷。

县份之一。

1950年10月，龙川、惠阳、河源等县已开展土地改革试点。连平、和平、龙门三县的土地改革运动在当年11月份才做出安排。第一阶段的中心内容是退租退押、清匪反霸，坚决镇压反革命，主要任务是组织农民队伍，培养和训练干部，打倒地主阶级，部分满足农民群众的经济要求，为全面开展土改准备条件。

1951年5月，成立和平县土地改革委员会，县委书记、县长黄志猷兼主任，县委常委、组织部长陈荣章为副主任。接着举办土改干部训练班，共有132人参加培训①，时间一个月，其中有一部分人员曾经参加过龙川、河源、惠阳等地的土改工作。训练班规定，队员经过培训必须掌握"八字"运动的目的要求、斗争策略和工作方法。训练班结束后，队员分别派往各区。

"八字"运动开始时，和平县有四个行政区域，分别是第一区（附城区）、第二区（下车区）、第三区（彭寨区）、第四区（林寨区），其中第一区包括附城、大坝、和西等3个行政委员会。四个区下辖20个乡、1个镇（阳明镇），263个行政村②。1952年5月，为了更多地培养农村干部力量，同时更好地开展工作，进行撤区改乡，将全县划分为128个乡和1个镇。

和平县土改"八字"运动分为三个阶段：

第一阶段，1951年6月1日—9月中旬，时间三个多月。首先在全县参加土改工作的党员以及机关支部、区委会的党员开展查

---

① 和平县土地改革委员会：《和平县土改干部训练班总结》，开始参加人数为138人，中途退出2人，因历史不清遭辞退4人，至结束时共有学员132人。和平县档案馆藏，县委会A12.1-1卷。

② 中共和平县委、和平县人民政府、和平县土地改革委员会：《和平县土改委员会关于"八字"运动一年来的工作总结》，1952年6月，和平县档案馆藏，县革委会A12.1-10卷。

思想、查立场、查作风的"三查"活动，整顿基层作风，要求党员干部必须经受运动考验。然后，由党到团、由团到各类群众组织，自上而下召开会议，将"八字"运动的目的要求、斗争策略传达至每一个基层干部，让所有干部都明白土改运动要依靠贫雇农开展工作，要通过农民代表会和主席团，形成贫雇农自己的领导核心，一切事情由贫苦农民民主决定。然后，下乡访贫问苦，实行"三同"，通过扎根串联，将苦大仇深的贫雇农发动起来，同地主、恶霸等封建剥削阶级进行面对面斗争。后来实践证明，这样以苦连苦，最容易搜集地主、恶霸的罪证，在此基础上召开斗争大会，效果很好。

至7月15日，和平县207个行政村斗争地主、恶霸共359人，其中地主175人，富农99人，中农57人，贫农5人，旧政权职员、流氓、地痞23人；清算斗争对象961人，清算出斗争果实（稻谷）135万斤；清剿土匪10余人，抓获匪特嫌疑分子6人、窝藏匪特者5人；还收缴了大批非法枪支弹药，计有长枪175支、短枪91支、步枪弹43899发、短枪弹205发、手榴弹153个、六〇炮1门、炮弹6枚、粉（火药）枪289支、粉（火药）炮24台、火药297斤、铁节292斤、马刀129把。直接参与"八字"运动的群众5.9万人，90%以上的贫雇农都投身斗争洪流。全县分到斗争果实的农户有14451户，人口55819人，约占全县总人口的40%，培养出农民骨干648人[①]。

"八字"运动第一阶段成绩很大，但是斗争仍然十分复杂尖锐。因为地主、恶霸、反革命分子受到震慑后，不少退居幕后，或在改选村干部时安排亲信、爪牙参与竞选，或直接混进农村基

---

① 《和平县第一阶段总结材料》，1951年7月22日，和平县档案馆藏，县委会A12.1–8卷。

层组织。如大坝超田村的一个干部经查实曾在国民党旧政权任职6年，这个村的农会主席也任过旧政权的保长、副乡长等职，浰源乡也有不少村干部是旧政权职员。更典型的是彭寨乡塘景村的村政大权完全掌握在地主手中，村长、农会会长、民兵队长到乡或区开会后必须向地主汇报，然后才能召开村民大会①。由于农村基层组织严重不纯，一些地方的反动势力依然十分猖獗，他们投毒、造谣、分散财物、拒绝退租，隐藏武器，还利用"房姓界"制造矛盾，无所不用其极，影响极坏。另一方面，由于缺乏耐心细致的群众思想教育工作，群众"斗霸"的思想仅仅局限于退租、退押获得粮食，还没有完全树立翻身做主人的政治观念。群众怕变天、怕报复、怕干部等现象极为严重。8月，全县开始夏征工作，土改工作队员变成了征粮队员。"八字"运动逐渐停滞下来。

第二阶段：1951年9月下旬—12月底，各区以"查霸反霸"为中心，分重点与附点乡分别开展运动。9月26日，土改委员会组织17名土改队员开赴第一区（附城）的珊坪小乡（县重点乡），工作从头做起。土改队员们认真选好根子，深入"三同"，取得根子信任，想方设法引导根子说翻身、吐苦水，相互串联，形成核心。工作队这次打破了以前单纯靠访贫问苦串联的工作方式，开始注重从思想上武装群众，政治上发动群众，做到从斗争策略上帮助群众，使农民群众的政治觉悟和斗争热情明显提高，从而激发出对剥削阶级的仇恨和"翻身做主人"的强烈政治热情。10月25日，珊坪小乡以黄子礼、黄钦海、黄增海为斗争对象召开第一次斗争恶霸大会。参加大会的农民群众共1141人，

① 《和平县六月一日以来"八字"运动总结报告》，1951年7月20日，和平县档案馆藏，县委会A12.1-2-3卷。

占全乡人口总数50%，有54名苦大深仇的贫雇农上台诉苦，情绪十分高涨。农民群众听完苦主的控诉后，纷纷举起拳头，高喊口号，要求打倒地主、恶霸，阶级敌人威风扫地。接着，珊溪行政村和芬沙自然村的群众也召开了斗争大会，他们清算了地主恶霸李学根、黄玉光等人。这些村在斗争中结合清算，终于斗出了一部分果实。参加斗争的群众都说："粮食斗出了，气也出了！越斗越起劲！""越斗越翻身！"[1]通过这些斗争，农民群众充分认识到从政治上斗垮敌人比取得经济果实更加重要。县土改委将珊坪乡的斗争经验通过《土改通讯》在全县推广，全县各区、乡很快掀起斗争高潮。

至1951年11月15日止，各区的重点和附点共8个小乡斗争恶霸24人，在斗争大会上直接上台控诉的贫苦农民358人，参加斗争大会的群众1.4万人。正在搜集证据准备"斗霸"的有12个小乡2.5万人，开展访贫问苦、扎根串联的有17个小乡3万多人。至此，全县土改工作的重点和附点乡的斗争局面终于打开，干部信心大大增强。群众的斗争热情高涨，长期受压迫、受剥削的贫苦农民终于敢大胆站出来直接与地主、恶霸斗争。一些没有开展斗争运动的乡、村纷纷要求早日斗争恶霸，争取早日翻身做主人，渴望新生活。

第三阶段，1952年1—6月，"八字"运动扩大到全县范围内深入开展。1952年1月，县委派出15名区干部到各重点乡开展工作。2月1日，和平县第六届各界人民代表会议着重讨论和部署土改工作事项，要求土改工作队进一步改进工作方法，自始至终坚持"三同"，做好访贫问苦、扎根串联工作。2月28日，土改

---

[1] 和平县土改委员会：《县重点珊坪乡工作检查总结报告》，1951年12月20日，和平县档案馆藏，县委会A12.1–2–3卷。

工作队分别在八处地方进行战地整训。参加整训的队员人数共有346人，其中土改根子和贫雇农积极分子95人。这次整训主要针对三个突出问题：一是缩手缩脚，不敢放手发动群众。二是包办代替、强迫命令。三是部分干部对运动存在抵触情绪。一开始，领导带头做自我批评，然后发动群众大胆批评，发扬民主，树立典型，鼓舞士气。结果有14名干部受到表扬，11名干部受处分。通过整训，土改工作队干部思想更加统一，为"八字"运动全面铺开提供了保证。

在这半年期间，全县各区、乡共组织了农民队伍5762人，培养出农民积极分子498人，分别在26个小乡开展清匪、反霸、退租、退押斗争，一共斗争地主、恶霸、反革命分子54人，获得30多万斤斗争果实。

"八字"运动仅仅是土改运动的前奏，持续时间长达一年之久，全县共计斗争恶霸和不法分子1687人，退租退押收缴稻谷98.09万公斤。通过清匪反霸、退租退押，一方面有效地解决了当时农民群众面临的严重饥荒，调动了群众与封建地主反动势力进行斗争的积极性，另一方面进一步肃清了地主、恶霸等封建反动势力，收缴了大批武器弹药，为土改运动的深入开展扫清障碍。更重要的是，在运动中组织和锻炼出一支政治觉悟较高、阶级立场坚定的农民力量，这就从思想上、组织上、舆论上为土地改革运动的全面开展做了必要的准备。

土改试点 1952年9月6日，和平县开始土改试点，将附城区水背、老坝、超田、新塘、均联、富联6个小乡分成三个先行点，龙湖、大楼、高发作为三个附点。具体过程分5个阶段：（1）"八字"运动补课。（2）划分阶级。（3）没收征收土地、财产。（4）分配土地、财产。（5）验收发证。

试点期间，全县集中200多名干部，三个试点共发动组织贫雇农3000多人，占总人口的33%。培养出农民积极分子331人、民兵221人，基本形成了以贫雇农为领导核心的农民队伍。在试点运动中，公审并处决了一小部分大地主、反革命分子，对一般地主进行扣押，实施管制。凡是大地主至少被斗争过1次，有的斗争过七八次。三个试点共没收地主、公尝土地4300余亩、房屋840多间、耕牛和主要农具一批。追缴余粮23万斤，"报上当"[①]粮食13万斤，加上"八字"运动至补课前取得的斗争果实，共有75万斤，平均每个贫雇农可分得粮食130斤以上[②]。至12月7日，试点结束。

土改工作全面铺开、分批完成　1952年11月，根据中共中央的指示，广东省对行政区域做出重大调整。原属东江区所辖的博罗、龙门、增城三县划归粤中区，惠阳、陆丰、海丰、龙川、紫金、河源等县划归粤东区，和平、连平、新丰三县划归粤北区。和平县对行政区划也做出了相应调整，全县由原来4个区划分为附城、和西、下车、贝墩、彭寨、东水、林寨7个区，辖20个乡和1个镇（阳明镇）。其中，附城区辖阳明镇、三民乡、永丰乡、大成乡、大同乡、岑江乡，和西区辖浰源、热水、青州，下车区辖下车、长塘、优胜，贝墩区辖贝墩、古寨，彭寨区辖彭寨、粮溪，东水区下辖东水、郎仓，林寨区辖林寨、公白、礼士。

12月7日，中共和平县委、和平县土改委联合召开干部扩大会议，县委书记、土改委主任马一品在会上对前段土改试点工

---

① 指部分农民群众受地主阶级的蒙骗利诱为地主藏匿粮食、财物，在土改运动中提高政治觉悟后，主动报出来，从而揭露地主的剥削罪行。当时就把这种斗争方式称为"报上当"。

② 和平县土地改革委员会：《和平县土改试点八十天来的工作总结》，1952年11月，和平县档案馆藏，县委会A12.1-16卷。

作做了总结，对今后的工作做出部署。会议结束，就铺开第一批乡的土改工作。第一批乡共分20个单元57个乡（包括阳明镇）469个自然村，共有农户2.2万户，总人口8.82万人，土地面积9.04万亩。全部工作1952年12月7日开始至次年3月16日结束，历时95天。

1953年1月25日，中共和平县委、和平县土改委召开第四、五、六、七4个区62个乡土改工作会议，部署第二批乡的土改工作。县委把这4区62个乡划分为20个单元，工作步骤和方法与第一批乡一致。时间从2月1日起至4月10日结束，历时68天。

其间，全县共出动土改工作队员700多名，县委、县政府及各区党委的领导成员除个别留家主持日常工作外，其余全部分到各区、乡兼任当地土改委会主要负责人。整个运动过程大致按照土改试点的各个环节进行。

（1）补课。补课是指重新开展"清匪反霸，退租退押"的"八字"运动，进一步宣传发动群众，查阴谋、查敌人、查队伍、报上当和斗争地主恶霸，解决好阻碍运动开展的各种问题。

（2）划阶级，追余粮。这是土改斗争最为激烈、最为复杂的阶段，也是夺取胜利的决定性阶段。划阶级是在反霸斗争取得胜利的基础上进行的，正确划定阶级成分，分清敌我，是团结农民，彻底打垮地主阶级，事关土改成败的关键，所以要十分慎重，一定要按照"讲、划、通、批"四个环节进行，不能马虎了事，不能走过场。

在运动过程中，县土改委一直强调必须坚决执行内部从宽的政策，不能随意提高成分扩大打击面，也不能降低。对可上可下者一律从下，介于中农与贫农之间的划为贫农。要控制好各阶层的比例，一般情况下，地主成分不超过总户数的4%~5%，人口总数不超过6%~7%，富农成分不超过总户数的2%~3%，人口总数不超过2%~3%，中农不超过总户数的20%~25%，人口不超过总人数的25%~30%。超过此数的必须重新审查，报县委批准。

追缴余粮是土地改革运动中又一场艰苦斗争。按照地主的守法情况、剥削程度、罪恶大小进行排队，由人民法院负责审判。对已划定为地主的，则算其近三年的剥削账，地主恶霸原来转移或窝藏的粮食、财产一经查实，一律追缴归公。在斗争过程中尽管反复强调政策，但也出现过一些左右摇摆现象，尤其是过"左"现象。1953年1月18日，县委针对当时在土改运动中某些过"左"行为，发出了《关于在斗、划阶级和追缴余粮中，注意保护工商业者和一般地主阶级出身的文教工作者的指示》，要求各级领导要严格掌握政策，防止任意侵犯工商业者，保护中小学教师。规定对一般地主家庭出身的中小学教师，不论其本人成分是否地主，原则上不能拉回原地任意斗争，如确实罪大恶极，民愤甚大者，应将其材料上报县委，不可轻率处理，从而，进一步保证了运动的健康发展。

（3）没收、征收财产。划出阶级，斗垮地主之后，对地主的土地、房屋、耕牛、农具以及其他财产实行没收；对富农多占的土地、房屋以及所有封建财产实行征收，交由当地贫雇农主席团或农民协会组织处理。

（4）分配。分配就是将各乡、村没收的山林土地、耕牛、农具、房屋、粮食等财产，经土改工作队和贫雇农主席团核算后进行分配。土地分配办法是先进行"报田评产"，按农户编成小组，然后按照公平合理、有利生产、满足贫雇农原则，实行"三报三评"[①]，分配结束后再进行核查。耕牛分配则由缺牛农户自

---

① "三报三评"指：报劳苦、报占有、报需要，评劳苦、评是否有利于生产、评是否满足贫雇农。

行调剂紧缺，大农具随耕牛走，小农具由农户自报，集中评议再分配。物资和余粮的分配，先由乡农民代表会按照各村贫雇农人口多少、生活情况分配到村，张榜公布，然后由各村发扬民主，小组自报，群众评议，大会通过，经农民协会审查批准后进行分配。

和平县土改的全部工作，从1952年9月6日试点开始至1953年4月10日结束，历时216天，按照粤北区党委的要求胜利完成了任务。县委对各乡工作进行了分类评比，评出一类乡35个，二类乡75个，三类乡18个。

通过土地改革运动，在和平县延续了几千年的封建剥削制度及其阶级基础彻底消灭。一些罪大恶极的地主、恶霸，该处决的已处决，该判刑的已判刑，该受管制的已被管制，该没收土地财产的也已没收。据统计，全县共没收、征收土地9万多亩，耕牛2396头，主要农具8494件，房屋22767间，追缴余粮1007.11万斤，受到清算的恶霸财产（折粮食）16.58万斤[1]。至此，县内地主阶级势力被彻底打垮。

通过土地改革运动，贫苦农民实现了真正意义上的当家做主。占九成以上的农民在深入开展诉、挖、算、查、报的运动中，得到锻炼，提高了阶级觉悟。以贫雇农为核心的强大的农民队伍以及一大批农村基层干部经受了考验。据统计，土改运动期间，全县由贫农组成的队伍有7.78万人，占总人口的38%，民兵7400多人，妇代会成员5.16万人，占妇女人数46%，在斗争中涌现出积极分子8600多人。此外，还在96个乡新建立了团支部，这些群众团体在运动中发挥了骨干作用。劳苦大众是报上

---

[1]　和平县土地改革委员会：《和平县土改工作总结》，1953年4月，和平县档案馆藏，县委A12.1-16卷。

当的主体，全县有6.35万人参与，占中农、贫农、雇农成年人数的57%，报出大批上当果实（粮食）以及水田、峷地、房屋、耕牛、大农具、山林、契约等，还有不少枪械弹药[1]。

农民群众在土改运动中取得了实实在在的经济利益。除了平均每人可分得粮食135斤以外，还有耕牛、农具等生产资料。通过土地分配，彻底改变了全县农村各阶层的占有情况。据新塘等38个乡的调查统计，土改前后人均土地占有情况如下：地主人均由3.15亩下降到0.86亩，富农人均由1.37亩下降到1.03亩，中农由0.79亩上升到0.98亩，贫农由0.34亩上升到0.89亩，雇农由0.14亩上升到1.03亩，土改后和平县各阶层农民人均占有土地0.94亩。土改前贫雇农的土地占有率只有24.6%，土改后贫雇农的土地占有率达64.8%[2]。上述情况表明，在土改中，无地、少地的贫雇农都分得了土地。"耕者有其田"，这个历代农民革命和资产阶级民主革命领袖孙中山先生提出而未能实现的目标，在中国共产党的领导下终于变成了现实。

在分配时中农和贫雇农都得到了满足，个个欢天喜地。第六区下涧村的雇农黄水姐高兴地说："我今年60多岁了，从来没曾过过这样的好日子。"她特意请人写了一副对联贴在大门口："永远记着共产党，幸福不忘毛主席。"乡村田野间四处洋溢着人民群众土改翻身得解放的喜悦之情。

7月中旬，土改复查工作基本结束，接着开展了复查与定权发证工作。发证试点工作于1953年6月10日开始，先在各区抽出一个单元22个乡试点，发证人员除县政府派出的55名队员外，每

---

[1] 和平县土地改革委员会：《和平县复查工作总结》，1953年7月，和平县档案馆藏，县委A12.1-17卷。

[2] 和平县土地改革委员会：《和平县复查工作总结》，1953年7月，和平县档案馆藏，县委A12.1-17卷。

个乡各抽调5名能写会算的农民积极分子参加。至7月15日发证试点结束时，共有22个乡9万多户农户领到了土地证和房产证。后来，发证工作由于开展抗旱和夏征，至当年9月才全面铺开。至10月15日，和平县的土改发证工作全面结束。从此，和平县历时两年多的土地改革运动也宣告结束。

土地改革运动的深刻意义　土地改革运动使和平县延续了两千多年的封建土地所有制被彻底废除，"耕者有其田"的理想终于变成了现实，广大农民分得土地，成为新社会的主人，这是一个伟大的历史性的社会变革。土地改革的基本完成，对全县经济、政治、文化和城乡社会都产生了极为深刻的影响。

土改运动带来农村生产力的巨大解放，农村经济迅速发展。获得土地后的广大农民极大地激发了生产积极性，全县当即掀起了群众性的生产热潮。从1951年起全县农业生产连年丰收。1951年、1952年、1953年全县粮食总产分别增长3.14%、2.29%、7.62%[①]。农业的连年增产与农业税收的大幅度增长，直接促进了以农产品为原料的手工业生产的恢复和发展，对全县经济的全面恢复和发展起了重大作用。

随着农民收入的增加，农民的购买力有了成倍增长。1953年比1949年增长111%，平均每户消费品购买力增长一倍以上；1953年同1950年相比，农民自留自用的粮食增长28.2%，其中生活用粮增长8.6%[②]。

广大农民在获得土地等基本生产资料之后，不仅迅速提高经济地位，而且还提高了政治地位。土改过程中，在全县已形成了

---

① 《和平县历年粮食生产实绩》，和平县档案馆藏，县委会A12.5–34卷。

② 中共中央党史研究室：《中国共产党历史》第二卷（1949—1978）上册，中共党史出版社2011年，第101页。

一支有觉悟有组织有相当规模的农民阶级队伍，每个乡村还建立了民兵组织。一大批农村党员、团员、农民积极分子加入农村基层政权组织，基本实现了对农村基层旧政权的改造，成为巩固人民民主专政和保卫翻身果实、促进各项社会改革的重要力量。

第二节 老区人民的艰苦创业

一、建立社会主义公有制

农业合作化运动 1953年12月，中共中央发出号召，要求全国农民逐步建立农业生产合作社。当时，和平县已经在第一区（附城）雅水乡开始试点，成立了和平县第一个农业合作社——共和农业生产合作社。该社共有24户农民，均系由贫农、下中农组成。农业合作社是一种比互助组更为先进的生产组织，能适应当时农村生产力的发展，较好地解决农户因役力、劳力不足等实际困难，所以在全县产生了广泛影响。

1954年2月底，和平县召开第一次互助合作代表会议，组织各地交流经验。会上评选出县级模范互助组1个、区级模范互助组20个、乡级模范互助组174个、个人劳动模范71个。三、四月间，互助合作运动在全县形成了高潮。这时全县成立各种类型的互助组6596个，占全县总农户54%。当年，在常年互助组的带动下，春耕生产面貌一新。1954年全县早造粮食生产获得大面积丰收，互助组的水稻生产普遍增产15%~20%，使农民信心大大增强，于是那些临时互助组纷纷要求转为常年互助组。

1954年6月，在附城区星星（雅水乡）、丰道（新塘乡）、建星（青州乡）、狮子（高发乡）、星光（古寨乡）等八个村试办初级农业社（又称初级社）。7月底，全县参加互助合作组织的农户有2.08万户，占全县总农户的55.5%，其中有初级农业社9个、常年互助组1127个、临时互助组5621个，并在27个乡建立了99个互助合作网①。互助合作运动的大发展，促进了全县农业生产大发展，1954年全县的粮食产量在1953年的基础上增产8.54%，仅稻谷总产量就增加38.7万担。同年10月，铺开第一批33个重点农业社的建社工作，并扩建了原有的9个老农业社，掀起办社高潮。

至1955年1月，和平县参加互助合作组织的农户有3.42万户，占总农户的68.5%，其中转入初级社农户3998户，占农村总户数的7.9%。当时全县已建成初级社149个，联合互助组612个、常年互助组845个、临时互助组3738个，共有3.07万户，占农户总数60.6%②。

1955年夏收后至1956年春耕前，农业合作化运动发展更为迅猛，经过秋前秋后一、二、三批建社、扩社、转社，至1955年底全县初级社由1954年夏的8个③发展到256个，入社农户占全县总农户的49.9%。

初级农业社是中华人民共和国成立以后出现的一种新型劳动组织形式，它采取土地入股、统一经营、集体劳动的方式，按劳取酬兼土地报酬的分配原则，土地占分配数30%，其余70%按劳分配，具有半社会主义性质。由于初级社的生产模式简单易行，有利农业生产，加上分配合理，农户办社热情较高，办社的速度

---

① 《陈奎昌在全县互助组长代表会上的报告》，1954年9月6日，和平县档案馆藏，县委会A12.2-3卷。

② 《和平县1954年农业生产情况总结及1955年农业合作化和生产计划》，和平县档案馆藏，县委会A12.2-3卷。

③ 1954年夏，和平县成立了星星、丰道、建星、狮子、星光、宏星、五星、七星等8个具有半社会主义性质的农业生产合作社，参加农户542户。

就比原计划快得多。仅用了一年半时间，就完成了初级社的建社任务。后来，一些初级社又在不到一年时间便转为高级社。

高级农业社的建立与巩固 高级农业合作社（简称"高级社"）是具有完全社会主义性质的集体经济组织，办好高级社是国家实行"一化三改"的重大步骤。

1955年11月13日，中共广东省委召开各区党委书记会议，传达中共中央七届六中全会精神，研究全省农业合作化问题，会议决定要进一步加快农业合作化步伐，到1956年底基本上实现农业的社会主义改造[1]。和平县在基本完成初级社建社任务之后，便立即转向高级农业社工作，农民群众转社热情很高。为了慎重稳妥起见，是年底，县委决定在附城新塘乡进行试点，建立了第一个高级农业社——丰道社。

1956年春和平县建立了86个高级农业社，占农户的33.1%。至1956年6月，发展到341个，入社农户4.2万户，占总农户的90%[2]。同年秋季，全县掀起转社、并社高潮。六个区中共有4.23万户报名参加转、并社，占总农户的97%，其中有90%的农民自愿参加高级社。至10月底，基本完成转、并社任务。全县357个社（除下车以外）合并为253个，其中高级社由原来的87个发展到244个，初级社由270个减少到9个。这些高级社一般在100户以上，规模最大的丰道社有757户，最小的也有50户。12月底，全县农业社合并为321个，入社农户4.9万户，占总农户的96.2%。其中，高级社255个，占总农户的85.3%，余下的66个初级社于次

---

① 中共广东省委党史研究室：《中国共产党广东历史大事记》，广东人民出版社2005年，第58页。

② 《中共和平县委关于一年多来的工作报告》，和平县档案馆藏，县委会A12.2-35卷。

年夏收前亦均已转入高级社①。至此，全县基本实现了对农业的社会主义改造。

在办社过程中，各级党委和政府自始至终把办社和生产紧密地结合在一起，一边办社一边掀起积肥、兴修水利和生产高潮。1954年、1955年、1956年粮食生产连获丰收，总产量分别增长7.9%、3.67%和13.79%。1956年全县有72%的农业社和5%的社员增加了收入，生活水平有了较大提高。

对私营工商业的社会主义改造　1953年，按照国家"统筹兼顾，全面安排，积极领导，稳步前进"的方针，县内的电力、松香、造纸、纸伞、铁器、造船、竹木器加工等行业实行加工订货、统购统销，逐步纳入国家计划。同年6月，根据中央对资本主义商业采取公私兼顾、劳资两利方式逐步进行改造的相关政策，先后将和平电力厂、大坝瓷厂、九连造纸社、古寨锅厂和三利、协安等8间松香厂以及吴家祠铁铺、徐家祠木器社，转成县地方国营工业企业。原有的从业人员，由政府"包下来"都给予妥善安置，其中有16人被安排为正、副厂长。

1954年1月，撤销工商科，成立中共和平县委生产合作部。根据中央"统筹兼顾、全面安排、积极改造"的方针，对全县私营工商业及手工业者开始了有计划、有步骤的全行业公私合营。至年底，全县私营商户比1953年减少30.4%，国营商业和合作社增加了35.5%。公、私营业额的比重也发生明显变化，私营商业的营业额由1953年的27.18%降低至24.33%，合作社的营业额由1953年的38.17%增长至41.76%，国营商业的营业额由1953年的

---

① 《和平县志》，广东人民出版社1999年，第156页。

31.01%增长至33.53%[①]。

通过公私合营与国营代销、经销，和平县全面落实了党对资本主义工商业的"利用、限制、改造"的政策，引导私商走上以公有制为主的社会主义发展道路。1955年经过试点后，分两批对全县市场私商进行改造。当时全县共有农村初级市场20个，私营商业（含饮食、服务业）共846户，从业人员1362人，其中小商贩321户353人。从7月11日开始，私改工作在全县17个市场铺开。整个过程从安排困难商户入手，扩大批发，压缩零售，初步调整了商业网、批发零售差价以及公私比重，促进城乡物资流通，使市场趋向活跃。一些个体小商贩也自愿同国营商业及合作社合作，接受改造，困难商户得到安排。至8月底，全县已有175户私商304人纳入代销、合作商店、经销批发等，占私商总数20.68%[②]。通过对私营工商业的改造整顿，有力地推动了全县工商业生产的发展，1955年和平县工业生产总值为116.35万元，比1954年增长68.37%[③]。国营及公私合营商业全面完成生产计划，完成上缴利润任务115.57%。社会商品销售总额762.25万元，比1954年增长9.1%，其中国营商业增长32.8%[④]。

1956年1月初，和平县成立资改领导小组办公室，对私营资本主义工商业开展全面的社会主义改造（简称"资改"）。至4月，和平县城干鲜、烟酒、果杂、百货、纱布、饮食、粮油、

---

① 《张志平同志在和平县粮食征购扩干会议上的报告》，和平县档案馆藏，县委会A12.1–13卷。

② 和平县私商改造办公室：《和平县市场安排私商改造工作总结》，和平县档案馆藏，县革委会A12.1–13卷。

③ 《和平县国民经济统计历史资料汇编（1952—1956）》，和平县档案馆藏，县计划局A12.1–4卷。

④ 和平县人民委员会：《和平县1955年工作综合总结》，和平县档案馆藏，县革委会A12.1–50卷。

旅业、照相、理发等10个行业，共188户私营工商户，全部参加了不同形式的公私合营。12月，全县大小商业户744户1040人，其中58户112人纳入公私合营，301户568人参加合作商店，385户568人参加合作小组，并有53名私营商业人员被吸收为国营、合作社的工作人员[1]。

公私合营后，生产经营得到较大发展，私方、工人、社员、组员的工资收入稳步增长。1956年和平县公私合营企业进行工资改革，人均工资提高14.43%，合作组织人员的工资由原平均工资20.8元，提高到28.4元[2]。全县社会商品零售总额公私比重发生巨大变化，私营经济比重显著下降，合作经济和国有资本经济比重明显上升。

对手工业的社会主义改造　手工业是地方工业的一个组成部分，对支援农业生产，满足城乡人民生活需要有着重要作用。对个体手工业的社会主义改造，是过渡时期总路线提出的三大改造任务之一，其最终目的是逐步引导手工业者走集体化道路。

1954年，和平县分别采取组建新社的方式或将个体户合并方式组成手工业生产社及生产小组。对松香、造纸、纸伞、铁器、竹木器加工等行业实行统一订货、统一购买原料、统一销售成品，部分集中生产，逐步纳入国家生产计划。至1956年春，全县对个体手工业的改造达到高潮。当时，全县手工业合作社和生产小组一共有72个，从业人员2486人，其中，生产合作社47个2342人，生产小组25个144人。实行公私合营后，改组成铁器社、木器厂、第一机缝社、大成造纸社等38个合作社（组），从业人员

---

① 《和平县1956年各项工作初步总结报告》，和平县档案馆藏，县委会A12.2–33卷。

② 《关于进一步加强全面的对私改造工作意见》，和平县档案馆藏，县委会A12.3–17卷。

2817人。这些合作社一律按照不同行业的特点，分别采取集中生产或分散生产的方式，实行归口管理和计划生产，从而改变了过去生产时断时续的状况，使全县手工业生产有了较大提高。1956年全县手工业产值达156万元，新社员同入社前比较，老社员同1955年比较，有90%增加了收入，劳动条件也得到改善。经过初步调整，手工业生产合作社普遍增加了生产，提高了收入，体现出集体经济的优越性。

二、掀起社会主义建设高潮

农业生产高潮的全面掀起　1956年1月，中共中央颁布《1956年到1967年全国农业发展纲要（草案）》，重点突出了农业在国民经济中的重要地位以及对工业的基础作用。根据纲要的要求，1956年元宵节刚过，和平县委就向全县人民发出了"全县农民动员起来，为超额完成1956年的粮食生产任务而奋斗！"的号召，全县工作中心便由转、并社转向以水利为中心的农业生产建设。

是年，春耕前开始修筑山塘、水库，至夏收前完成大、中、小型水利工程1297宗，其中打井626口，修筑山塘库364宗，修建、扩建水利设施5190多宗，使全县的水田受旱面积由1955年的9万多亩减少至3.9万亩[①]。同时，大力开展积肥运动，据不完全统计，在2月份仅仅用了20天时间，全县就出动41.8万人次，积肥240万担，6月份一个月内又积肥83万担，平均每亩30多担。当年由于旱情严重，春耕一结束就转入抗旱保苗，平均每天出动4.8万多人打井、找水源。到了秋季，全县的旱情仍未得到缓解。其

---

　　① 和平县计划委员会：《关于农业生产计划完成情况的总结报告》，1957年2月18日，和平县档案馆藏，县计划局A12.1-9卷。

中下车区最为严重，从8月25日至10月底，该区有70%劳动力投入抗旱，坚持了两个多月。其间，仅下车区就打出水井448眼，开挖水渠226条，架设水涧207条，新筑和修建拦水陂255座，使1.6万亩水稻减少了损失。当年晚造水稻全县又发生了严重的虫害，受害面积达9.8万亩，占晚稻种植面积的60%以上。面对严重的虫害，各级党政领导及时组织群众开展"除虫突击周"和"除虫日"活动，最高峰时一天出动的劳力多达6.7万人。据统计，这次除虫全县使用的诱杀灭虫灯就有32.6万盏，用去六六六粉1.6万斤[1]。在灾害如此严重的情况下，当年全县农业生产仍然夺得了丰收，粮食总产达143.86万担，比1955年增产13.79%，粮食单造亩产达258斤，超过历史最高水平[2]。经济作物发展迅速，当年，全县黄麻种植面积达854亩，总产量1129担，比1955年增长115.04%[3]。另外，苎麻、生姜、油菜、花生的种植面积与总产量比1955年大幅度提高。

和平县委在抓好粮食生产的同时，还十分重视加强副业、畜牧业生产。1956年5月，广东省委召开扩大会议要求加快副业生产发展之后，和平县委迅速召开县、区、乡三级干部战地会议，专题研究如何进一步搞好农副业生产。县委第一书记张富兴在会上指出，为了大力发展副业生产，一定要克服帽子满天飞现象，不能盲目地批判资本主义自发势力。此后几年，全县的农村副业生产便迅速发展。至1956年10月，全县的生猪饲养量达2.6万头，

---

[1]　中共和平县委：《和平县一年来各项工作的初步总结》，和平县档案馆藏，县委会A12.2–33卷。

[2]　和平县计划委员会：《关于农业生产计划完成情况的总结报告》，1957年2月18日，和平县档案馆藏，县计划局A12.1–9卷。

[3]　中共和平县委：《和平县一年来各项工作的初步总结》，和平县档案馆藏，县委会A12.2–33卷。

同比增长6.3%；耕牛饲养量达2.2万头，鸡、鸭、鹅47万只[1]。部分农户还发展了养兔、养羊等副业。那时，各地农业社普遍抽出了20%~30%的劳动力投入多种经营，至当年10月底，全县副业收入达180.4万元，每个农业社平均收入4598元，年终结算时全县有80%以上的农业社及社员增产增收。随着农村副业生产的发展，市场上各类农副产品不断增多，社员收入也有所增加，对农业社的稳定起到了一定作用。

工业生产也开始发展，1956年全县工业总产值为637万元，比1955年的517万元，增加了120万元，增长23.2%[2]。

1957年1月，和平县召开全县劳模表彰大会，共有1500多人参加会议。会上有22个单位、个人介绍了农业生产方面的先进事迹，评选出一批先进集体和劳动模范，并分别给予奖励。接着，在当月召开的和平县第二届人民代表大会提出了实行"农林牧并重，大力开展多种经营，增加农民收入"的生产方针。2月，县委、县人民委员会发出《关于开展增产节约运动的联合指示》，要求当年达到90%的社和90%的社员增加收入，30%的农业社70%的社员要超过上中农的生活水平。与此同时，在全县开展山区典型材料调查，形成了《和平县发展山区经济的初步意见》，编制出《和平县第二个五年计划全面规划》[3]，县直机关单位、各区、各企业、各学校广大干部职工，按照计划在当年春季就掀起

---

[1] 《和平县志》之《1949—1995年和平县国民经济发展情况统计表》，广东人民出版社1999年，第127页。

[2] 《和平县第二个五年计划全面规划》订出了从1957年至1961年全县农业集体化及农业生产等方面的发展计划，后来因"大跃进"、人民公社化运动没有全面实施。

[3] 刘先禄：在中国共产党和平县第一届代表大会第二次会议上《关于农村形势社会主义教育和生产问题的报告》，1957年12月24日，和平县档案馆藏，县委会A12.3-1卷。

增产节约运动高潮。县委领导认为，要实现农业增产关键是要先解决肥料问题，于是号召全县群众开展积肥运动。据统计，当年春耕前全县积集土肥 1220万担，平均每亩51担；春耕结束后又完成积肥54万担。接着，开展了以改造低产田、山坑田为重点的土壤改良工作，至是年底，完成改土3.4万亩；从1956年冬至1957年春全县共修建大小型水利工程8987宗[①]。当年，和平县粮食获得大丰收，仅稻谷就增产4.5万担；粮食生产达到稳产增产的农业社有256个，占总数的80%。1957年11月，和平县委发出《关于迅速开展冬季生产大高潮的工作意见》，组织全县群众掀起冬季生产、兴修水利、积肥与改良土壤、副业生产等五大高潮。至年底，全县共完成冬种任务11.2万亩，改良土壤2.9万亩，新建山塘、水库、水陂743宗，扩建和修筑水利设施2555宗，贝墩树华小二型水库，三沙、崇风、美塘等小三型水库如期完工。

农田水利建设　从1957年冬开始，和平县就开展了大规模农田水利建设运动。当时，县委制订的水利建设规划，重点是以抗旱、防洪、水土保持、开发荒地为主要目标，减少受旱面积，过好水利关。为此，全县集中了70%以上的劳动力包括成千上万的干部职工和学校师生，投入兴修水利运动，特别是各乡、各社突击队，夜以继日奋战在各个工地上。时值严寒的冬天，突击队员吃住在工地上，每天冒着严寒劳动10个小时以上，有的甚至达到12个小时。那时工地上到处可以看到"黑夜当白天，灯光当太阳""冰雪挡不住，天寒无闲人""坚决修好水利过好年""高潮再高潮，跃进再跃进"等标语口号，县委书记、乡党委书记等

---

① 　这个数据是中共和平县委《关于去冬今春农村社会主义大跃进的总结》中出现的，与后面1961年召开的和平县第二届党代会材料上出现的水利工程数据有较大出入，一方面是连平、和平两县合并后的统计数据，另一方面有可能是当时前后统计口径不一致所造成的（编者注）。

领导干部带头上阵，全党动员，全民动手你追我赶。经过艰苦奋斗，从1957冬至1958年春全县共完成大小水利工程33879宗[1]，完成土方430万立方米，按当时的农业人口计算，人均完成土方22.6立方米[2]。全县实现水利灌溉工程系统化和水田抗旱能力60天以上的目标，基本过了水利关，为农业生产发展创造了有利条件。

其间，较大型的水利工程有和平县农村第一个水电站——热水马坑径水电站，1957年冬动工，1959年1月投产，装机容量250千瓦，可同时灌溉农田1700多亩。此外，还有大坝增基塘、下车五谷神、长塘章岭、林寨黄泥塘、公白过路塘、礼士黄茅、林寨石灰坑、彭寨华表、优胜新联、贝墩桐木坑、礼士旱坑、贝墩助地坑、附城胜地坑、下车笋塘、优胜上潭、礼士洋坑、贝墩泥竹塘、贝墩横档头、上陵前丰等大中型水库。完成的引水工程有大坝狭颈水陂、热水马坑径水陂、下车拦河坝、浰源黄田水陂、彭寨华表水陂、彭寨公和水陂等。这些水利工程建设的完成，使和平县基本实现了农田灌溉水利化，扩大和改善了耕地灌溉面积，在较大程度上奠定了全县农业水利设施基础。

中小学教育 1949年5月，和平县人民政府接管了和平中学、四联中学。县委宣传部长罗宝萱兼任和平中学校长。当时全县有公办中学2间，乡村小学有319间，中学教师45人，小学教师623人。新中国成立初期，按照国家对旧政权系统普通职员采取"包下来"的政策，和平县内绝大部分学校留用原中小学教师，不足部分，通过举办短期培训班来解决。

---

[1] 中共和平县委：《关于去冬今春农村社会主义大跃进的总结》，1958年4月28日，和平档案馆藏，县委会 A12.3-33卷。

[2] 刘先禄：在中国共产党和平县第一届代表大会第二次会议上《关于农村形势社会主义教育和生产问题的报告》，1957年12月24日，和平档案馆藏，县委会A12.3-1卷。

1950年2月，原私立浰东中学由和平县人民政府接管，更名为"和平县第三初级中学"，校址从下车迁至长塘。"和平县立中学""四联中学"分别易名为"和平县第一中学""和平县第二初级中学"。此时，县政府面临最大的困难是办学经费不足，于是决定通过没收公尝、变卖校产、发动募捐等途径来解决。1950年4月，县政府在和平县第一届农民代表会议上，将这个问题提交会议讨论，获得通过并形成决议，会后立即指定专人落实，从而保证了全县各学校正常开办。由于各学校的教职工多数为旧教育系统保留下来的人员，在教育思想、教学理念各方面都存在着与新中国的教育不相适应的地方。县政府接管中小学校之后，切实按照中央"维持现状，逐步改造"的原则，实行学校的政治、文化课程改造，增设初级马列主义哲学课程。1952年冬，组织全县90多名中学教师到韶关参加思想改造，通过三个月的集中学习，使绝大部分教师树立起为人民办教育的思想，明确了办学方针，纠正了混乱现象。其中一个最根本的变化就是"向工农开门"，大量吸收工农子弟入学，发放助学金，使全县受教育人数明显增多。至1953年，全县小学生从1949年的9900余人扩大到19379人，增加了近一倍，其中工农子女占八成以上。中学生人数从1949年的762人扩大到1379人，增加了80%[1]。1953年和平县有中学教师81人，小学教师667人[2]。1949年秋至1952年夏，全县教师工资以稻谷或大米折算，由地方财政统筹支付，从1952年秋起，教育经费列入国家财政预算。1953年，根据中央提出的"整顿巩固，重点发展，提高质量，稳步前进"的方针，对乡村小学

---

① 《和平县志》，广东人民出版社1999年，第585页。
② 《和平县人民政府施政工作报告》，1954年6月，和平县档案馆藏，县革委会A12.1–28卷。

进行适当调整和合并。当年开始将中小学教师纳入国家编制，享受与国家机关工作人员同等的待遇，此外还成立了教育工会，教师工资和政治待遇普遍提高。实施人民代表大会制度后，历届县、乡人民代表中教师代表均占有一定比例。提高教师的政治地位和经济待遇，对调动教师的积极性，推动全县教育事业的发展产生了积极作用。

1954年，和平县为贯彻"全面发展"的教学方针，对中小学校进行了全面整顿，此后全县教师的思想和教学方法大有改进，教育质量明显提高。

随着农村生产迅速发展，人民群众生活水平不断提高，人民群众对文化的需求也日益增长，原有的中学规模远远不能适应农村青少年的上学需求。1956年，和平县分别在贝墩、热水、林寨等区创办和平县第四、第五、第六初级中学，至此全县有中学6所，37个班，教师77人，学生1934人[①]。在教育教学体制及教学方法上都开始逐步改革，教学质量得到普遍提升，1956年和平中学应届高中毕业生39人中，有38人考入大专院校[②]。

群众性文化教育 和平县在重视加强全日制学校教育的同时，还实施群众办学政策，积极发展群众性文化教育。1949年冬，分别在县、区成立农民"冬学"领导小组，开办农民夜校，统一编印"识字"课本，由小学教师以及中学生兼任教员，教农民识字、写字、唱歌、跳舞，向农民宣传党的政策，受到了农民群众的普遍欢迎。至当年12月，全县开办农民夜校471所，参加学习的群众有1.58万人，其中青年妇女占90%。开始只局限于中

---

① 和平县计划委员会：《和平县1952—1956年国民经济统计历史资料汇编》之《全县历年学校机构及教职员人数情况》，1957年2月，和平县档案馆藏，和平县计划局A12.1–4卷。

② 《和平县志》，广东人民出版社1999年，第585页。

老年妇女和失学儿童，后来逐渐发展至青壮年文盲。从1950年开始，全县各乡、村的扫盲学校有如雨后春笋，蓬勃发展。至1952年，全县开办农民夜校832所，参加扫盲学习的农民群众有2.5万人。有的夜校在土地改革期间由于忙于分田地、斗地主曾一度停办，但运动结束后又马上复课。

1954年，和平县成立县、区扫盲委员会以及扫盲工作协会，县文教科设立扫盲工作队，专职管理农村扫盲工作。在各乡共建立业余学校585间，参加学习的农民群众2.11万人。是年冬，经过对全县农民青壮年的文化程度进行摸底，县扫盲工作协会制订出全县扫盲工作规划。1955年夏，和平县人民政府召开全县大型扫盲工作会议，总结交流经验。此后，全县扫盲工作进度大大加快。是年底，全县办起扫盲夜校713所，参加扫盲识字的有2.57万人，当年脱盲1.85万人。

1956年7月，根据中共中央《关于大力开展扫盲运动的指示》，和平县委成立扫盲工作领导小组，县委农村部部长刘先禄任组长，宣传部部长朱昌荣任副组长，扫盲工作从此被纳入县委的工作日程。于是，一个更为广泛、更大规模的扫盲运动在全县展开了。是年，县扫盲工作队增至87个、队员3500人，加上全县4万多名中小学师生利用课余时间参加宣传和辅导，所以这次群众性扫盲运动是新中国成立以来规模最大的一次，方式方法多种多样，除了夜校还有识字站、学习小组，送字上门、包教包学等活动。当年全县兴办各类夜校764所，各地群众以夜校为主要阵地，参加学习人数达4.32万人，当年脱盲人数有1.39万人。

除了在全县农村开展群众性扫盲之外，城镇职工业余文化教育也蓬勃发展。1950年秋，县总工会开办职工业余文化补习学校，有专职教师2～5人，兼职教师18人，主要针对县城机关干部、职工队伍中的文盲或半文盲进行文化知识培训。学习时间以一年为一期，每周学习6小时，学员达到识字2000个及基本掌握加、减、乘、除法口算和笔算方法为初小毕业。当时，仅县城参加文化补习班的就有1300多人。1952年，职工业余文化补习学校贯彻"结合生产，统一安排，因材施教，灵活多样"的原则，除了继续招收扫盲班外，开始招收业余高小班、业余初中班。至1955年，县城职工业余文化补习学校有扫盲班24个，学员950人，业余高小班8个，学员220人，业余初中班1个，学员47人，参加业余学习班的总人数达1217人。据统计，1952—1957年县城机关干部职工经过业余文化补习，有1100多人由文盲或半文盲达到初小文化程度，191人达到高小文化程度①。

文化发展的另一个重要方面，就是加强对公共文化的建设。新中国成立后，由县委宣传部负责在县城开办了一间新华书店，此后又在彭寨、东水、林寨、长塘、下车、大坝、热水、贝墩等地供销社开办图书代销业务。1952年全县图书销售量达25万册，这对于当年只有20万人口、文化不发达和生活极为贫困的山区县来说，不是一件容易的事情。同年，在县城设立文化馆和图书馆。图书馆内设书库、阅览室、外借室，馆藏图书有2万余册。文化馆设有综合阅览室、参考室、信息室、采编室。图书馆和文化馆每周开放48小时，基本满足了人民群众对文化书籍的需求。县文化馆下还设立了文艺创作编辑组、群众性文化辅导组、美术摄影组、音乐舞蹈辅导组。每年举办文艺创作学习班，内容包括小说、散文、诗歌、戏剧、曲艺、美术、书法、摄影、音乐、舞蹈等。最初几年，几乎每年都举办各种不同形式的文艺汇演、调演活动，培养了一大批乡土文艺骨干力量。1956年，和平县文化馆开始编印出版《演唱资料》、《和平文化》（后改名为《山

---

① 《和平县志》，广东人民出版社1999年，第600页。

泉》）等刊物，定期举办书法、美术、摄影展览，每逢元旦、春节组织开展城乡文化娱乐活动。

1952年和平县城设立工人文化宫，配备各种乐器、体育器材和收音机及图书阅览室等，以丰富县城干部职工的业余文化生活。1956年9月，又新建一个可容纳200多人活动的总工会俱乐部，成立工人俱乐部管理委员会，下设宣教组、文体组、舞蹈戏剧组，经常举办各种文化体育活动。随着一批公共文化设施的建成使用，城乡居民的文化生活得到了极大改善。

此外，广播电影事业也在不断发展。1950年10月，在和平县城设立收音站，由专人负责抄收中央人民广播电台的新闻，印发《收音简报》。至1955年，县城建起了广播收音站，开始每天定时收音广播。后来，合水、附城、大坝、上陵、岑江、浰源、热水、下车、长塘、优胜等乡镇也相继开通有线广播。之后，县内大部分人民群众能够及时了解到国内外形势，收听到党和政府的声音。从1953年开始，广东省第37电影放映队定期到和平县巡回放映，成为当时和平乡村文化的一件盛事。最初放映的有故事片《白毛女》《南征北战》和纪录片《开国大典》等，深受群众欢迎。1955年省电影队第311大机队下放给和平，和平县从此有了第一个放映队。此后，和平县成立电影管理站，并陆续建立农村电影二队、三队、四队、五队。全县设立放映点87个，在两年时间里共放映690多场，观看者达70多万人次。对地处偏僻的山区来说，放电影是当时一件最为新鲜的事。一听说放电映，群众就从四面八方聚拢过来，有的甚至从十几里甚至数十里以外的地方前来观看，每次如是，乐此不疲。

农村社会安定和生产发展，不断推动着农村文化活动的繁荣。从1954年开始，和平县组织了8个农村剧团和3个农村俱乐部，每逢春节期间就在乡村举办演出活动。报刊发行量及图书销售也明显增多，1954年全县农村销售的图书、报刊比1953年增加24.7%，报刊发行量比1953年增加4.67万份①。1955年冬，随着合作化运动高潮的掀起，全县各乡、社成立农村俱乐部94个，业余剧团发展到107个，篮球队150个，开办小图书馆80个。通过这些文化载体和群众多彩的文体娱乐，全县人民群众的文化生活得到极大丰富和提高，并由此增强了人民群众对社会主义制度的认同感和幸福感。

卫生体育事业　中华人民共和国成立时，和平只有县城1间公立卫生院，没有专门的妇幼保健机构，在乡下大部分为私营诊所或药店，还有为数不少的巫医。中华人民共和国成立前，由于科学知识贫乏，又深受封建迷信影响，人们对疾病、死亡特别是产妇难产普遍缺乏正确认识，都认为是受"神"和"命"的支配，一旦遇到重大疾病或产妇难产便束手无策，只好求神拜佛或听天由命。

1949年夏，县人民政府接管了原县卫生院，改名为和平县人民政府卫生院，吸收8名医务人员，配备简易病床3张，医疗条件仍然十分落后。1952年，县卫生院设立医务组、公共卫生组、总务组，病床增至20张。同年，成立和平县妇幼保健所，开设专科门诊并具体指导全县妇幼保健工作，推广新法接生，从而大大减少了产妇及新生儿的死亡人数。

随着农村形势的发展，农村医疗卫生工作不断推进。为解决农民看病难的问题，县医疗卫生部门经常组织医生下乡巡回医疗，并帮助农业社订立保健合同，培训保健员，尤其是妇幼保健人员。从1951年至1954年全县共培训新法接生员378人，在农村

---

① 《和平县人民政府工作报告》，1955年8月，和平县档案馆藏，县革委会A12.1-28卷。

建立了7个接生站，为产妇和新生儿健康提供了有力保障。

至1954年7月，全县有县级卫生院1间，镇级卫生所3间，保健站1个，3所中学校医室，4个中医联合诊所，3个人民药房，还成立了卫生工作者协会。1956年，县卫生院更名和平县人民医院，设内科、妇科、门诊部，病床增至80张，门诊人数由初办的日平均10多人，增至日平均150多人。

医疗卫生发展的另一个重要方面，就是积极组织力量做好公共防疫。抗美援朝期间，结合反对细菌战，在全县开展了大规模卫生防疫工作，从此防疫工作就被列入卫生部门的工作日程。1952年，和平县成立卫生防疫委员会，设立除害指挥部和防疫突击队，在各区、乡组建了128个防疫中心小组，对群众开展爱国卫生运动常识宣传教育，建立疫情报告制度。重点对天花、霍乱、伤寒等流行性传染病开展预防和控制，每年春季为适宜接种人群进行预防接种。仅1952年全县就有1.4万多人接受防疫注射。至1954年，全县接受防疫注射的群众达12.52万人[①]，至此，全县就从根本上控制了天花的发生及伤寒、霍乱等急性流行性传染病流行。这段时间，县医疗队配合各种中心运动，如土改、抗旱救灾、征粮等经常开展巡回医疗，使农村许多病人得到及时医治。1953年10月，仅在开展抗疟疾运动期间，经巡回医疗队医治的群众就达3080人，有效阻止了疟疾病在全县蔓延，使人民群众的身体健康得到保障。

从1954年至1957年，和平县对公共卫生事业投入达25.4万元，在县城设立的卫生医疗机构有人民医院、防疫站、麻风防治站、妇幼保健站各1间，还有门诊部、药房、接生站、农业社

---

① 《和平县人民政府施政工作报告》，1954年6月，和平县档案馆藏，县革委会A12.1-28卷。

保健站等一批公共医疗保健机构；彭寨、林寨、贝墩、东水、热水、下车等区都先后设立了卫生所或保健所；附城、大坝、合水、优胜、林寨等乡设有中西医联合诊所，古寨、浰源、青州、岑岗等乡设立人民药房。至1956年底，由国家供给的医疗卫生从业人员95人，其中初级卫生技术人员9人；还有从社会上吸收进来的私营医务工作者181人，医疗单位46个。这部分人都有相当技术专长和经验，有的后来成了医疗卫生系统的骨干力量。

为"发展体育运动，增强人民体质"，1956年，成立和平县运动委员会，同年7月，组织县代表队参加广东省第一届少年田径运动会，并取得较好成绩。

三、改变老区贫穷落后面貌

工农业生产的发展　从1960年至1965年，随着国民经济调整任务基本完成，和平县工农业生产逐渐恢复并进入正常发展轨道。1962年，全县粮食总产达106.87万担，比上年增产9.7%，黄豆总产达5318担，比上年增长136%，此外，甘蔗、黄烟、旱粮等作物都有较大程度的增长；畜牧业由于贯彻了"私养为主、公私并举"的方针，也有了很大恢复和发展，当年生猪饲养量达2.4万头，同比增长1.5倍，耕牛饲养量达2.05万头，增长4.3%，三鸟饲养量达110多万只，增长30%[①]。1963年是和平县大旱之年，全县粮食总产量仍然达到90多万担，除粮食比1962年减产外，其他农副业生产比1962年有较大提高，其中油料总产量比1962年增加两倍，生猪饲养量比1962年增加了一倍多。

1964年6月中旬，和平县又遭受特大水灾，总降雨量620毫

---

① 《当一个彻底的社会主义革命派——周敬民同志在全县贫下中农代表会议上的报告》，1965年2月，和平县档案馆藏，县委会A12.5-52卷。

米，其中15日3时至9时降雨量达240毫米。洪水之大，来势之猛，损失之严重，为百年来所罕见。全县受浸房屋44436间，其中倒塌275间。受灾农户达27151户，无家可归的15580人，死亡49人，失踪128人。受浸水稻面积7.28万亩，其中失收面积2.15万亩。受浸经济作物面积1.02万亩，损失晚造谷种（秧苗）4209担。冲毁桥梁889座、堤围1547处、山塘水库510座、水圳5165条。淹死耕牛194头、生猪778头、三鸟2.89万只。冲走鱼苗、松香、松节油、土纸、茶叶、毛竹、木材、木炭、盐、糖、食油、棉布、粮食等一大批，折款达298.86万元。18个公社中受灾严重的有林寨、东水、古寨、合水、附城、阳明、彭寨、下车、长塘、贝墩、热水、大坝等12个公社，前6个公社尤为严重[①]。在特大洪水到来之时，全县党政军民同心合力，为保护人民生命和国家财产英勇奋斗，涌现出许多好人好事，其中最感人肺腑的是大坝瓷厂职工彭日祥、何流欣、廖志沫、凌新宣、黄仁欣五位同志，在抗洪抢险中献出了宝贵的生命，被追认为革命烈士。

当时，广东省委、惠阳地委曾两次派飞机到林寨、东水空投饼干、粮食、衣物和慰问信，洪水过后又派出慰问团、工作组、医疗队到灾区进行慰问、治疗，安排群众的生产生活。上级为此下拨救济款43.9万元，增加棉布指标4.2万米、粮食指标24582斤、木材指标800立方米、成衣1500件、蚊帐布2500米、棉花120担。另外，广州市机关干部、职工为和平灾区人民捐出衣物2500件，并派出慰问团前来赈灾。灾情发生之时，和平县委、县人委立即成立重建家园委员会，连续开会，专题研究抗洪抢险与救灾具体工作，迅速将社教工作队转为救灾工作队，同机关干部一起

---

① 中共和平县委：《关于遭受水灾情况的报告》，1964年6月18日，和平县档案馆藏，县委会A12.5-31卷。

组成工作组，深入到灾区帮助灾民恢复生产，安排生活。县民政局为各灾区发放救济衣物三批共34720件、蚊帐505件以及药物一批，其中包括县城机关干部、职工捐献的衣物2000件，灾区人民感激不尽。在党的关怀和各方大力支援下，灾区人民很快地安定了生活，恢复生产，开始重建家园。

当年，全县晚造粮食生产又遭受"寒露风"袭击，加上病虫害严重，在眼看就要大幅度减产的情况下，由于各社、队加强了田间管理，结果仍然获得丰收。全年粮食总产达113.38万担，亩产量达585斤，比1963年粮食总产量增加23.1万担，增长25.48%，达到全县历史最高水平的1956年[①]。1964年和平县人均口粮达400斤左右，比1962年增加64斤，人均月平达33斤。花生、大豆、甘蔗等主要经济作物产量成倍增长。生猪饲养量达8.5万头，比1963年增长44%，超过了历史上产量最高的1957年水平。全县财政收入比原计划超额完成60多万元，比1963年增长6.8%，实现收支平衡。外贸出口超额完成任务，比1963年增长14%。城镇储蓄与农村信用社的存款显著增加，社会商品供应量大大增加，市场恢复正常，物价稳中有降，人民生活有较大改善[②]。

1964年春，县内各地再次掀起农田水利建设高潮，全年完成大型水利工程3宗，受益面积100亩以上的小工程有207宗，完成土石方110万立方米，投入劳动日135万多个。是年冬至1965年春完成的主要水利工程2宗，受益面积100亩以上的水利工程80多宗，完成土石方155万立方米，投入劳动工日200多万个。两年来人民政府共投入农田水利建设资金达200.4万元，是中华人民共和

---

① 《和平县贫下中农会议文件之三——和平县1964年农业生产总结》，1965年2月，和平县档案馆藏，县委会A12.5-56卷。

② 《当一个彻底的社会主义革命派——周敬民同志在全县贫下中农代表会议上的报告》，1965年2月，和平县档案馆藏，县委会A12.5-52卷。

国成立13年以来总投资的4.26倍[①]。

1964年全县还完成了造林面积9.94万亩,其中成片的油桐种植达7.6万亩,茶叶种植面积达到6250亩[②]。和平县城至热水、彭寨至林寨、彭寨至古寨的公路建成通车,县内交通设施得到改善。

1965年2月,县委做出了《关于全面组织1965年农业生产新高潮的意见》和《关于大力开展集体多种经营争取实现全面高产高收的意见》,提出全县农业生产的奋斗目标和促进经济增长的措施。接着,全县上下以农业生产为中心,开展兴修水利、平整土地、改良土壤、推广良种等耕作制度改革与以"学习潮汕经验"为主要内容的"比、学、赶、帮"运动。1965年上半年,全县粮食生产到处呈现出增产增收的喜人局面,早造粮食总产量达70多万担,比1964年早造增加18万担,增长36.4%。林业、畜牧业、副业也有很大发展。1965年6月,全县生猪存栏量达9万多头,比上一年同期增加3.1万头,不少社、队还办起了集体养猪场。甘蔗、花生、大豆、棉花、木薯、席草等经济作物种植面积大大增加,油桐、茶叶生产基地建设不断加强。至是年冬,全县新开垦"梯田式"茶园面积3500多亩,粮溪、彭寨公社建成数千亩高标准茶园,和平县被广东省农业厅列为全省十大茶叶基地之一。当年秋天,广东省委第一书记赵紫阳在惠阳地委书记原鲁陪同下,专程到粮溪、彭寨视察油桐、茶叶生产情况,充分肯定和平大力发展集体多种经营所取得的显著成绩。

在国民经济调整期间,和平县涌现出一大批先进集体和先进个人。1965年7月召开全县贫下中农代表和农业先进单位代表会

---

①　《当一个彻底的社会主义革命派——周敬民同志在全县贫下中农代表会议上的报告》,1965年2月,和平县档案馆藏,县委会A12.5-52卷。

②　同上。

议，彭寨被评为"先进公社"，贝墩被评为"受表扬公社"，受表彰农业先进单位444个，其中养殖先进单位221个，多种经营先进单位74个，先进工作者101人。

在农业生产发展的同时，地方工业生产也在快速发展。1965年和平县主要工业产品产量，在纳入惠阳专区计划的9种主要工业产品中有8种分别完成或超额完成生产计划。全员劳动生产率平均每人完成4461元，比上一年增长11%。工人劳动生产率平均每人完成5580元，比上一年增长11%。实际完成利润44.8万元，增长19%，工业生产总成本比编修计划下降了8%，而且产品质量普遍得到提高[①]。当年工农业总产值达3440万元，其中工业总产值实际完成591万元，农业总产值完成2849万元，分别比1956年增长40.7%和30.8%。全县粮食总产和单产均超过了历史最高水平，集体经济收入显著增加，人民群众生活水平有明显提高。

1966年春，为响应中共中央发出的"农业学大寨，工业学大庆"号召，县委先后组织社队干部300多人，前往山西昔阳县大寨大队参观学习，后来又到广州参观"全国大寨式农业典型展览会"，紧接着，召开了全县"农业学大寨"社队干部扩大会议，大力宣传大寨大队"坚持政治挂帅、思想领先、自力更生、艰苦奋斗"精神和爱国家、爱集体的共产主义风格。大会提出开展农业学大寨活动的一系列措施，在一定程度上反映了当时全县农业发展的喜人形势。

基础设施建设　水利建设方面，全县先后建成的大宗水利工程有下车引水工程、雅水水库（又名胜地坑水库）、贝墩桐木坑

---

① 《和平县志》：《1949—1995年和平县工农业产值统计表》，广东人民出版社1996年，第127页。

水库，热水马坑径、彭寨华表、大圳口、大坝黄田等水陂。电力方面，先后建成了热水马坑径、附城珊坪、兴径3座水电站以及彭寨发电厂、和平县城火力发电厂。公路交通发展加快，至1960年全线修复忠（连平忠信）定（江西定南）公路。1962—1965年先后建成和横公路[1]、和洋公路[2]、骆米公路[3]。1965年5月，和平桥建成通车，这是和平县城首座钢筋混凝土梁式公路桥，总投资20.1万元。至1965年，彭寨、下车、贝墩、合水、大坝等公社先后开通短途客运，和平至惠阳、广州、韶关等长途客运也相继开通。邮电通信方面，1956—1965年，全县20个公社全面换装电话交换机，县城至各公社中继线路改为双线，各村设有专职电话员，以县城为中心的农话通信网基本形成。

科教、文卫、体育事业的发展　1956—1965年，和平县的科教、文卫、体育事业取得了长足发展。在科学技术方面，先后成立县科学技术协会、科学技术委员会与农业科学研究所、农业机械研究所、农业技术推广站、林业苗圃场、良种繁殖场、畜牧兽医站、科学实验场等科研单位及服务机构。其间，从大专院校毕业分配和从外地调进的技术人员不断增多，科技队伍不断壮大。县农业科学研究所先后选育了"和农""塘古矮""粳高早"等优良水稻品种，在农业增产增收方面发挥了重要作用。1960年，县农业科学研究所被评为省"科研先进单位"，出席了广东省文教系统群英会。

1956—1965年，全县财政预算支出为2009.2万元，其中教育经费支出596.1万元，占财政预算30%。1952年8月，中小学被政

---

① 和平县城经热水、浰源至江西龙南横岗，1976年全线通车，全长47.6公里。

② 和平县城经粮溪、彭寨、古寨、贝墩至龙川洋田，境内全长55.8公里。

③ 东源骆湖经和平礼士、林寨、彭寨、优胜、长塘、下车、上陵米福连接忠定公路，境内路程80.1公里，1992年全线通车。

府接管时，全县有小学290所，教职工619人，学生20127人，入学率78.1%。至1965年，全县小学增至413所（其中完小69所），教师1341人，学生人数达34784人，入学率86.2%。1955—1965年全县有中学6间，其中完全中学2所。1958年，国家提出"教育为无产阶级政治服务，教育与生产劳动相结合"的方针，各公社办起农、林、工业职业中学21间。同年秋，四联中学、浰东中学增设高中部。1960年和平中学被评为"全国教育工作先进单位"，校长梁心希出席全国教育战线群英大会。1956—1965年，全县参加高考人数1232人，被录取的大专院校学生有474人，升学率达38.5%。

公共文化设施从无到有不断进步。至1965年，县城的图书馆、专业剧团、影剧院、公共体育场、广播站一应俱全。各公社建有文化站、书店、有线广播，与人民群众的文化生活需求逐渐适应。

医疗卫生事业也有较大发展。至1965年县级医疗机构有人民医院、中医院、妇幼保健院、麻风病防治站、卫生防疫站等，还有19间公社卫生社。医务人员医技水平不断提高，人民群众的医疗保健得到保障。另外在爱国卫生委员会的领导下，广大农村结合生产，开展了除"四害"、讲卫生、防疾病的群众性卫生运动。妇幼儿童保健受到特别重视，从1959年后，每年都开展对全县育龄妇女的健康调查和对儿童传染性疾病的预防接种，先后为5032名子宫脱垂病人进行治疗，治愈3417人，从而有效地保障了全县妇女儿童的身体健康。

体育运动事业得到重视，除了中小学校普遍开设体育课程外，群众性体育运动不断兴起。1957年元旦，和平县在和平中学举办了中华人民共和国成立以来的首届运动会，各区、中学、县城机关、企业团体、工商联、公安武装等单位组成13个代表队，有运动员962人参加。此后，在1959年元旦又举办第二届全县运动会，共有运动员1200人参加。同年2月，和平县选拔出48名运动员参加韶关地区第一届田径运动会，夺得团体总分第六名，有13名运动员参赛成绩达国家三级运动员标准。6月，和平县首届中小学生田径运动会在县城举行，有6所中学和17个乡小学代表队、运动员514人参加比赛，运动会取得较好成绩，其中达国家三级运动员标准的有5人。据1960年统计，每年参加游泳、乒乓球、篮球、广播体操等比赛活动的达6万人之众。与此相应的是各种群众性体育组织纷纷成立，体育设施不断增加，例如成立了国防体育俱乐部和篮球、田径、象棋等协会，兴建了人民体育场和灯光球场等。1965年5月，惠阳地区第二届职工篮球锦标赛第一阶段和平赛区比赛在阳明镇举办，和平县女子篮球队获得第三名。

四、20世纪70年代初期工农业生产恢复发展

1970年，和平县粮食种植面积超额完成了惠阳专区下达的计划，粮食总产量达154.4万担，比1969年同期增加了6.2万担[1]。甘蔗种植面积1237亩，比上一年增加513亩，增长71%，总产达2.05万担。大豆种植面积1.7万亩，总产达1.5万担。花生种植面积0.6万亩，总产达0.9万担。木薯种植面积0.3万亩，总产达1.02万担。油菜籽总产达7.8万担。茶叶、水果产量也有较大幅度增加。全县生猪饲养量达9.16万头，年末耕牛存栏量2.13万头，比1969年略有下降。造林面积完成7万亩，超额完成专区下达计划3万亩，比1969年增长66.5%。油桐总产4.5万担，松脂总产达6.5万担[2]。水

---

[1]　和平县计划委员会：《和平县1970年国民经济计划指标完成情况表》，和平县档案馆藏，县计划局A12.2-4卷。

[2]　和平县革命委员会生产组：《和平县1970年上半年抓革命促生产工作总结和大搞晚造的意见》，1970年9月4日，和平县档案馆藏，县革委会A12.8-29卷。

利建设完成土石方168.5万立方米，兴建水轮泵184台，超过新中国成立后20年的总和。1970年上半年在原来8个厂基础上发展到19个厂，加上正在建设的3个厂，到同年年底全县共有22个厂[①]。工业产品由1969年的46种增加到106种，当年全县工业总产值为1001万元，比1969年同期增长34.5%。除此之外，社、队还办起了煤炭、碾米、农具修理等小型企业314个。

1971年，基本完成生产计划（即达到最低指标96%以上）的有水稻、小麦、大豆、花生、木薯、生猪存栏量、饲养量以及造林面积等指标，粮食总产达160.22万担，比1970年实际增长3.8%，其中水稻总产达145.6万担，增长5.2%。其次是农田水利建设得到加强，当年完成土石方212.5万立方米，比上一年增44万立方米，增长26%，兴建水轮泵218台，有效灌溉面积增加2万多亩。兴建小水电装机容量410多千瓦。全县改造山坑低产田3.57万亩，比上一年增加1.4万亩。再次是工业生产稳步增长，在原材料紧缺、电力供应不足的情况下，当年完成工业总产值1262万元，比上一年增长26.07%。除一〇一、大坝瓷厂、农机配件三个厂总产值比上一年有所下降外，其余各厂都实现了产值增长，其中矿站、电机厂、农机二厂、印刷厂、一〇六等厂的工业产值成倍增长，新建的厂矿得到巩固和发展。但是由于上半年受旱电力供应不足，生铁、原煤、手动插秧机、饲料粉碎机、排灌水管、水泥、日用陶瓷、木制农具等产品没有完成计划[②]。

1972年1月，和平县认真贯彻落实中共中央《关于农村人民公社分配问题的指示》精神，要求各区、乡、社、队"尽可能使

① 和平县计划委员会：《和平县1970年国民经济计划指标完成情况表》，和平县档案馆藏，县计划局A12.2–4卷。

② 和平县革委会生产组：《和平县1971年上半年抓革命促生产形势》，1971年7月10日，和平县档案馆藏，县革委会A12.9–15卷。

农民能够在正常的年景下，从增加生产中增加个人收入"，不能分光吃光；要划清"多种经营"与"金钱挂帅"的界限，"不要把政策允许的多种经营当做资本主义倾向来批判"；商业部门要积极组织社、队开展多种经营，允许社员从事正当的家庭副业，并加强产品的收购，促进农村多种经营的发展。

1月5日至10日，和平县委召开山区建设工作会议，参加会议的有县、公社、大队三级党组织的领导和各战线、各部门的主要负责人，以及部分生产队干部共1250人。会议公布了重新修订的山区建设计划。这个规划确立了"以大力发展农业和林业，建立'五小工业'①为主"的山区经济发展目标，成为今后三五年农林牧副渔发展的指导方针。会议期间，彭寨公社的红旗，优胜公社的鱼溪，附城公社的均联、红星等八个大队介绍了经验，与会者还参观了珊湖、均联等先进单位。会后，全县各地按照实施"立足本地资源，发展种养为主"的原则，实行"统一领导，集体排工，定额管理，评工记分"，积极组织群众发展茶叶、毛竹、香菇等生产。1973年，全县种植茶叶4000多亩，相当于过去五年的总和。至1975年，茶叶种植发展到2万多亩，总产量达195吨，其中国营和社队集体茶场55个，茶园面积8240亩，茶叶产量150吨，占全县茶叶总产量76.9%。香菇生产从原来的5个公社30多个大队170多个生产队，发展到12个公社67个大队330多个生产队，当年香菇出口量达15万斤。后来，地区、省乃至全国的茶叶、香菇生产会议都曾多次在和平县召开。

1972年，粮食生产取得丰收，总产比1971年增加5万多担。至同年10月底，全县22个厂矿企业中共有6个和41种主要工业产品分别提前两个多月完成了年度计划。工农业总产值达5006万

---

① 五小工业：指小化肥、小农药、小水泥、小农机、小水电。

元，比1969年增加1372万元，增长37.75%。其中农业总产值为3703万元，比1969年增长28.13%。工业总产值为1303万元，比1969年增长75%，达到中华人民共和国成立以来的最好水平[①]。

1973年，全县较好地完成粮食分配的有2329个生产队，占总数的97%；较好完成现金分配的有1426个生产队，占54%。当年由于气候反常，长期低温阴雨，早造粮食减产，晚稻病虫害严重，但全县的粮食仍然取得了丰收，当年全县粮食总产量达141万担。农田水利建设完成土石方130多万立方米，造林面积达3.8万亩，畜牧业、副业、渔业均有不同程度的发展。工业交通方面，通过不断加强管理，克服了原材料、燃料和资金不足等难题，全年完成工业总产值1318万元，比1972年增长1.15%[②]。交通运输全面恢复，当年的客运量与客运周转量均超额完成任务，其中货运周转量完成118%。市场繁荣，物价稳定，购销两旺，财政收入、商品购销、外贸出口、银行储蓄、粮食征购均完成或超额完成任务。

从1969年开始至1973年，在"小而全"的思想指导下，强调"支农""备战"，兴办"五小"工业。四年期间，和平县新办了农机二厂、农机三厂、冶炼厂、电机厂、无线电厂、氮肥厂、浰源煤矿、水泥厂、电池厂、食品厂、火柴厂、七一一（炼铀）厂、一〇一（炸药）厂、制药厂、林寨造纸厂等15家地方国营企业。其间，电力基础设施建设也取得较好成绩，和平县先后投资930多万元，在银溪、崩凶、河明亮、汤湖、铁窖水、前丰、月坑等地兴建了许多小型水电站，总装机容量达6330千瓦，还架设了河明亮至龙川枫树坝电站、崩凶电站到和平县城两条输

---

① 《和平县志》，广东人民出版社1999年，第127页。

② 同上。

电线路。"五小"工业的发展，使和平县初步形成了"小、土、群""小而全"的地方工业体系，使山区资源优势得到利用和发挥，对全县经济发展起了很好的推动作用。"五小"工业成为20世纪70年代初期工业发展的一个重要组成部分，也是全县经济增长的一个重要因素。

五、开展农业学大寨运动

1969年12月，和平县革命委员会在彭寨红旗大队召开全县"农业学大寨"经验交流现场会议，参加会议的有400多人。会上，彭寨红旗大队、附城向东大队、优胜鱼溪大队、合水永忠大队东方红生产队、贝墩三多大队河排生产队分别做了学大寨经验介绍。1970年1月，为加快水电建设，从各公社抽调大批劳力到河明亮参加大会战。各中学停课一个月，全体师生一起参加劳动。是年11月上旬，和平县先后分两批组织县委委员，各公社及战线党委书记、革委会主任，大队支部书记到肇庆广宁，东莞望牛墩、中堂、万江、大朗等地参观学习。12月，又在河明亮水电站工地召开农业学大寨四级干部会议，参会人员达4200多人，一律自带被子、蚊帐、草席，实行军事化管理并参加义务劳动。

到1972年，农业学大寨成了全县最突出的中心工作。9月下旬，县委组织各公社书记、工交财贸负责人、农林水战线部分支部书记共36人，赴大寨、昔阳和河北省遵化县等地进行为期7天的参观学习。后来又组织了三批社、队干部到大寨参观学习。

经过多年的农业学大寨，各地都涌现出了一批先进群体。1973年2月13—19日，和平县委召开扩大会议和农业学大寨经验交流会，出席会议的共有2586人。会后，县、社、大队层层成立农田基本建设指挥机构，掀起以挖沟改土和积肥为中心的农田基本建设新高潮。1973年全县参加挖沟改土和积肥的专业突击队共有1529个2.36万人，加上中小学师生，总人数超过5万人。当年完成挖成沟渠1.5万多条，完成土方130多万立方米，受益农田达6万多亩。

1974年1月，为推动工业学大庆、农业学大寨群众运动进一步开展，和平县委召开了表彰大会，提出1974年粮食亩产增200斤的奋斗目标，并向全县人民群众发出倡议书。是年11月，又在下车召开现场会，组织干部群众参观了长塘公社赤岭、下车公社石含大队改造山坑低产田现场。同年12月26日，再次在古寨召开现场会，推广古寨公社丰和大队正坑高标准改造山坑低产田经验，与会的各公社及大队干部共3700多人到正坑参观学习。

1975年9月，中共和平县委书记罗章①赴昔阳参加全国"农业学大寨"会议，并向中央书面汇报了和平县"农业学大寨"的情况。与此同时，县委组织全县社、队干部，到惠东铁冲公社参观积肥现场。11月初，又召开"学大寨、建设大寨县"动员大会，提出"全党动员、苦战三年，为把和平建成大寨县而奋斗"的号召。根据县委指示，各中学又停课两周，全体师生冒着百年不遇的大雪参加建设样板田义务劳动。附城丰道、合水丰岭等地借助于中学师生的艰苦劳动建设了不少样板田。

此后，农业学大寨已成为全县抓好农业生产的重要举措，逢会必讲，紧抓不放。在农业学大寨运动前期，和平县人民群众满腔热情，付出了巨大的人力、物力，兴建了一大批重点水利工程。其中，小一型水库有贝墩桐木坑水库、崩凶水库、东水月坑水库、彭寨田周坑水库、下车紫云嶂水库、上陵前峰水库等。此外，还修建了一批引水、提水及堤围工程，大大改善了全县农业生产基础设施。各地农民群众发扬艰苦奋斗精神，通过统一规

---

① 1974年8月，罗章接任中共和平县委书记兼和平县革命委员会主任。

划、挖沟改土、增施土杂肥等措施，改造了一大批山坑低产田。一大批重点水利工程的建成，不仅大大改善了山区的耕作条件，提高了粮食产量，而且也大大增强了山区农业抵御和抗击自然灾害的能力。

第五章

在改革开放中走进新时代

第一节 工农业生产持续发展

一、农村农业稳定发展

1978年12月党的十一届三中全会以后，和平县委、县政府把工作重心放在农村，着重抓农业生产。根据县内人多田少的山区特点，县委认真贯彻中央关于"以粮为纲，全面发展，因地制宜，适当集中"的发展方针和省委农村工作部《关于建立"五定一奖"生产责任制的意见》，开始推行"五定一奖"管理制度和生产大队包产到户。

1981年2月，和平县农村开始实行家庭联产承包和统一服务的双层经营管理体制。当年县内有5066个生产队"包干到户"，占5075个生产队总数的99.8%，其余9个生产队包产到组。

1982年以来，随着农村体制改革不断深入，家庭联产承包责任制逐步完善，全县农民的生产积极性得到了充分发挥，生产力得到了全面解放，农业生产有较快发展。1982年全县社会总产值达12584万元（不变价），比1978年的7172万元增加5412万元，增长75.46%，其中农业生产总值达9286万元，比1978年的4242万元增加5044万元，增长118.91%[①]。全县大部分农民已初步解决温饱问题，市场供应也日益丰富，城乡居民消费能力大大加强。自

---

① 《和平县志》：《1949—1995年和平县国民经济发展情况统计表》。广东人民出版社1999年，第126—127页。

行车、缝纫机、钟表、大型家具、收音机等中高档商品不断进入农村家庭。至1995年，全县城镇居民人均收入达3838元，比1976年增加3262元；农村居民人均纯收入1721元，比1978年增加1681元。摩托车、电视机、电话、冰箱已进入城乡居民家庭，老区人民逐渐从温饱阶段向着小康生活迈进。

1998年，和平县开始延长第二轮土地承包期，为期30年不变。2014年冬，合水镇合水村、丰岭村、中和村、彰洞村对农村土地承包经营权确权登记颁证开展试点工作。2015年春，全县在总结试点工作基础上，全面开展农村土地承包经营权确权登记颁证工作。至2017年，全县土地确权登记颁证工作大部分已完成。党的十九大再次明确保持土地承包关系稳定并长久不变，第二轮土地承包到期后再延长30年。

2003年实行农村税费改革，取消提留统筹费。2004年以后，和平县在全面取消农业税的基础上，对种粮大户进行补贴，以尝试构建有效的粮食补贴政策体系。2006年，在全县实行生产资料综合补贴政策，以弥补化肥、柴油等农资价格变动对农民种粮增支的影响。2008年，种粮补贴的对象由种粮大户调整为全体种粮农户。2011年开始实行农作物良种补贴。从2016年起，将农作物良种补贴、种粮农民直接补贴和农资综合补贴调整合并为农业支持保护补贴，政策目标调整为支持耕地地力保护和粮食适度规模经营。补贴对象为拥有耕地承包权的种地农民，享受补贴的农户应承担耕地保护责任，做到耕地不撂荒、地力不降低。

从2004年开始，国家实行强农惠农农机购置补贴政策，至2017年全县共8466户农户购置农业机械，落实购机补贴资金1714.04万元。

改革开放以来，和平县农业基础设施建设不断改善。全县涉及农田水利基础设施建设的大项目有：国家农业综合开发项目、大田整治项目、基本农田保护示范区项目、高标准农田建设项目等。据不完全统计，2005年以来，累计投入项目资金达2亿多元。全县农业基础设施建设基本得到整治。灌溉条件大大得到改善，耕地地力不断提升，农作物产量逐年提高。

通过调整品种布局，大力推广优良品种，发展杂交水稻种植。杂交水稻种植面积从1987年的6.4万亩，扩大到2017年的30.92万亩（包括优质稻），翻了近4倍；粮食（谷物）平均亩产量由1987年的303千克增加到2017年的374千克，增加了71千克。1987年全县水果种植面积1.44万亩，总产量2121吨，到2017年，全县水果种植面积发展到13.1万亩，总产近8万吨。全县形成了以优质稻、猕猴桃、百香果为支柱的三大农业主导产业。

为提高农民组织化程度，增强产品市场竞争力，2001年广东聪明人集团有限公司被评为省龙头企业，成为和平县第一家农业龙头企业。至2008年全县有农业龙头企业4家，其中省级龙头企业1家、市级龙头企业3家。至2017年底，发展到15家。其中5家省级龙头企业分别是：广东聪明人集团有限公司、和平县七叠泉家禽养殖有限公司、广东省和平县地隆山农业科技有限公司、和平县弘顺农业有限公司、和平县绿之源农业发展有限公司。10家市级龙头企业分别是：河源金稳农业开发有限公司、和平县紫云峰农业综合开发有限公司、和平县兴旺畜牧发展有限公司、和平县东森堂农产品开发有限公司、和平县康源农业技术开发有限公司、和平县马增茶发展有限公司、和平县九连香妃茶叶有限公司、和平县晨冉农业开发有限公司、和平县益康农业发展有限公司、和平县西罗油茶种植有限公司。

2003年九连山蚬子塘茶业合作社（和平青州）在县工商局注册登记，成为河源市第一个农民专业合作社。此后，农民专业合作社逐年发展，至2006年全县农民专业合作社已有14个。2007年

7月1日《农民专业合作社法》正式实施，当年全县有12个农民专业合作社注册成立。2011年广东省农业厅批准和平县为全省农民专业合作社示范县，从此农民专业合作社进入了较快发展时期。至2013年，全县农民专业合作社发展到334个，会员总数1.15万户，带动农户2.37万户。至2017年，全县农民专业合作社累计已发展到1249家，其中国家级示范社12家、省级示范社22家、市级示范社30家。

通过整合资源，强化项目，县内初步形成具有本地特色的产业布局：以长塘、下车、贝墩为中心区的优质稻基地；以下车、大坝、阳明为中心区的猕猴桃基地；以上陵、大坝为中心区的椪柑基地；以阳明、礼士为中心区的畜牧养殖基地；以阳明、青州、林寨为中心区的蔬菜基地；以合水、礼士、长塘为中心区的油茶基地；公白贡柑、橘柚示范基地。目前全县"一村一品"的专业村有24个；下车、阳明、上陵、热水、合水、优胜、公白等镇列为省、市技术创新专业镇，其中省级专业镇1个（下车镇）、市级专业镇6个。

2014年，和平县纳入原中央苏区振兴发展规划后，国家和省、市强农惠农富农政策进一步落实到位，农村农业发展质量得到进一步提升。是年申报"和平猕猴桃"国家地理标志产品保护，从而形成以猕猴桃、百香果、甜柚等为主打产品的特色水果种植基地。建成一套特色农产品商品化处理体系以集贮藏保鲜、精深加工、仓储、物流配送于一体的流通体系，特色农产品产业链逐渐形成。2015—2017年青州、东水、浰源、热水等镇茶叶产业发展迅速，茶叶品质得到了较大的提升，茶叶产业市场规模不断扩大。这些地方生态农业、休闲农业和观光农业等不断发展壮大，逐渐发展成为集无公害农产品、绿色食品、有机食品、地理标志农产品于一体的生产基地和一批技术领先、质量安全的现代养殖场区，至此，和平县农业标准化示范区建设逐步完善。

2017年，和平县农作物播种面积47.03万亩。其中粮食作物播种面积31.33万亩（水稻播种面积28.12万亩），总产量11.46万吨，经济作物播种面积约4.17万亩，其他作物播种面积11.53万亩（含蔬菜7.77万亩，绿肥、青饲料等3.63万亩）。水果种植面积13.1万亩，其中猕猴桃种植面积约5万亩，年产鲜果约3.1万吨，年产值约4.5亿元；百香果种植面积近5万亩，年产量约4万吨，年产值约4亿元。全县约70%的鲜果通过互联网销售到全国各地。

养殖业朝着规模化、基地化方向发展。2017年，和平县生猪存栏10.69万头（其中温氏2.1万头），出栏17.18万头（其中温氏4.13万头），能繁母猪1.24万头；牛存栏0.99万头，牛出栏0.16万头；羊存栏0.7万头，羊出栏0.182万头；家禽存栏270.6万羽（其中温氏239.6万羽），出栏636.4万羽（其中温氏599.1万羽）。水产养殖面积11215亩，总产量3632吨；渔业总产值3970万元，人均占有鲜鱼量达到7.5公斤。

经过40年的改革开放，和平县农村体制改革不断深化，农业生产结构不断优化，农村二、三产业不断发展，农村城镇化建设步伐加快，农业总产值由1978年的0.42亿（不变价）增加到2017年的26.43亿元（现行价）；全县农村居民人均纯收入由1988年的405元增加到2017年的12859元。

二、工业成为县域经济发展的支柱产业

改革开放初期，和平县的工业主要有私营个体工业企业、乡镇集体企业和国营企业。随着社会主义市场经济体制的逐步建立，私营个体工业企业发展较快。1984年，全县较大的私营个体工业企业有312家，从业人员2123人，年总产值1126万元，占全县工业总产值的26．9%。至1995年，全县私营个体工业企业

有639家，从业人员5302人，年总产值4561万元，占全县工业总产值的19.6%。私营个体工业企业主要有建材、制衣、铁器、食品、饮料、造纸、竹木器加工、爆竹等。

县属集体企业主要是二轻工业，包括机械、制衣、包装、竹木器、农具修配等行业，设有二轻机械厂、竹器厂、五金厂、服装厂、包装厂、下车综合厂、塑料厂等8间，至1995年从业职工人数318人，总产值1237万元。乡镇企业多由农村管理区副业、集体手工业发展而成，主要有小水电、造纸、粮食加工、建筑、农具加工等。至1995年，乡镇主要工业企业有58家，从业人员2123人，产值1471万元，税利235．4万元。

从20世纪80年代起，建筑业开始成为乡镇企业的骨干企业。1995年全县有乡镇建筑队24个，从业人员1200多人，年总收入达500多万元。其中彭寨建筑队实力较雄厚，有技术人员40人、机械12台，成为县城建筑的主力之一；东水建筑队远赴深圳沙头角承建工程，有技术人员5人、机械7台（套）等。

改革开放以来，国有工业企业根据市场需求，进行结构调整。1985年至1988年间，全县先后建有保健一厂、保健二厂、气动工具厂、下车稀土矿，继之在彭寨十聚围新建年产8万吨的水泥厂；还利用县氮肥厂原厂址兴办造纸厂、稀土分离厂等，逐渐形成机械、建材、制药、食品饮料、矿产等县级支柱产业。与此同时，县无线电厂率先进入深圳特区宝安县南岭村兴建广东南和联合企业总公司，接着县制药厂在深圳福田区兴办深圳市新光联合制药厂等内联企业。与此同时县内各战线也先后兴办部门工业企业，例如微生物厂、粮食加工厂、九连凉果厂、中华猕猴桃总公司、竹木加工厂、福利厂、教育印刷厂、水泥管厂等。1995年，计有16家地方国有企业、22家部门工业企业，在岗职工13485人，工业总产值12671万元，占全县工业总产值的54%。

1989年，在原有农业机械修造厂基础上成立的广东活塞厂，是县内发展有一定规模的国有企业，隶属于和平县经济委员会。1995年，厂区占地面积3.1万平方米，建筑面积1.2万平方米。有职工230人，其中技术人员15人。有80年代先进设备活塞专用车床、异形仿形车床177台（套），固定资产原值400万元。主要产品有："和平牌"铝活塞65—135九大系列30多个型号，以及东风系列、解放系列、北吉系列等汽车活塞和摩托车、微型汽车、空压机、轮船用活塞10多个品种，总产值1051万元，全员劳动生产率4.57万元，利税125.5万元。

由于原材料不足，或产品质量不过关以及环境污染等因素影响，火柴厂、汽动工具厂、食品厂、东水造船厂、七一一（炼铀）厂、炸药厂、电池厂、电机厂、农机二厂、冶炼厂、林寨造纸厂、和平造纸厂、稀土分离厂等先后停产或转产。

随着社会发展改革进程在不断推进，国家逐步淘汰落后产能企业，从20世纪90年代中期开始，和平县大部分传统工业企业已停产或改制。健乐总公司、化工厂、制药厂、稀土冶炼厂、环宇电子厂、七一一厂、九连造纸厂、广东活塞厂等国有企业均已经完成资产清产核算，顺利完成改制工作。截至2003年年底，全县累计完成（或基本完成）改制企业19户，国有企业产权改革面达90.47%。

2003年，开始建设工业园区，园区面积5平方公里。当年有程阳箱包厂、君乐药业有限公司、君乐数码科技公司3家外企落户园区。

2006年，在广东省产业转移、劳动力转移和促进粤东西北振兴发展的大潮中，深圳市福田区与和平县在和平县工业园的基础上联手共建深圳福田（和平）产业转移工业园。该园2007年5月被广东省人民政府认定为省级产业转移园，是河源市首个省级产业转移工业园、广东省第19个产业转移工业园，成为和平县发展工业的主战场，自后和平工业开始走上集约化、快速化发展道路。

和平县福和产业转移工业园位于粤赣高速和平出口50米处，距京九铁路和平站、赣深高铁和平（东）站约2千米，省道230线从南北贯通园区。园区总体规划20平方千米，分"一园三区"，其中深圳福田（和平）产业转移工业园12平方千米（含与深圳福田区合作共建园4平方千米），大坝工业集中发展区5平方千米，彭寨工业集中发展区2平方千米，合水工业集中发展区1平方千米。"一园三区"主要功能是：福和产业转移园以钟表制造业、电子通信制造为主导，同时发展机械制造、制衣、制药等行业；大坝工业区依托丰富的瓷土资源，生产以建筑陶瓷为主的新型建筑材料；彭寨工业区承接珠三角转移的电子、化纤、箱包、制衣等企业；合水工业区承接珠三角转移的电子、箱包、食品、精细化工等企业。

2007年，成立和平县工业园管理委员会，对工业园实施统一领导、统一规划、统一建设、统一管理和协调服务。制定《和平县鼓励外来投资相关规定》，为企业提供各种优质服务。自此，和平县工业走上"园区式、用地省、低污染、高效益"的新型工业化道路。2007年，全县完成全社会工业总产值35.22亿元，同比增长46.5%；全社会工业增加值11.81亿元，同比增长41.4%。

福和产业转移园坚持"因地制宜、梯度开发、注重环保、城园互动"的开发思路，大力推进各项开发建设。委托广东省城乡规划设计研究院先后编制完成了园区一期、二期规划，通过高起点规划、高标准建设、高效能管理，使园区与县城统一规划、统筹建设、融合发展的战略决策得到实施。

2008年7月，总投资8000万元的园内重点配套项目——福和物流中心动工建设，标志着福和产业转移园的配套设施建设迈上了一个新台阶。至此，福和产业转移园已与县城连成一体，而且成为县城的重要组成部分。园区坚持集约发展，初步形成了以钟表、电子通信设备制造为主导，同时发展新能源、新食品、新材料、新医药的产业格局。

至2008年，已有27家钟表企业进驻园区，合同总投资8.6亿元。钟表企业元美精密五金于2008年1月竣工投产。2010年4月，钟表电镀车间通过省环保局审批，制约钟表产业发展的"瓶颈"被一举打破。2016年，引进投资额超10亿元的粤港钟表生态园项目落户园区，钟表之城初具规模。

2010年，和平县与佛山市55间陶瓷有限公司签订了框架协议，在大坝工业区，投资方拟引进8家陶瓷生产企业抱团建设建材工业园，投资总额达18亿元，建设25条以上生产线。2011年，佛山钻石洁具陶瓷项目正式落户大坝新型建材工业区，为矿产精深加工产业发展奠定基础。当年，为完善配套服务，促进县城协调发展，在园区南面规划以商贸服务为主的南园，2016年，和平县商贸城正式建成开放使用，形成"一南一北、一商一工"的格局。

至2017年，工业园区累计投入资金28亿元，开发面积达到4平方公里，基本完善了道路、供水、供电、绿化、亮化等基础设施与金融、教育、商业、医疗等配套服务设施。园区实现规模以上工业总产值94.14亿元，增加值22.23亿元，工业税收1.25亿元。累计落户企业145家，其中规模以上工业企业有83家，主要以电子信息、装备制造、食品饮料、中成药、新材料、再生资源、钟表等产业为主，吸纳劳动力近13000人，一座现代化的工业新城已初步形成。2017年，和平县完成工农业总产值162.15亿元（现行价，下同），其中工业总产值135.72亿元，占工农业总产值83.70%，全社会工业增加值24.01亿元。

第
二
节

生态文明建设取得新成果

一、林业经济助力乡村振兴

和平县山地广阔，资源丰富，是"广东省林业重点县""广东省竹林基地县""全国最南端的猕猴桃生产基地"。全县山地总面积18.01万公顷，有林面积16.3万公顷。党的十一届三中全会以来，和平县高度重视林业生态工作，坚持既要金山银山，又要绿水青山的发展理念，大力抓好造林绿化工作，以实现可持续发展。

1978—1980年，在农村经营体制变革过程中由于缺乏组织引导，曾经出现"跟（找回）土改山"现象，造成乱砍滥伐，当时全县毁林1.67万公顷，滥伐木材75万立方米，导致全县有林面积及森林覆盖率明显下降。

1980年9—11月，和平县从县直部门抽调50名骨干，由县长带队，在惠阳地区工作组协助下，到浰源、热水、青州3个公社开始山林体制改革（山林权所有制和生产责任制）试点。此后，县政府根据试点经验，制定了《关于稳定山林权，落实林业生产责任制的意见》，从当年12月开始组织工作队1555人下乡，用80天时间在全县铺开落实山林"两制"工作。至1981年3月，全县落实自留山、责任山的生产队分别占生产队总数的68.7%、58%。1981年9月初，再次组织工作队下乡，全面开展"查、补、纠、定"工作，对山林体制贯彻落实情况进行检查、补课、纠正、定权发证。在整个工作过程中，工作队始终做到两个"坚持"：一是坚持维护国营林场和社队集体林场，不准乘机分割和侵占；二是坚持维护山林资源，严禁乱砍滥伐。在保持山权属生产队集体所有的前提下，将山地的使用权和林权以自留山、责任山的形式归属农户和经营者。自留山由县政府发给山林土地证，责任山由经营者与生产队或大队签订承包经营合同。此后几年，继续做查漏补缺工作，直至1985年，才基本落实林业"两制"，划定国营林场山地面积1.05万公顷，占全县林业用地面积17.93万公顷的5.9%；区乡村集体林场面积3.1万公顷，占17.3%；集体管理公山1万公顷，占5.6%；农户自留山11万公顷，占61.3%；农户责任山1.78万公顷，占9.9%。农村山林体制得到落实之后，基本明确了山林所有权和经营管理权，稳定了生产秩序，于是在全县很快掀起了治山致富的生产高潮。

在确定山林权所有制和生产责任制的基础上，为进一步强化林业管理，和平县从1980年起全面恢复封山育林制度，各镇、村恢复禁山会组织，最先恢复禁山会的是热水公社联丰大队。1982年10月，县委、县政府召开首次全县禁山会会长表彰会，推动禁山会组织的发展和完善，至1984年全县的禁山会达638个。之后，县政府相继颁发多个禁山布告，其中有1981年8月发出的《关于制止乱砍乱伐森林的布告》、1983年11月发出的《关于进一步搞好封山育林加速发展林业生产的决定》、1987年1月的《关于加强木材市场管理的布告》、1989年9月的《关于全面实行改燃节柴的布告》。经过反反复复的宣传，《森林法》得到了全面贯彻落实，于是和平县终于走上依法治林的轨道。

1986年5月，和平县政府制定《和平县造林绿化十年规划》，1987年10月，县委、县政府做出《关于全党动员全民动手加快消灭荒山尽快绿化和平大地的决定》，打响了"十年绿化和平"的攻坚战，1987—1989年连续三年超额完成造林计划。至1993年9月，经省绿化达标验收组验收达标，全县林业用地栽植率、绿化率、森林覆盖率分别达到97%、86.2%和67.5%。

从1994年开始，在省林业厅的统一部署下，和平县开展了生态公益林的区划界定工作，至2017年，全县已区划生态公益林面积9.2万公顷（其中国家级公益林2.8万公顷，省级生态公益林面积6.4公顷），生态公益林面积占林业用地面积比例达到50.77%，远远超过全省平均44%的水平，形成了较为完整的生态公益林建设管理体系。目前按地类分，有林地面积为7.9万公顷，灌木疏林地面积5541.33公顷，未成林地面积6373.35公顷，无林地面积403.87公顷；按林地权属分，集体所有的面积9.17万公顷，国有权属面积158.01公顷；按功能等级分，一类公益林面积为1390.77公顷，二类公益林面积为7.34万公顷，三类公益林面积1.70万公顷；按集中连片、方便经营管理的原则界定，主要在生态区位重要的江河源头、江河两岸、水库周边、交通要道两旁和县镇周边区域与水源涵养林区。

2009年9月，全县开始集体林权制度改革。至2017年，已完成林地所有权外业勘界确权面积17.67万公顷，占全县纳入林改林地面积的98%；完成林地使用权外业勘界确权面积15.37万公顷，占全县纳入林改林地面积的85.2%；完成外业勘界确权林地25.3万多宗；完成林地使用权核发打证面积11.71万公顷，打印林权证6.5万本，已发放林权证5.8万本；完善林权登记档案资料整理、归档6446卷，涉及农户5.09万户，共18.5万宗林地。

至2017年止，和平县有市属国有黎明林场、黄石坳省级自然保护区、河明亮县级自然保护区、阳明县级自然保护区、下车县级自然保护区以及7个县级森林公园、14个镇级森林公园。

黎明林场创建于1958年2月，是河源市直属正科级事业单位，经营管护林地总面积16.5万亩（含省级生态公益林13.43万亩）。东与大坝、热水、合水三镇相接，西南与连平太湖、绣缎、九连镇相连，北与江西省龙南县杨村镇、和平县浰源镇毗邻。场内夹杂着青州、热水和浰源等镇的部分自然村，是个纵横110多平方千米的国有林场。下设千斤地工区、马坑径工区、樟坑工区和黎明工区等4个股级建制工区。黎明林场的林分结构主要以天然阔叶林为主，夹杂有松树林、杉树林、毛竹林以及人工速生桉树林。活立木蓄积66.2万多立方米，立竹总量200多万根。森林覆盖率95.4%。是东江、新丰江水源头之一。

黄石坳保护区创建于2000年3月，当初为县级自然保护区，2000年6月经河源市人民政府批准升格为市级自然保护区，2004年1月经广东省政府批准升格为省级自然保护区。2005年9月省编委批准成立广东和平黄石坳省级自然保护区管理处，为副处级公益一类事业单位。这个保护区位于和平县西南部，九连山东麓，东经114°48′33″~114°55′35″，北纬24°20′05″~24°27′04″之间，地跨阳明、热水、合水、青州4个镇，总面积8096.8公顷。主要保护对象有珍稀动植物资源及其栖息地、复杂的森林类型和亚热带森林生态系统及独特的物种资源。

近年来，和平县认真贯彻落实国家主体功能区规划，南岭山地森林及生物多样性生态功能区试点示范工作有序推进。新一轮"绿化和平"行动深入开展，以生态公益林、自然保护区、东江水源林、生态防火林带和粤赣高速公路绿色长廊等为主要内容的生态体系建设共投入资金89580万元，全面完成森林碳汇、防护林、社会造林、封山育林等四大重点林业生态工程和64公里铁路沿线生态景观林带建设。2017年全县森林蓄积量为1007.59万立方米，森林覆盖率达到了76.62%，实现林业"双增"目标。生态公益林建设得到加强，林种、树种结构逐步优化，生态公益林的效能不断提高。绿色乡村、绿色学校、绿色机关建设工作不断推进，荣获"广东省林业生态示范县"称号。

为预防和减少山林火灾损失，1954年春成立县、镇封山育林防火指挥部，1988年8月改称森林防火指挥部。至2017年，县森林防火指挥部下辖17个镇森林防火指挥部，有义务扑火队17支和义务森林消防员380人，配备扑火车26辆、灭火器械一批，营造生物防火隔离带700千米，竖立永久性防火宣传牌250个，常年开展"五不准""五不烧"宣传活动。

1982年成立和平县林业公安分局（国营黎明林场设派出所），1983年设立山林纠纷调处办公室，1991年设立竹木管护办公室，并先后在合水、贝墩、东水、林寨、公白、浰源设立木材检查站。至2017年，全县有林政管理人员99人、护林员398人，建立镇级半专业扑火队17个，队员380人。

2017年建成和平县森林防火指挥调度中心，全县17个镇设有31个前端远程视频监控点，覆盖全县55%的区域。2017年，和平县林业局制订了《关于对森林资源管护实行微信管理的工作实施方案》，要求各镇护林员以真实姓名、真实地址、真实号码加入县森林防火微信群，并下载安装徒步器，按规定每天要在责任区内徒步巡查3万步、3小时以上。

县内丰富的林业资源成为当地经济社会发展的特色和优势。1990年，县委提出，农村商品经济应从发展山裙经济起步，要利用山腰下的山地发展种植业。鼓励农户因地制宜，综合经营，立体开发。例如山坡种果、种药、种竹，山脚放养禽畜，山洼蓄水养鱼，把造林绿化与开发性生产紧密结合起来。又不断引进猕猴桃、茶叶、油茶、食用菌、巴戟、芦笋、荞头、蒜头、紫胶等经济价值较高的新品种。经过几十年的努力，林区群众油茶、竹林等经济林产业不断发展，以林下种植、林下养殖、相关产品采集加工和森林生态景观利用等为主要内容的林下经济取得明显成效。

党的十八大以来，县委、县政府高度重视生态文明建设，全面实施以生态文明建设为主的绿色发展战略，以建设"生态和平"为目标，以加快林业发展转型升级为主线，践行"绿水青山就是金山银山"的发展理念，以兴林富民为宗旨，切实加快推进林下经济建设上新台阶。使绿色经济成为当地经济发展的一个又一个亮点。据不完全统计，2015年全县林业总产值达3.86亿元，林下经济总产值达2.38亿元。2016年，和平县被省评为林下经济扶贫示范县，被评为省级林下示范基地1个，被评为市级林下经济示范基地2个，共争取林下经济补偿资金300万元。2017年和平县被评为省级林下经济示范基地1个，被评为市级林下经济示范基地1个，共争取以奖代补资金80万元。通过全力扶持广大林农发展林下经济种植、养殖项目，有效地带动了当地群众发展林下经济脱贫致富，助力乡村振兴。

二、水资源利用成为老区发展新动能

和平县地势西北高东南低，东江、浰江、贝墩河沿岸低洼，洪涝灾害经常出现，山区丘陵地带则常受干旱威胁。为了生存和发展，和平人民历来重视水利建设。但是在新中国成立之前，县内河道及农田灌溉设施缺乏统一规划和管理，工程规模小，标准低，难以抵御洪涝旱患，致使大部分地区处于下雨成水灾，无雨变旱灾，靠天吃饭状态。中华人民共和国成立后，县委、县政府领导全县人民接连不断地进行大规模的农田水利建设，修陂圳，筑山塘，建水库，为农业灌溉和水力发电打下了基础。改革开放后，在水资源开发利用、饮用水安全、污水处理、防灾减灾及落实绿色发展理念等方面取得了显著成绩。

改革开放初期，和平县成立农田建设指挥部，按照小型、配套、社队自办的"三主"方针，大搞农田基本建设，为实现农业稳产高产创造了条件。1981年5月，中央提出"把水利工作的重点转移到管理上来"，和平县顺势而动，加大水利资金投入，至1985年，全县水利建设总投资数达到（包括地方财政）623.6万元，主要用在各地河道改直及山坑田改造，其中彭寨马塘河"裁湾取直"工程，投入资金60万元。

随着改革开放的不断深入，和平县水利开发建设也迈入稳健发展的轨道。1983年，对全县水电资源进行了全面普查复核，编制出《和平县在2000年前水电资源开发规划》，为各个时期的水资源开发利用做出了有效的规划。

从1991年开始到2015年25年间，和平人民群众在水资源开发利用方面做了大量工作，效益也非常明显。

一是加固与新建并举，水利工程直接为农业生产服务。一方面对之前建成的水利工程进行除险加固，确保旧水利工程继续安全发挥作用。据统计，这段时间共完成病险水库除险加固21座，维修加固堤围工程132.31千米，木石陂改造195宗。另一方面新筑了许多农田水利工程，其中浆砌三面光渠道117千米，改善灌溉面积12.22万亩，新增灌溉面积0.15万亩。至2017年，全县共有中小型水库132宗，总库容7935万立方米，其中中型水库2宗，总库容3876万立方米，小（一）型水库8宗，总库容2360万立方米，小（二）型水库122宗，总库容1699万立方米；山塘317宗，这些水库山塘承担着全县11万亩农田的灌溉任务。

二是修建水电站为经济发展服务。25年间新增小水电装机容量2.96万千瓦。至2017年，全县共建起水电站66座，总装机容量6.56万千瓦，全年发电量2.39亿千瓦时，其中：装机容量1000千瓦以上水电站15座，总装机容量4.80万千瓦；500~1000千瓦水电站11座，总装机容量8075千瓦；500千瓦以下水电站40座，总装机容量9490千瓦。县内较大的水电站有罗营口水电站、黄峰斗水电站、河明亮水电站、黄石坳水电站等。

三是确保城乡居民饮水安全，修建排污设施。1978年8月，县成立供水公司，1982年以后改为自来水公司，负责县城居民供水。1996年12月成立和平县水利监察大队，对水资源实行监察保护。

2007年5月，经县委、县政府批准，和平县自来水公司通过招商引资，以股权转让形式，改由和平县天平供水有限公司负责。

2005年11月，黄峰斗水库至县城引水工程动工建设，2012年6月竣工通水。县城从此用上更丰富、更干净的自来水，为县城的经济社会发展注入新的动力。

2013年将全县17个镇的集中式饮用水源地划分成若干保护区，2014年开始严格按照《广东省饮用水源水质保护条例》及水功能区划要求，投资400多万元对全县17个镇20个集中式饮用水源地保护区进行规范化建设和管理。

2017年12月，和平县村村通自来水工程建设与预中标社会资本方签订正式PPP合同。工程规划涉及人口49.13万人，201宗工程项目，总投资2.84亿元。

和平县城在加大饮用水安全工作的同时，加大了生活污水整治力度。2009年开始动工建设城市污水处理厂。该厂位于阳明镇铁潭村，占地面积约4.5万平方米，总投资12736万元，设计总规模3.0万吨/日，采用"A/A/O微曝氧化沟+高效滤池"的污水处理工艺，工程服务范围为和平县城和阳明镇部分自然村，服务人口约22万人。工程分两期建设，一期工程于2011年1月正式商业运行，二期工程于2015年10月动工建设，2016年11月完成建设任务，三期管网（教育路）、四期管网（雅水河、新社河）污水主干管道在2017年12月建设完成。污水处理厂一、二期建成并稳定运行后，日进水量2.94万吨，处理效果良好，达到了预期目标。

四是高度重视防灾减灾工作。20世纪50年代初，成立县防汛指挥部，总指挥由县主要领导担任。根据本县实际情况，规定每年4月15日—10月15日为汛期。1972年3月，和平县防汛指挥部改名为"三防"（防汛、防旱、防风）指挥部，总指挥由分管水利工作的县领导担任，各镇也相应建立指挥所。统一指挥本地区出现的洪、旱、风灾害的抢险工作。

同时，积极争取上级有关部门支持，加大对区域内河流域的治理力度，实施防灾减灾工程。

2001年7月，安坳"十百千"小流域示范工程获得国家财政部、水利部"全国水土保持生态环境建设示范小流域"称号。翌年6月，完成县城防洪一期工程。

在第十一个五年（2006—2010）规划期间，小流域综合治理成为全县水利建设和防灾减灾工作的重点，2007年，《和平县江河小流域综合治理建设规划》编制工作完成。2008年1月，古寨水西、林寨跃进堤围加固工程等小流域综合治理项目动工建设。2009年，完成黄沙河生态清洁型小流域试点工程（一期）建设和东江中上游水保生态建设项目贝墩项目区水土流失综合治理工程建设。

2015年，和平县共有37个河段项目纳入广东省山区五市中小河流治理规划（2015—2019），规划治理273.04千米，规划总投资5.5亿元。其中2015—2017年三年治理209.5千米，规划总投资4.1亿元。

为进一步加强河流管理，落实绿色发展理念，2016年6月启动"河长制"工作，2017年7月28日印发《和平县全面推行河长制工作方案》，明确县、镇两级都由同级党政主要负责人同时担任总河长。省级负责的东江由县委主要负责人担任县级河长，县级负责的浰江由县政府主要负责人担任河长，除东江、浰江外其他县级负责的11条河流（优胜河、和平河、贝墩水、长塘河、彭寨河、定南水、礼士河、郎伦河、坪溪河、南兴河、曲潭河）分别由县委、县政府相关负责人担任县级河长，以上13条省、县级负责的河流（流域）所流经镇、村区域，由当地党委、政府和村委会的主要负责人担任河长。其他河流根据流域面积、河库自然属性、跨行政区域情况，以及对经济社会发展、社会环境影响重要性等，由各镇、村（居）分级分段设立河长或河段长。行政村设立专管员、保洁员或巡查员，县城按现有的管理体制落实专管人员。至2017年已设立县级河长13人、镇级河长34人、村级河长233人。实行河长制管理模式后，境内的水资源环境得到了有效管治，碧水蓝天已成为山区发展的新动能。

交通电信邮政旅游业快速发展

一、发展交通运输业

改革开放初期，各级政府、部门开始采取"几个一点"（上级拨一点，县自筹一点，群众捐一点）的办法筹集资金，筑路架桥，发展公路交通。

到1985年底，和平县20个乡镇（当时设区）建成公路45条（包括乡道），通车里程525.8公里（其中列入国家养护的128.8公里），公路桥梁72座（全部属永久性），总长1934.1米，基本形成公路网络。

20世纪90年代开始，随着全县经济快速发展，综合实力大幅提升，和平县交通建设迎来新一轮发展机遇。1993年5月2日，京九铁路和平段动工建设。国务院、广东省委省政府在五指山隧道口隆重举行京九铁路广东段动工典礼。中共中央政治局委员、国务院副总理邹家华，中共中央政治局委员、广东省委书记谢非两人同时按下动工电钮。国务院副秘书长王书明、铁道部部长韩杼滨、国家计委主任姚振炎、广东省省长朱森林、副省长张高丽、广州军区副司令员李新良少将以及市、县领导与当地干部群众共3 000多人参加了庆典仪式。邹家华为和平写下了"山清水秀和平地，铁路畅通经济兴"的题词。1995年11月京九铁路全线竣工，1996年9月1日全线通车。京九铁路全长2553千米，途经和平县内47千米，在和平县设上陵、和平、林寨、东水四个车站，其中和平站属四等客运站，办理客运、货运、行车组织等业务。

2003年12月，粤赣高速公路（和平段）开工建设，全长46.4千米，路基宽26米，双向四车道，经过合水、阳明、大坝、上陵4个镇，2005年底建成通车，县内设上陵、和平、合水三个出口，和平从此有了高速公路。同年，开始实施全县254个（后合并为216个）行政村农村公路硬底化建设，2008年，县内所有行政村全部完成路面硬底化建设，总里程1041.97千米，总投资3.126亿元。至2005年底，和平县公路通车里程达1108千米，公路密度由"九五"期末的46.2千米/百平方千米，提高到47.95千米/百平方千米。2009年，自然村道开始硬底化建设，至2016年完成总长657.33千米，投资2.63亿元，其中上级补助1.04亿元。

2013年5月开始，按省道二级公路标准，在和平境内建设旅游公路，该项目建成后县内的主要旅游景点林寨古村、公白依云温泉、合水金湖度假村、热龙温泉等将连在一起，对改善县内公路网络，推动旅游发展起到重要作用。

2014年，和平县纳入赣闽粤原中央苏区发展振兴规划，中央对原中央苏区县交通建设的扶持资金相应提高，其中省道（新改建）中央补助由280万元/千米提高到308万元/千米，村道硬底化中央补助由20万元/千米提高到34万元/千米。和平县的交通建设因而迈入新的发展阶段。

2015年12月，县城大环城公路开工建设，全长14.5千米，按一级公路标准设计，总投资7.2亿元，得到中央、省对原中央苏区县的扶持资金2.6亿元，地方投资4.6亿元，每公里投资达5000万元。该道路起点位于省道忠定公路高车水桥段，向北途经京九铁路和平站，接赣深高铁和平东站，再向西与省道忠定公路交汇，最后与福和产业转移园和大坝工业区专用工业大道相连，该路通车后县城老城区、新城区和工业园区将串联起来，畅通无阻。

赣深高铁客运专线（和平段）于2017年11月开工建设，途经和平县9个镇35个行政村，总长67.1千米，在均联村、均上村设和平东站，总投资约102亿元。至此，和平县初步形成了以县城为中心，以铁路、高速公路、国道、省道、县道为主骨架，以乡道、村道为脉络纵横交错、四通八达的交通路网。其中高速公路46.4千米，国道有两条，分别为G238、G358，里程101.3千米；省道两条，分别是S229、S339，里程135.7千米；县道有3条，分别为X156、X163、X182，里程59.4千米；乡村公路1897.9千米。

2017年，县内拥有二级客运站场1个，三级客运站场1个，五级客运站2个，简易客运站3个，客运招呼站10个，行政村候车亭166个。全县道路运输业户10家，货运车辆824台，共6652吨位。客运企业7家，客运车辆186台，其中客运班车164台，旅游班车15台，总客位7016个。客运班线179条，其中省际班线9条，市际班线75条、市际旅游班线10条，县际班线2条，县内班线73条，基本满足人民群众出行和货物运输需求，对全县经济社会发展起到了积极推动作用。

和平县在大力建设公路的同时，强化交通运输行业管理。1983年后，开放运输市场，各部门和个体户纷纷兴办公路客货运输业务，使社会运量和动力很大提升。但随之而来的是运输市场一度出现混乱状况，汽车超载超速，兜圈拉客，多收乱收运输费，无证无牌营运等现象相当严重。从1989年底开始历时3年，根据国家交通部《关于整顿治理道路水路运输市场的决定》和广东省政府《关于整顿道路、水路运输市场的通知》精神，对全县道路、水路运输市场开展全面整顿，对运输行业的经营者及其车、船的性质归属、必备证照等进行逐户登记审验，颁布了客货运输、搬运装卸、运输服务、车船维修、票证使用、乡镇运输船舶安全、运输生产安全及停车站（场）、动力、线路报批等8项业务技术管理规章，并在县城设立举报信箱和举报电话，加强社会监督。自1995年以后，全县运输市场秩序明显好转，运输管理逐步走上依法管理轨道。

二、邮政电信发展与现代物流业的兴起

邮政事业突飞猛进　改革开放后，和平县的邮政事业得到较好发展，至1985年底，全县共有汽车邮路76条，总里程1501千米。全县20个乡镇198个村庄，按照不同的投递时限规定，都可按时收到信报，直投到户面达73%。一般情况县城能看到当天广州出版的早报。

1989年邮电局机构分营，成立和平县邮政局，专营邮政通信业务。2010年邮政速递物流开始独立核算，邮政系统EMS体系步入快递行业。实施县、镇、村三级物流配送体系建设。完成邮政公司、第三方物流及通村客车的物流整合。

随着物流速递行业的兴起，市场营销模式不断改变，催生了一批新的经济实体。2005年，和平县开展"万村千乡市场工程"活动，共建设202个农家店、农资店。"家电下乡""万村千乡市场工程""便民连锁超市"项目的实施，为电子商务物流配送体系建设奠定了良好的基础，成为电子商务物流配送有力的支撑。至2017年底，和平县有具备全国网运能力的物流快递企业36家，分支机构12个，网络已经完全覆盖全县各镇。河源市邮政总局发布的统计数据显示，截至2017年末，全县共有快递业专职从业人员394人，拥有一批发展较好的企业，邮政速递物流、申通、圆通、顺丰等企业在和平县不断发展，业务量连年攀升。

通信发展日新月异　1985年，和平县邮电局从斗门县邮电局调来主机安装905J国产纵横制自动电话交换机1台，容量600门，市话实现了自动化。1989年8月，从香港引进史端乔进制交换机

3000门，电话号码由3位升为6位。1993年12月，开通S-1240程控交换机6000门，1995年4月，与河源市联网，电话号码升为7位数，市话营业使用了微机管理系统，并在全县实现程控化，首次开通手机业务。

1998年至2001年7月，和平县移动公司、和平电信实业分公司、中国联通和平经营服务部2G基站相继成立。2008年4月，中国电信收购中国联通C网，获得移动业务运营牌照，至2014年启用4G基站。

至2017年底，全县互联网用户5.8万户，移动电话用户31.1万户。原中央苏区农村超高速无线局域网建设工作完工，216个行政村设备已全部完成安装。城镇以及部分乡村已覆盖100M光纤宽带，其中和平移动通信4G网络已覆盖全部行政村，基站规模达到735个，移动通信总用户约25万户，其中4G用户规模达到15万户，所有行政村都已有光缆到达，用户规模已达2.5万户；和平电信镇村网络覆盖面积达到99%，有线宽带及3G、4G无线宽带装机量超30600户，固话安装量54028户，移动通信用户45552户；和平联通镇村宽带覆盖30%，固话安装量89户，拥有移动通信用户15440户，宽带安装量2167户。

物流电商异军突起　移动电话和互联网的普及，为现代物流电商提供了平台。县内以壹达电商等为代表的一批商贸企业，通过电子商务实现工业品下乡和农产品出城多向流通。这些商贸企业依托电商平台积极引导和平县"名、优、特、新、绿、廉"等特色商品实现网上销售，拓宽了销售渠道。网购、网络结算等现代商贸模式的快速发展，促进了电商环境不断优化。

2016年12月，和平县全面启动电子商务进农村相关工作，实施县级公共服务中心综合服务体系搭建工程，接着成功申报广东省电子商务进农村示范项目，建设县级电子商务公共服务中心，组建专业运营队伍，网销网购、便民服务、信息交换、在线支付等农村电子商务综合服务能力不断提升。2017年以来，县内已有51家工业、商贸企业新注册开展电子商务业务，重点网销产品包括优质稻、猕猴桃、百香果、鹰嘴桃、三华李、椪柑、无花果、茶油等。县内企业电商业务收入占总收入的23%以上，70%以上大型超市、饭店、宾馆、影院均已上线县内信息平台，现代电商的发展有力地推动着和平县经济的快速发展，拓宽农产品销售市场，成为县域经济发展新引擎。

在电商引领下，县内物流业迅速发展，2017年和平县物流园的正式运营，加快了县内现代物流、检验检测等生产性服务业的发展，也让电商、微商等"互联网+"营销水平迅猛提升。阿里数据调研中心2017年度发布的《2016年县域电子商务发展指数报告》排名显示，和平县地区网民2016年度网购消费1296.9万元，位居广东省前列。

三、旅游业兴起与发展

和平县有得天独厚的生态资源和厚重的历史文化资源。一是有丰富的温泉资源。全县有40多处温泉出露点，分布在7个乡镇，各处温泉水的成分、品质各有特色。二是有独特的国家生态功能区。2017年森林覆盖率达76.62%，境内有中国最南端猕猴桃基地、广东省十大茶乡之一青州茶乡、华南地区原始竹林翠山竹海、省级自然保护区黄石坳等。三是客属文化源远流长。和平是纯客家地区，至今保存大量完好的客家古村落，如林寨古村、大坝古村落群、东水（大坝）传统村落、兴隆民俗村、东江儒林书屋（彭寨墩头）等。第三次全国文物普查中，和平县普查出先秦遗址116处，占整个东江流域古遗址的75%，堪称东江文明重要的发祥地。四是阳明文化底蕴深厚，除王阳明奏设和平县治之外，境内至今还存续着当年的巡检司、活民井、李田仙岩、阳明纸等遗址遗风。五是红色文化资源丰富，和平县境内保存的抗日战争和解放战争时期的革命旧址有53处，其中，在县城的淞沪抗日和籍烈士纪念碑，是中国仅存的纪念淞沪抗日的2座纪念碑之一。老区镇热水有中共七大代表方华故居和东江纵队第三支队游击根据地旧址，青州镇有中共九连工委、九连山游击队总部旧址。

1989年成立和平县中国旅行社，当时主要业务是组织本地游客到外地旅游。1998年，成立和平县旅游事业管理局，翌年更名为和平县旅游局，之后县内景区及旅游线路的开发进入到一个新的历史时期。

2002年，热水漂流正式营业，开启了和平县内旅游新篇章。从此和平县坚持"大旅游、大品牌、大发展"理念，持续加大旅游开发力度。最近十多年来，县内以打造热水漂流为突破点，不断招商引资。2005年后，热水漂流及热龙温泉、天上人间温泉、林寨古村等一批旅游景区景点相继推出，生态旅游和文化旅游产业逐渐兴起。2005年底，粤赣高速公路建成通车，和平县融入珠三角2.5小时经济圈，旅游业成为全县新的经济增长点，于是以阳明文化、客家文化、红色文化和生态养生为主的旅游开发格局初步形成。

至2017年，和平县已有6个旅游景点：（1）热龙温泉度假村，自2005年底竣工投入使用，成为广东省内集温泉养生、漂流、度假酒店、水上别墅、会议中心、古道徒步等于一体的大型综合配套旅游区。2006年被评为"中国环境艺术示范基地"，2010年被评为"国家4A景区"，2012年被评为"国家休闲农业和乡村旅游示范点"。（2）热水漂流，2002年正式营业，是生态环境保护最完整的漂流河之一，全程6.5千米，途经18个潭9个险滩。素有"粤东第一漂"的美称。（3）天上人间温泉度假村，

2005年12月正式营业，内设主楼酒店、木屋别墅、山顶别墅、会议综合楼、天然温泉泡区等。（4）林寨古村，2011年5月开业。总占地面积3万平方米，保存较完好的古民居有280多栋，其中四角楼24座，大多为明清及民国建筑。2013年被评定为首批"中国传统村落""广东十大最美古村"，2014年被评为"中国历史文化名村"。（5）热水兴隆民俗文化村，该村有123户人家，常住人口700多人。村中房屋大部分保持着传统的客家围龙屋结构，并保留有许多优秀的客家民俗文化和饮食文化。（6）阳明公园，在东山岭大型滑坡群治理工程的基础上开发而成，是一个集文化、旅游、休闲、健身、观光于一体的景点。公园内建有阳明博物馆（和平博物馆），公园中央安放有王阳明大型塑像。2014年被评为"河源市最美城市景观"。

这些景点建成之后，接待游客人数逐年增加，城内酒店、餐饮等服务业也得到充分发展，目前旅游业已成为县内经济发展的支柱之一。2017年，全县旅游总接待人数达317万人次，同比增长11.5%，旅游总收入达27亿元，同比增长12.5%，旅游接待人数及旅游收入年均增长率保持在10%以上。全县有旅行社4间，酒店55间（其中星级酒店2间），共有客房2720间，床位5100个，从事旅游服务人员近2万人。和平县先后获评"中国温泉之乡""全国休闲农业与乡村旅游示范县""中国传统村落（林寨古村）""中国历史文化名村（林寨古村）""中国特色景观旅游名村（林寨古村）""广东省旅游强县"等荣誉称号。

城乡协同发展

一、开展县城建设与"双创"工作

改革开放初期的和平县城，只有民主路、中山路、金带路、东山路等几条主要街道，城市面积约1.5平方千米，人口约3万人，房屋破旧，街道狭窄。1998年，县政府改造了和平桥头的谢屋村，将东山路打造成"十里文明长街"。2000年前后，整治和平河两岸的东堤路和西堤路，县城面貌有新改观。2003年后，扩大并修建了和平大道及福和大道，扩展了西郊区和龙湖区，常住人口不断增加。至2017年底，县城常住人口有15万人，建成区面积约13平方千米。

2006年以来，和平县按照"产城融合"思路开始建设福和产业转移园，园区除工业厂房、设施外，还建有酒店、公寓、银行、商业街、广场、学校，县城面积进一步扩大。

2009年，和平县人民政府采取"多规合一"修编完成了《和平县城市总体规划（2008—2030）》，确定了"北拓南优，西进东延"的总体思路，县城控制面积扩增至50平方公里。依据县城地形地貌，科学划分工业区、商业区、行政区、住宅区四类主体功能区，构建以和平河为主轴，以和平大道及福和大道为主干，以工业园、龙湖小区、老城区、新行政区为腹地的县城总体框架。

2011年，完成雅水河周边片区、福和产业转移工业园二期等一批控制性详细规划编制，新型产业发展区、资源开发与保护发展区、生态经济发展区三类主体功能区划分更加明晰。确立县城以商贸业、精密机械工业和休闲旅游业为主导，生活、居住协调发展的功能定位，形成"两心、四轴、四区"布局结构。已完成福和产业转移园、县城城西（雅水河周边）片区、新城区（九子岗）片区控制性详细规划编制以及县城新社下洋片区、果园片区、福和工业园二期工业大道两侧用地、和平河南段两侧用地完成控制性详细规划编制初步方案。启动和平县城市总体规划（2017—2040）修编工作，逐步形成"老城区、工业园区、新城核心区、高铁新区"布局结构。2015年大环城路建设以及2017年赣深高铁建设，让和平县城区域得到扩展。

党的十八大以来，和平县城房地产业发展迅速，聚隆花园、怡和花园、御水花园、华城国际、华城翡翠、亿和城市广场、新城花园、万和城、东方国际、和平印象、幸福里、碧桂园等大型小区相继开发建成。居民居住条件得到明显改善，县城建设有了长足的发展，市容面貌发生了很大改观。

县城在发展新城区的同时，加强对老城区基础设施的改造和完善。2015年开始实施和平河"一河两岸"改造，东岸长3519米，西岸长3248米，向河道外伸展2至3米钢筋混凝土板，扩大原有行车道并形成专用人行道，原有人行道改为绿化带，并设置景观平台和构建风景墙、花架、花钵、石艺、观景亭等设施，总面积共11.23万平方米，绿化面积共2.4万平方米，总投资1.2亿元。改造工程分四期，2017年底已完成三期工程建设，完成从西门桥到平安桥两岸改造工程。2016年，拆除南堤路原农业局旧办公楼及河唇路原县政府招待所，建成2个农贸市场，宜居宜业功能进一步完善。

公园建设是城市建设的重要组成部分。2003年9月17日和平县启动对东山岭地质灾害的治理，2004年10月19日治理工程竣工。之后，县政府不断投入资金，将治理后的东山岭建成阳明公园。园内置放王阳明塑像，设立王阳明名言石刻，还有广场、博物馆、登山石梯、绿道、公厕等，四周种有花草树木，是县城居民娱乐休闲的良好场所。2017年又在工业园区内建成了福和文化公园，接着对果园段至龙湖河道进行整治，建成龙湖公园。

随着县城建设规模不断扩大，政府部门经营城市、管理城市的水平也在不断提升。1990年开始在县城主要街道（路）安装公共路灯，至1995年，公共照明路灯（高压钠灯）有230盏。2014年11月开始，县城路灯实行市场化管理，县城范围内全面更换LED路灯，至2017年公共照明路灯（LED灯）达6000多盏，县城主要区域的路灯安装率达100%，正常亮化率达96%以上。路灯的式样也变得丰富多彩，从单一的照明变成美化装饰，如今和平县城到了晚上霓虹闪烁，美不胜收。

近年来，县城绿化工作全面提升。自1983年成立阳明镇园林所以来，政府坚持以生态集约型、科学规划为主，围绕以栽植成荫行道树、配置草木花卉形成多层次立体绿化。20世纪80年代中期以来，县绿化委员会及阳明镇园林所经常派人具体帮助机关、企事业单位叠假山，建鱼池，铺草坪，种花坛。一批园林式单位庭院相继出现，县政府大院、党校、和平中学、阳明中学、阳明一小、人民医院、供电局、教师进修学校、气象局、制药厂、财政局、税务局、粮食局等单位的庭院绿化美化成效显著。2000年后，城区新建设的道路均规划了绿化带。至2017年县城已建成区的绿地面积共205.43公顷（含公共绿地、小区绿化等），绿化覆盖率达到46.71%，绿化率达到39.82%，人均绿地面积达到12.7平方米。

县城环卫规范化管理日益完善。1992年之前，县城垃圾采取消毒堆埋的方式进行处理。1993年，县政府投资107万元在阳明镇七窖新建一个11万平方米的垃圾处理场，当天垃圾当天运送，县城卫生大为改观。

2015年11月，和平县生活垃圾无害化处理场建成并投入试运营。处理场位于阳明镇七窖（含合水镇横径部分区域），设计占地面积约320亩，库容不小于280万立方米，生活垃圾处理量能力300吨/天，渗透液100吨/天，按征地现状和规划设计可使用25年以上；建设总投资为1.6亿元，由和平县弘润实业投资有限公司承建和运营，服务范围包括县城及其周边35千米运距范围内镇区。

2016年3月，县城环境卫生实行综合管理有偿服务的市场化运营。通过市场化改革，实现环卫管理与作业分离，全面提高城区环卫作业水平，城区公共卫生更加整洁。

开展"双创"活动，成果人人共享。2013年，和平县按照省、市创建卫生县城和文明城市的工作部署开展活动，工作历时4年，成效显著。其间，县政府制定《和平县创建省卫生县城、省文明县城工作方案》，对爱国卫生组织管理、健康教育、环境卫生、环境保护等十大项工作实行细化分解，出台《和平县创建卫生县城工作任务细化表》《和平县县城责任街道卫生整治标准》，实行县领导班子成员和县各责任单位挂钩包干制度，形成上下联动，齐抓共管的"创卫"体系和网络化工作格局。从以下五个方面将此项活动向前不断推进。

一是开展广泛宣传。在县城各重要路口及繁华地段设置大型宣传牌，分别在县广播电视台、县政府网站开设"双创"专栏，跟踪报道"双创"工作。其间还分别印发宣传画8000多份、倡议书3万多份、宣传小册2万多册，悬挂灯标下广告250多个，通过多层次、多形式的宣传，在全县形成了"人人知晓，人人支持，人人参与"的良好氛围。

二是整治市容市貌。取缔、拆除福和大道、东山路等主干道的户外违章广告牌；又将清除"牛皮癣"工作与责任区卫生保洁工作一并划归责任单位管理，由责任单位负责进行全面清理整治；由县城管、交警、应急分队等部门组成县城市容综合整治联合执法队，对主干道、农贸市场、汽车站等公共场所乱停放、乱摆卖、乱搭建等"六乱"现象进行集中整治和长效管理，市容市貌明显改善。

三是开展"诚信单位""守合同重信用企业"创评活动和"百城万店无假货"活动。加强市场监管，开展食品、药品安全等专项整治行动，重拳治理销售假冒伪劣产品、偷税骗税等违法行为，切实维护消费者和市场主体权益。同时着力提升"窗口"服务形象，组织窗口服务单位开展县级精神文明单位创评活动；2017年开始由县直工委组织对县直单位开展政风行风民主评议活动，群众对政风行风满意率明显提高。

四是开展志愿服务活动。截至2017年，全县共有24个注册公益社会组织，52个注册志愿者服务组织，47支志愿者服务队，103个志愿者基地，1.6万名志愿者，5名省级"五星志愿者"，组织开展"关爱留守儿童""幸福厨房"等志愿服务活动共599场次，服务社会近210.61万小时。

五是以社会主义核心价值体系建设为根本，推进公民思想道德建设，深入开展群众性精神文明创建活动，努力提升公民文明素质和城乡文明程度。例如通过开展"道德讲堂""文明餐桌""最美和平人"评选等实践活动，在全县建起了45家文明餐桌单位、43间"道德讲堂"、16间家训文化示范点，对弘扬社会主义核心价值观起到积极推动作用。至2017年，和平县有国家级文明单位1个、省级文明单位3个、市级文明单位36个，省市级青年文明号10个，3人被评为"广东好人"，20人被评为"河源好人"，5人被评为河源市道德模范，30人被评为"和平好人"，74户家庭获评县"平安文明家庭"。

2013年12月，和平县成功创建"广东省卫生县城"，2016年2月又成功创建"广东省文明城市"，并于2017年顺利通过"双创"复评。

二、老区扶贫工作与全面建设小康社会

改革开放后，随着农村家庭联产承包责任制的贯彻落实，生产力不断发展，大部分老区人民温饱问题基本解决，生活逐年改善。但是由于经济基础薄弱，农村经济"造血功能"不足，仍然还有不少贫困人口，和平县仍是广东省21个扶贫开发重点县之一。从20世纪80年代开始，广东省委、省政府先后安排珠海、中山、广州、深圳等经济发达地区对和平县开展对口扶贫。

2010年，和平县有省定贫困村78个，贫困村登记在册贫困户11948户53838人。当年，广东省委在全省范围内组织开展扶贫"双到"（规划到户，责任到人）工作，省直单位挂扶10个贫困村1184户5055人，深圳市挂扶50个贫困村（其中福田区挂扶36个、南山区挂扶7个、罗湖区挂扶7个）9137户41487人，河源市挂扶8个贫困村814户3759人，本县挂扶10个贫困村813户3537人。

第一轮扶贫以关注民生，改善贫困村、贫困户生产生活条件为重点，着重抓好农村基础设施建设。据统计，从2010年至2012年，和平县78个贫困村完成农房改造11641户，改造面积93.2万平方米，各级补助农户农房改造资金17436万元；完成建设硬底化村道297千米，开通机耕路56千米；新建或修缮村学校1.7万平方米、卫生站0.34万平方米、村委办公楼0.58万平方米，购置办公设施一大批；修建农田水利383宗，增加和改善灌溉面积19000多

亩；安装路灯96千米2804盏。总共投入"双到"扶贫资金4.88亿元，完成集体经济项目103个，贫困村集体经济平均收入达6.11万元。每个贫困村都建有主导产业，贫困户参与主导产业率达55%以上。

党的十八大以后，广东省委、省政府制定《关于进一步促进粤东西北地区振兴发展的决定》，进一步加大对粤东西北贫困地区的帮扶力度。

2013年至2015年，和平县开展了以改善民生为重点的第二轮扶贫"双到"工作。2013年，全县有省定贫困村47个，贫困村登记在册贫困户5546户22798人（有劳动能力可开发贫困户5026户21941人）。每个村进驻一个工作组。其中省直单位挂扶9个村，深圳市福田区挂扶23个村，河源市挂扶6个村，本县挂扶9个村。据统计，第二轮扶贫开发期间全县累计投入帮扶资金4.51亿元，平均每个贫困村投入959.78万元。

在第二轮扶贫"双到"工作中，省、市、县挂钩扶贫单位积极筹措资金，大力改善贫困村的道路、水利、教育、文化、卫生等公共基础设施，共计1648个项目，投入资金2.39亿元。首先是修建村道282.46千米，300人以上的自然村全部完成村道硬底化改造，群众出行条件明显改善；其次是修筑陂头172座、"三面光"水渠238.44千米，使30亩以上连片的基本农田全部实现了旱涝保收；还帮助贫困村解决了饮水困难，100%实现了饮水安全。再次是帮助完善教育、文化、卫生等公共基础设施项目697个，每个村的学校、卫生站、图书室、文化广场、垃圾池、路灯等公共设施得到明显改善，村容村貌焕然一新。

另外，通过回购河源市高新区股份和入股和平县福和产业转移园分红等形式，解决了长期困扰贫困村的集体收入问题。47个省定贫困村的集体收入由帮扶前的平均2.2万元提高到10.4万元。

至2015年，所有贫困村集体收入达到5万元以上，其中大坝镇鹅塘村、彭寨镇聚史村达到20多万元。

在扶贫工作过程中，各级帮扶单位通过开展产业扶贫，增强贫困人口"造血"功能，为贫困户增收脱贫打下了坚实的基础。多年来，他们根据贫困村和贫困户的实际，按照"一村一策、一户一法"原则采用"公司+基地+农户"或"龙头企业+合作社+农户"等形式，充分利用和平县贫困村良好的生态环境和土地山林资源优势，积极发展主导产业或龙头企业。由龙头企业提供种子、种苗、肥料、技术服务和生产发展资金等形式，扶持贫困户大力发展猕猴桃、百香果、灵芝、油茶、茶叶、溪黄草、黄栀子、优质稻和养鸡等优势农业产业，使每个贫困户年人均纯收入由帮扶前的2912元提高到10093元。

在各级政府和帮扶单位的支持下，目前全县低收入住房困难户贫困户已告别危旧的砖瓦房，住进了安全舒适、宽敞明亮的新楼房；贫困家庭所有成员100%参加了新型农村合作医疗，解决了因病致贫的问题；贫困村所有60岁以上的贫困老人纳入了农村养老保险，实现老有所养；贫困村所有特别困难家庭纳入最低生活保障，做到应保尽保。五保户、低保户、残疾人、重大疾病人员、留守儿童、贫困大学生、困难党员等特殊困难人群的生产、生活保障问题都得到了有效解决，确保奔康路上一个都不落下。

2016年，按照党中央、国务院和广东省委、省政府关于扶贫攻坚的决策部署，和平县开展精准扶贫工作。据统计，全县纳入精准帮扶村（省定贫困村）42个，脱贫攻坚总任务为贫困户5446户13367人，其中一般贫困户1716户6447人，低保贫困户1498户4593人，五保户2232户2327人；有劳动能力的贫困户2619户9758人，无劳动能力的贫困户2827户3609人。深圳市福田区和市、县帮扶单位共同努力，投入扶贫资金8723万元，带动1820户贫困户户均增收1.6万元，人均增收3200元；投入资金3.1亿元，实施村级帮扶项目831个，完成年度减贫任务5419人。

为确保"精准扶贫"攻坚任务抓落实，县委、县政府先后制订了《和平县农业产业扶贫实施方案》《和平县扶贫小额信贷工作实施方案》，统筹2000万元资金（深圳市福田区财政支持1000万元，省扶贫资金1000万元），建立扶贫小额信贷担保金，以1∶10比例撬动金融信贷资金，为贫困户筹集产业发展资金提供了有力保障。同时，通过以奖代补的形式，支持农业龙头企业、专业合作社、种养大户、家庭农场大力发展百香果、猕猴桃、油茶等优质高效农业，辐射带动全县有劳动能力的贫困户发展生产，全面激发贫困户内生动力。全县到目前为止，共有1735户贫困户6930人参与农业产业开发，种植百香果5130亩、猕猴桃478亩、油茶7800亩（含改造低产油茶5500亩）、其他经济作物800多亩，养殖鸡禽10万羽、蜜蜂5284箱、牛羊700头、水产250亩。按市场价计算，通过产业扶贫，每年可为参与产业发展的贫困户户均增收1.6万元，人均增收3200元。

2016年以来，政府各部门积极实施"家门口就业计划"，组织全县贫困户参加职业培训、就业培训、技术培训等各类培训工作的共有6050多人次。县内的道路养护、山林看护、环卫保洁、安全管理等公益性岗位优先安排贫困户就业，通过劳动力转移就业1838人。

通过精准扶贫，全县贫困村水电路网等基础设施建设得到了明显改善，总共投资5100万元，新建与改善农村饮水工程49宗，解决了16.67万人的饮水安全问题；投资6873万元新建配网工程项目182个，惠及112个村的电力供应；完成村道路面拓宽改造、危桥改造51宗，村道硬底化80多公里；光纤、4G网络已经实现贫困村全覆盖，普及到全县千家万户。

近年来县内开展了农村人居环境综合整治和宜居村镇"六个一"工程以及"乡村美"专项行动，全面实行农村生活垃圾清理市场化运作，按照每500人标准配备1名村级保洁员。全县总投资3.35亿元，以PPP模式（PPP是Public-Private-Partnership三个英文单词缩写，即政府和社会资本合作，是公共基础设施中的一种项目运作模式）整县推进农村污水处理设施建设工作，极大地改善了农村卫生环境。

为使贫困村村级集体收入不断提高，2016年深圳福田区追加和平县42个省定贫困村和1个软弱涣散村的帮扶资金4300万元（每村100万元），扶持每村以2.2元一股入股和平县农商行45万股，可为每村增加村集体经济收入8万元。

在党的十九大精神鼓舞下，和平老区人民在县委、县政府的带领下，以习近平新时代中国特色社会主义思想为指导，按照"产业兴旺、生态宜居、乡风文明、治理有效、生活富裕"的总要求，以农业农村现代化为目标，以改善农村人居环境为抓手，大力实施乡村振兴战略，朝着全面建成小康社会奋勇前进！

教育文化体育卫生事业全面发展

一、基础教育全面发展

和平县委、县政府历来重视发展教育事业，坚持教育优先发展战略，改革开放以来，全县中小学基础教育得到了全面发展。1981年，县委、县政府按照中共中央、国务院《关于普及小学教育若干问题的决定》，制定了《关于进一步搞好我县普及小学教育的意见》，开始普及小学教育。1985年，经惠阳地区教育处验收合格：适龄儿童入学率97.4%，年巩固率98.2%，毕业率95.1%，普及率97.5%，四率均达到国家的要求。是年冬，广东省人民政府宣布和平县实现了普及小学教育。

从1990年起，根据《中共中央关于教育体制改革的决定》，和平县中小学执行"分级办学，分级管理"的新体制，实行分级管理。县负责管理和平中学、四联中学、教师进修学校、广播电视大学及成人中专学校等正科级单位，镇负责镇办中学、中心小学及镇教办等股级或副科级单位，村负责村小学。同年4月，县政府发出《关于全面改造我县中小学危房的决定》，教育局抽调20人，组成工作组，督促落实全县中小学危房改造工作。历经三年，全县共投入资金4103.51万元，消除危房12.76万平方米，新建、改建校舍23万平方米。

1993年，和平县开始实施"普及九年义务教育"，全县投入5247万元，扩建、新建中学校舍9.4万平方米，各中学基本具备了

"四室一场"（图书室、电教室、实验室、仪器室、运动场），购置了一批图书、教学仪器、体育器材。至1995年，全县有普通完全中学3所，普通初级中学22所，342个班，学生18920人，教师993人，其中专任教师822人。1996年，通过国家教委、省政府对和平县普及九年义务教育检查验收。

为满足全县普通高中的发展需要，2004年，在深圳市福田区的帮扶下，开始兴建福和高级中学，当年投入使用。这所中学占地20万平方米，建筑面积64000平方米，总投入1亿多元，全部按照国家级普通高中标准规划设计建设，设计规模60个班级，可容纳学生3500人。

2012年以来，在各级党委、政府重视、支持下，和平县先后开展推进"改善义务教育薄弱学校基本办学条件"，创建广东省教育强县、创建国家义务教育基本均衡县、创建教育现代化先进县等工作，目的在于稳步推进学校内涵建设、教师队伍建设、特色与强项建设，努力办好人民满意的教育。

为贯彻落实广东省教育厅、省发展改革委、省财政厅《关于制定全面改善贫穷地区义务教育薄弱学校基本办学条件实施方案的通知》，和平县逐年加大投入，全面改善农村义务教育薄弱学校办学条件，积极实施文化育人，加强薄弱学校内涵建设，稳步推进义务教育均衡发展，先后在阳明、下车、贝墩、古寨、合水、公白、热水、东水、礼士、林寨10个镇进行全面"改薄"，总投资3.55亿元。

至2015年，全县共投入7.44亿元，建成省教育强镇17个。为创建广东省教育强县，新增校园面积19.36万平方米，新建校舍18.32万平方米；新建36个塑胶运动场，增建塑胶运动场35个；建成标准化学校37所（含民办学校）；建成规范化幼儿园34所。还新建特殊教育学校、阳明镇中心幼儿园、贝墩学校、九连中学、礼士中心小学等5所学校，另有7所学校扩建规模超原来一倍。又对县广播电视大学、教师进修学校、县成人文化技术学校、县职业技术学校进行修缮扩建。全县教育基础设施得到全面加强。

在创建教育强县过程中，和平县委、县政府高度重视学校的布局，将全县286所学校调整优化为普通高中2所、中职学校1所、标准化学校37所（含民办学校东华学校）、教学点188个、幼儿园65所，基本实现"调好格局、调美环境、调优管理、调强师资、调高水平"的目标，使基础教育均衡发展的步伐大大加快。

2015年12月，和平县教育"创强"工作通过广东省人民政府验收，评为广东省教育强县。2016年，完成了青州镇"创强复评"省级督导验收。2017年，完成彭寨、优胜、长塘、下车、上陵、大坝、浰源、公白、古寨等9个镇"创强复评"。

在开展教育"创强"的基础上，和平县还开展了创建国家义务教育基本均衡县。县委、县政府对照国家要求，加大资金投入。全县36所（含教学点188个）义务教育学校达到国家"全面改薄"20项底线以及义务教育基本办学条件11项指标要求。全县义务教育学校生均建筑面积、体育活动场地、功能室、图书册数等指标均达标。小学班额达标学校为84%，初中班额达标为86.96%；中小学师生比例、教师学历达标率、学生平均公用经费达标学校比例均为100%。2015年10月，和平县顺利通过国家义务教育发展基本均衡县督导评估认定。

2016年，和平县按照上级全面开创教育现代化工作要求，制订《和平县创建"和平县推进教育现代化先进县"工作实施方案》，投入5.1亿元，对全县各学校的信息化建设、功能室设施设备配套、图书配置、学历提升、师资培训、内涵建设、购买服务等项目进行质量提升，为全县教育现代化建设提供了强大动力。随着城镇化建设不断推进，在县城置业和务工人员的子女日益增多，为了缓解县城学位紧张状况，促进教育现代化，2017年县政府投入3.14亿元，在县城建设了华强中学、福和小学、城南小学三所学校，共征地12.5万平方米，建设校舍5.8万平方米，规划学位4800个（华强中学2100个，福和小学1350个，城南小学1350个）。三所学校均于2017年9月如期开学。

至2017年，全县共有幼儿园68所，其中，规范化幼儿园35所；公办幼儿园20所，民办幼儿园48所。全县在园幼儿数15570人，学前三年入园率92.11%，规范化园覆盖率51%，公办园覆盖率29%。有小学15所（含小学教学点195个），在校生39534人，校均规模1520人。小学入学率100%，巩固率100%，小学升初中比例100%。"三残"儿童少年毛入学率97%。全县共有普通初中25所，在校生数14064人，每年有初中毕业生4232人，初中规模趋于合理，校均规模568人。初中巩固率为100%。初中毕业生升入高中段比例为98.4%。全县普通高中4所，2017年全县普通高中毕业生数2322人，招生数2850人，在校生数7794人。中等职业学校1所（和平县职业技术学校），学校占地面积59100多平方米，建筑面积35400多平方米，在校学生1970人。有特殊教育学校1所（和平县和爱学校），该校于2016年秋季开始招收具有和平县户籍的学生。是年，招收学生42名，按智力程度分3个班，根据师资和学生的实际情况，开设了劳技训练、感统训练、娱乐体育等特色课程。

教师队伍建设得到加强。至2017年，全县幼儿园教职工1375人，其中教师725人；中小学共有教职工5466人，专任教师4904人，教师学历达标率为100%。

2017年和平县参加高考人数2807人，普通本科入围794人，对比市定任务767人超出27人。重点本科入围158人，重点本科入围率5.63%。

二、文化体育事业稳步发展

改革开放后，和平县文化体制改革稳步推进，基层公共文化服务设施不断完善，文化体育事业步入健康有序的发展轨道。

各级公共文化建设不断加强　1981年由广东省人民政府拨出专款，在和平县城人民体育场西侧，新建一座1100平方米面积的四层砖混结构的文化馆，内设舞厅、展览厅、游戏室、演出舞台和职工宿舍。从此，镇级文化站也陆续恢复，至1985年县内一共建起了20个文化站，各个站都配备办公场地、活动场地和其他文体设施，方便群众开展文化活动，至2017年底，全县有镇级文化服务站17个，其中广东省一级文化站1个、二级文化站13个、三级文化站3个，有文化信息共享工程服务网点244个，农家书屋235家。

和平县图书馆于1986年10月重新开馆，建筑面积1200平方米，内设书库、流动书库、外借处、综合阅览室、参考室、信息室、采编室，馆藏图书2万册。1994年，被国家文化部定为国家二级图书馆。2017年7月完成第六次全国县级以上公共图书馆评估定级工作并通过省专家实地考查验收。是年，县图书馆新购进纸质图书5.66万册，新订阅报刊343份，总藏书量达22.67万册。2017年接待进馆人数36.15万人次（含流动馆人数），外借图书3.83万册，网上咨询总件数2937件。

和平县博物馆于1982年建立，1984年在东山岭西南坡矮山征地5000多平方米兴建馆舍，内设750平方米的陈列楼。2003年，因为东山岭治理地质灾害而拆除。2007年，在东山岭阳明公园内重新建筑馆舍，2009年竣工。新建博物馆占地面积1500平方米，建筑面积2973平方米，加挂"王阳明博物馆"牌子。

广播电视事业日新月异。改革开放初期，各乡镇先后有电视差转台。1994年县城开播有线电视，用户仅6000多户。1995年全县有19个镇建成有线电视网络，传播电视节目多达10套以上。此后，政府不断加大投入整合网络，不断扩大覆盖面。至2017年，和平县广播电视台具备了采、编、播、存的技术能力，共有有线数字广播电视用户4.4万户。

21世纪以来，随着经济的高速增长，人民群众对于文化的发展提出了新的要求，和平县文化事业建设工作也迈入了发展新阶段。2002年，县政府重新设置文化局，主管文化艺术事业和文化产业，承担音像制品进口管理、文化管理工作。2005年组建和平县文化广电新闻出版局，主管全县文化、广播电视、新闻出版、版权等方面工作。2006年设立和平县文化市场综合执法队，负责管理文化市场经营秩序。

党的十八大之后，政府部门把"文化和平"建设摆到更加突出的位置，坚定文化自信，不断加大对文化基础设施的投入。2017年初，和平县启动县图书馆、文化馆新馆建设，将"两馆"建设项目列入《和平县"十三五"规划纲要重大建设项目》及和平县2017年十件民生实事。

文化软实力不断提升　改革开放以来，和平县充分挖掘客家文化、红色文化、王阳明文化，文化活动呈现出百花齐放、百家争鸣的良好氛围。20世纪70年代，和平县采茶剧团曾在县内外移植演出过《江姐》《梁山伯与祝英台》等20多个大型古装和现代戏。当年每逢演出万人空巷，民众争先一睹为快。1982年，香港海燕唱片公司曾慕名前来录音灌制了《三凤求凰》《梁山伯与祝英台》全剧，后来该录制片还向港澳地区和内地各省区市发售。1995年，由县内剧作家曾庆端创作改编的《新三字经》、社会公德《四字歌》专场文艺节目曾在河源市会议中心演出，获得好评，后来赴阳江市、汕头市等地演出共600多场，演出收入60多万元，创造了县剧团有史以来演出场次和收入的最高纪录。当年该剧团被广东省委宣传部授予"上山下乡服务基层先进集体"荣誉称号。2008年，和平县选送歌手余西托参加全国首届客家山歌大赛，他演唱的客家山歌《酒壶酒杯慢慢斟》喜获金奖。

党的十八大以来，和平县文学艺术界联合会属下注册成立的协会不断增加，计有书法协会、摄影协会、和声民乐团、奇石盆景根艺协会、文学协会、舞蹈协会、诗词楹联协会、庐江舞龙舞狮艺术团、音乐协会、阳明摄影协会、客家文化发展促进会、汉文化促进会、民俗文化研究会、朗诵艺术协会、林寨民间文化促进会、美术协会、阳明艺术团、东方客家山歌艺术团、峭山客家文化促进会等，共有会员1000余人。这些文化艺术团体的成立，聚集了县内外各类文化艺术人才，为他们施展艺术才华提供了舞台。全县群众性文艺活动有如雨后春笋，蓬勃开展。各类主题文艺晚会、诗词朗诵会、送春联下乡、摄影展出、专题讲座、送戏下乡争先登场，各类文艺爱好者还经常参加省、市文艺活动，大展身手。

2012年，和平县选派的3个节目在中国第二届客家文化节"客家山歌大家唱"活动中荣获"两金一银"的好成绩。和平县老文艺家陈青的《陈青戏曲作品集》获评河源市2015—2016年度"文艺精品"。热水镇文化站王雪松的作品客采戏《送礼》剧本荣获广东省2016年度群众文艺作品评选戏剧类三等奖，2017年8月份参加市第二届"清风廉韵"群众文艺作品大赛并获一等奖。2017年和平县选送歌曲《山歌妹子一枝花》参加河源市第五届客家山歌表演赛，荣获金奖。

2017年，和平县阳明摄影协会会员陈永生的摄影作品《金龙闹春》获"河源市第三届美术书法摄影作品联展"金奖、"广东省第十四届美术书法摄影作品联展"铜奖，朱仁恩的摄影作品

《火树银花》、赖庆宜的摄影作品《山舞银蛇》分别获"河源市第三届美术书法摄影作品联展"金奖。和平县美术协会会员周振利的美术作品《古村》获"河源市第三届美术书法摄影作品联展"金奖。

红色历史文化资源得到保护和开发利用。1981年成立中共和平县委党史资料征集研究领导小组和中共和平县委党史资料征集研究委员会，开始对和平县红色历史文化展开研究，出版了一批专题史料、研究论文和史书，其中包括《和平党史资料汇编》共11辑、《中共和平组织史资料》。1990年3月，成立了中共和平县委党史编纂委员会，先后完成《和平英烈》《中共和平党史大事记（新民主主义革命时期）》《中共和平党史大事记（1949.10—2000.12）》《浰江怒涛》《九连山上一棵松——曾源》《和东风云》《林镜秋纪念文集》等史籍，其中《九连山上一棵松——曾源》一书获得"2009—2012年度广东省党史部门党史优秀成果"著作类三等奖。2005年开始《中国共产党和平县历史》的编纂工作；2013年《中国共产党和平县历史》第一卷（1919—1949）正式出版。至2017年12月已全面完成《中国共产党和平县历史》第二卷（1949—1978）编纂工作。

同时，还开展了红色革命历史遗址普查工作，公布革命遗址名录51处，并勒碑纪念。先后对中共和平县第一个支部旧址——热水镇东华小学、中共九连地委旧址——青州镇永丰村朝科、连和县人民政府旧址——青州镇山塘村中心围、中共和东县委驻地旧址——东水中心小学、和东行政委员会旧址——古寨镇河东村嶂下、中共九连工委第一期青年干部训练班旧址——青州镇永丰村永兴围进行修缮和布展，建成了一批中共党史和革命传统教育示范基地。

2014年5月，和平县成立王阳明研究会，开展王阳明文化系统研究。2016年6月8日至9日，河源市社科联与和平县委、县政府联合举办以"阳明心学与和平地域文化构建"为主题的研讨会，来自国内外的著名专家学者100余人参会。会议收到90多篇论文。与会人员考察了和平县内多处王阳明史迹点，对王阳明提出"破山中贼易，破心中贼难"的心学理论专门开展研讨，多位专家认为和平县是阳明心学的完善地，是王阳明"立德、立言、立功"的实践地，为和平宣传王阳明文化做出了诠释。

在漫长的历史进程中，和平县沉淀了丰富的文化内涵。县域内有先秦遗址116处，占整个东江流域古遗址的75%，是东江文明的重要发祥地之一。至2017年底，和平县已查找出212条非物质文化遗产资源线索，重点普查项目85项，省级非遗项目4项，市级非遗项目22项，县级非遗47项。和平县博物馆馆藏文物共达14490件，有珍贵文物132件（套），其中二级文物7件、三级文物124件。县域内有不可移动文物517处。

改革开放后，和平县更加注重对历史、文化、政治、社会、经济的综合记述，开展史志编纂工作。1984年1月成立县志编委会及其办公室，组织人力编纂《和平县志》，经过10多年的努力，1999年新编《和平县志》正式出版。2013年，和平县《和平年鉴》创刊。2016年，在广东省地方志办的统一部署下，开展自然村落历史人文普查工作，并完成《全粤村情》（和平卷）编纂。同时对古驿道进行专项普查，基本查清了县内3条古驿道及8个驿铺的遗存情况。

体育事业蓬勃发展 改革开放以来，和平县群众性体育活动得到普遍开展。1983年，和平县武术协会成立。此后，长塘、大坝、彭寨等11个镇相继成立基层武术协会，其他体育协会如雨后春笋相继成立。至2017年，和平县有老年人体育协会、羽毛球协会、乒乓球协会、棋牌协会、钓鱼协会、龙狮协会、武术协会、太极拳协会、广场舞协会、篮球协会、足球协会、游泳协会、全健排舞协会、自行车协会、登山协会、东水镇篮球协会、彭寨镇篮球协会、贝墩镇篮球协会、青少年展翅乒乓球俱乐部、明和足球俱乐部、金茂足球俱乐部共18个单项协会和3个俱乐部。各体育协会不定期举办各种赛事，开展各种活动，极大丰富了人民群众的文体活动，人民群众身体素质明显提高。

学校体育工作是群众体育运动的重要组成部分，也是提高全民身体素质的重要途径。和平县高度重视学校体育工作，1973年县教育局专门配备体育干部，1993年教育局增设体卫股，专管学校体育卫生工作。各完全中学设立文体处，初级中学设立体育教研组负责体育工作。1987年起，初中升高中全省统考规定，体育课要作为一门学科参加升学考试，促进了学校体育工作全面有效开展。同时，在普及九年义务教育、学校"改薄"过程中，不断完善"四室一场"，特别是在"教育创强"工作中，各学校的体育运动场所都得到改造升级。

2009年国务院将每年的8月8日设置为"全民健身日"后，和平县全民健身活动更加蓬勃发展，每逢健身日，县内都会举办健身活动，引领和带动广大人民群众参加体育运动。近年来，随着广场舞的广泛开展，从城市到乡村，随处可见广场舞者的身影。2017年和平县城有全民健身活动点有23个，每天参加健身舞（操）的人数在1600人以上，还有登山、步行、篮球、门球、乒乓球、足球、气排球、钓鱼等，每天参加健身活动的人难计其数。

竞技体育成绩斐然。1984年国庆节，在县城举办和平县第三届运动会，参加的有28个代表团，运动员1550人。比赛项目有男女篮球、男子排球、男女乒乓球、男子自行车、田径、武术等，有6人在9个项目中打破了县纪录。2002年10月，在县城举办和平县第四届运动会，参加的代表团有31个，运动员968人。比赛项目有男女篮球、男子足球、男子乒乓球、田径、象棋、县直女子拔河，有5人在2个项目中打破了县纪录。

1996年5月12日，全国第四届残疾人运动会在大连举行，和平县残疾运动员黄培先荣获52公斤级力举（155公斤）第一名、卧举（165公斤）第一名。同年8月，黄培先参加美国亚特兰大奥运会，获得48公斤级卧举第五名。

2004年11月至2016年，河源市共举办四届运动会，和平县共派出运动员1106人次参加，共获得金牌239枚、银牌96枚、铜牌98枚。其中，和平县选手在2012年河源市第二届运动会中获得金牌110枚，金牌数在全市排名第二，团体总分全市排名第三。

2013年5月16日，和平县运动员滕志强在全国激流回旋锦标赛暨全运会选拔赛中获得男子单人划艇第一名。2013年9月3日，滕志强在全国第十二届运动会中获得男子单人划艇第一名。

体育设施建设日新月异。1992年冬，和平县政府在县城北楼岗兴建400米八跑道运动场，1995年完成第二期工程。

党的十八大以来，县委、县政府进一步加大对体育设施的建设力度，让群众有更多的幸福感、获得感。2012年，建成福和体育公园，为市民健身娱乐提供新的场所。2013年建成和平县体育馆，设有室内篮球场，为在各种天气下举办篮球赛事提供了保障。2016年，在福和产业转移园内建成福和文体广场，为广大市民和外来务工人员提供了更加便利的体育锻炼场所。2016年，县政府对北楼岗运动场进行升级改造，铺设塑胶跑道，建成标准化足球场、篮球场，县城体育施设得到质的飞跃。

三、医疗卫生事业飞跃发展

改革开放后，和平县加大卫生事业投入，积极改善群众就医条件，以满足人民群众日益增长的医疗卫生需求。

医疗基础设施建设日益完善 1985年，有县级医院7间、乡镇卫生院19间，设病床393张。为方便群众，各镇卫生院在适当地段设立医疗站共289个。全县共有卫生技术人员521人。

2013年10月，和平县新人民医院建成并投入使用，县城医疗环境和服务能力得到质的飞跃。新人民医院占地总面积约6.5万平方米，建筑面积5万平方米，业务用房面积4.5万平方米，是邻近县规模较大、技术力量最强、功能齐全的一所集医学、预防、教学、康复和保健服务于一体的县医疗中心、急救中心、医学检验中心和康复疗养中心。至2017年，和平县人民医院建有门诊楼、住院楼、医技楼、传染楼、行政楼，核定床位数500张，开放病床600张；设置临床科室22个、医技科室6个、医辅科室6个、行政后勤科室17个，设有ICU（重症监护病房）、NICU（新生儿重症监护病房）、肛肠专科门诊、不孕不育专科门诊、心血管专科门诊、肝病专科门诊、胃肠专科门诊、盆底功能康复中心等门诊专科科室；配置专科医疗设备734件（套），万元以上医疗设备541件（套），十万元以上医疗设备175件（套），百万元以上医疗设备18件（套）。

全面完成乡镇卫生院标准化建设，乡镇卫生院配置"五个一"医疗设备：一部救护车、一台500毫安X光射线机（中心卫生院配备DR）、一台B超仪（含黑白B超及彩色B超）、一台心电图仪、一套全自动生化分析仪。和平县中医院迁址新建项目于2015年启动，迁建项目占地面积15000平方米，建筑面积20337平方米，投资1.33亿元，设病床250张，建设内容包括门诊住院综合楼、行政楼和中药炮制楼，内设门诊（急诊）部、住院部、行政管理、后勤保障和院内生活服务配套设施等。该项工程于2017年11月开工建设，工期两年。

和平县急救指挥中心建成并投入使用，总投资1700多万元。在市内县区级率先开通120急救指挥中心，设立和平县人民医院、中医院、妇幼保健院三个分站和17个镇级急救网点，入网救护车22辆。2017年9月，和平县组建以县级医院为核心、基层卫生院作为分院的医疗联合体。县人民医院与彭寨、热水、阳明、合水、上陵、青州、浰源、古寨、贝墩等9间卫生院组建医联体，中医院与下车、林寨、长塘、优胜等4间卫生院组建医联体，妇幼保健院与东水、礼士、公白、大坝等4间卫生院组建医联体。同时对全县61间村级卫生站进行了规范化建设。

至2017年，全县共有各级各类医疗卫生机构321间，其中县级医疗卫生机构7间；基层医疗卫生机构289间，其中卫生院17间、村卫生站263间；民营医疗机构25间，其中民营医院3间，个体诊所22间。全县各级各类医疗卫生机构总床位1311张，其中县级公立医院730张，占比55.7%；镇级（中心）卫生院235张，占比18%；民营医院296张，占比22.6%；专业公共卫生机构50张，占比3.8%。全县在岗卫生人员为1772人，其中执业（助理）医师677人，注册护士913人，检验师（士）104人，技师（士）58人，药师（士）20人，每千人口拥有执业（助理）医师1.7人、注册护士2.34人，医护比为1∶1.35。

医技水平不断提高　随着医疗条件的改善，医疗水平也不断提高。至1995年止，县人民医院、中医院等医疗单位已能进行普通外科的各种手术与某些颅脑外科手术、一般骨科手术、妇产科的子宫次全摘除等手术。2013年3月，妇幼保健院在县内率先开展妇科腹腔镜微创手术、无痛分娩、新生儿重症抢救、利用四维彩超技术对胎儿进行畸形筛查。

2016年，和平县人民医院开设重症医学科及远程会诊平台，在县妇幼保健院设立出生缺陷干预中心、新生儿危急重症救治中心、孕产妇危急重症救治中心。逐步拓展对外交流与合作，目前已与广东省人民医院、深圳市人民医院、北京大学深圳医院、广州华侨医院、中山大学附属第八医院、南方医科大学第五附属医院、广州医科大学第一附属医院、河源市人民医院等八家上级医院在学术和技术方面展开广泛交流与合作。另外，县人民医院借助信息化技术，推进"互联网+医疗"服务，成立广东省网络医院和平县人民医院分院、远程会诊中心和远程心电诊疗项目，又率先在全市开展了"互联网+在线诊疗""互联网+远程心电诊断"便民服务平台建设，与省第二人民医院合作建立远程心电监护中心和在线诊疗，有效整合全县卫生资源；全县17个镇卫生院及167个村卫生站安装并使用远程心电监护设备，达到医改工作"资源下沉，重心下移"的要求，让广大群众真真正正感受到"看病不用东奔西跑，省级专家就在家门口"的便利，为小病不出村、大病不出县的分级诊疗打好坚实基础。

全面实施中医药服务能力提升工程，中医药服务体系进一步完善。和平县中医院的中医骨伤科、针灸理疗科、脑病科、糖尿病科是省级建设重点专科，配备有进口彩色B超、DR、电子胃镜、体外反搏碎石机、疼痛治疗仪、全自动生化分析仪、全自动血液分析仪、呼吸机、颈腰椎电动牵引床、C型臂X线机等医疗设备。县中医院制定了能力建设、人才培养、专科建设等中医药服务能力提升建设方案，在各医疗机构大力推广中医适宜技术，开设针灸理疗、中药熏蒸、穴位注射、推拿按摩等中医适宜技术。全县17间镇级卫生院完成了"中医馆"建设，为群众提供"简、便、验、廉、安全、有效"的中医药服务。

医疗保障体系全面建成　为解决群众看病贵问题，2003年，和平县建立农村合作医疗制度，此后群众医疗卫生保障水平逐年提高，报销封顶线从2003年的600元提高到2009年的50000元，7

年间，保障水平提高了82倍多。2003年至2009年12月31日止，全县共有96034人次住院报销医药费，共报销补偿9953万元，人均住院费用2410元，人均补助额1036元。另外，发放合作医疗救助金205.48万元，获得合作医疗救助的有1876人。

2014年1月1日起实行全市统一的城乡居民基本医疗保险。2017年，和平县参加城乡医保人数达441121人。报销范围拓展至住院、普通门诊、特定病种门诊、急诊、留院观察、大病保险，报销封顶线达到25万元。普通住院实现全省定点医院直接报销结算。同时，利用现代信息技术建设便民服务平台，和平县人民医院、县中医院、县妇幼保健院均开通了微信公众号、支付宝生活号等便民平台，实现手机预约挂号、缴费、查询检查结果的功能，有效缩短了患者就诊时间，改善就医环境和患者就医体验。

公共卫生防疫与优生优育全面实施 改革开放以来，和平县积极开展公共卫生防疫工作。实行综合管理和积极的预防措施，传染病的发病率明显下降。1983年11月，经国际麻风病协会、广东省及惠阳专区考核，认定和平县已达到国家规定指标，成为广东省第一个基本消灭麻风病的县。

1985年5月，和平县设立爱国卫生运动委员会办公室，每年正常开展全民爱国卫生运动，促进和提高全县人民卫生思想意识和身体健康素质。

2003年，和平县在原卫生防疫站的基础上，建立疾病预防控制中心。该中心设有工作用房2158平方米，其中实验室用房1200平方米，拥有气相色谱仪、原子吸收仪、全自动生化分析仪、血细胞分析仪、酶标仪、X光机、一氧化碳分析仪、甲醛分析仪等一批仪器设备。

近年来，和平县疾病预防控制中心对一些重点传染病（如禽流感、手足口病、艾滋病、不明原因肺炎等）进行监测，还定期对艾滋病患者进行随访，对监管人员进行筛查，对医疗机构有关传染病监测报告的工作进行监测，保证疫情报告工作质量。全面实行传染病网络直报和登革热虫媒伊蚊监测。对各乡镇开展碘缺乏病防治及饮水型氟中毒监测。对全县儿童实行卡介苗、脊灰、百白破、乙肝、乙脑等免疫接种；做好乡镇预防接种人员培训工作。

2003年成立和平县卫生监督所，对全县公共场所经营单位（酒店、旅馆、美容美发店、娱乐场所等）进行监督管理，监督覆盖率达85%以上。凡是卫生合格的经营单位发给卫生许可证；新上岗的从业人员，上岗前要参加卫生知识培训。对市政供水、农村集中式供水、农村学校自建设施供水开展不定期的监督检查。对全县中小学校每学期监督检查一次，重点检查传染病防控工作、生活饮用水的管理、教学环境、教学设备设施、学生住宿环境等卫生状况。

1986年成立和平县计划生育服务站，开展计划生育技术服务、优生优育、生殖保健、药具发放、随访服务、人员培训和妇科病检查与诊治，还为符合生育条件的人进行了免费孕前优生健康检查，规范计生药具管理和发放等等。2015年，县人口与计划生育局同县卫生局合并，计划生育服务站并入县妇幼保健院，并设立和平县出生缺陷综合干预中心，为全县孕妇、新生儿提供产前筛查和新生儿疾病筛查。2016年设立和平县孕产妇危急重症救治中心及新生儿危急重症救治中心。

1992年设立和平县红十字会。红十字会在自然灾害和突发事件到来之时，依法接受国内外组织和个人的捐赠，及时向灾区和受难者提供人道主义救助等。

经过改革开放40年的发展，和平县的卫生事业得到长足的发展，老百姓逐渐享受到改革开放的成果，看病难、看病贵的问题大大减少。

附　录

附录一 **和平县革命遗址名录**

序号	遗址名称	所在地
1	中共和平县第一个支部旧址	热水镇中兴村东华小学
2	中共九连地区工作委员会旧址	青州镇永丰村朝科
3	连和县人民政府旧址	青州镇山塘村中兴围
4	中共九连工委军政干部培训班旧址	青州镇永丰村河洞围
5	和东行政委员会旧址	古寨镇河东村嶂下
6	中共和东县委旧址	东水镇中心小学
7	聚史革命烈士纪念碑	彭寨镇聚史小学背山
8	中共九连工委、九连山游击队总部旧址	青州镇永丰村斋公背
9	中共四联中学支部旧址	彭寨镇
10	四联中学革命烈士纪念碑	彭寨镇
11	中国工合和平县印刷社旧址	阳明镇金带路和平印刷厂
12	东纵三支队挺进九连山首达地	热水镇新洞村下前
13	东纵三支队总部、中共九连工委旧址	热水镇九连村野猪窝
14	张觉青烈士纪念亭	热水镇南湖村石圳（原址）
15	热水革命烈士纪念碑	热水镇政府背山
16	中共和平县委第一期党员干部培训班旧址	热水镇下径村三企人

（续上表）

序号	遗址名称	所在地
17	方华故居	热水镇中兴村上楼
18	黄志猷故居	热水镇街背
19	中共九连地区工作委员会旧址	青州镇永丰村竹林居
20	青州革命烈士纪念碑	青州镇街镇北面小山
21	中共和平（西）县委旧址	大坝镇大坝中心小学
22	曾源故居	大坝镇鹅塘村
23	黄华明故居	大坝镇高发村新田
24	中共石含支部旧址	下车镇育成小学
25	周宝时故居	下车镇石含村
26	东水围歼战遗址	东水镇街背
27	骆维强故居	东水镇大坝村
28	骆冠宙故居	东水镇大坝村
29	中共和东区第一个支部旧址	东水镇大坝村
30	中共九连山临时工委扩大会议旧址	东水镇大山赵公庙
31	奇袭彭寨战斗旧址	彭寨街镇
32	高山乡人民政府遗址	彭寨镇隆周村
33	"肖氏三杰"烈士墓	彭寨镇群联村白石岗
34	林镜秋故居	古寨镇水西社下
35	林启连故居	古寨镇水西下园
36	中共和平县委旧址	阳明镇解放路考亭居
37	张觉青烈士故居	阳明镇解放路
38	中共和平中学支部旧址	和平中学
39	和平县革命烈士纪念碑	阳明镇先烈路

（续上表）

序号	遗址名称	所在地
40	黄华明活动据点旧址	上陵镇岑岗小学
41	岑岗战斗遗址	上陵镇岑岗寨西村
42	河明亮战斗遗址	贝墩镇河明亮大桥
43	中共九连临时工委扩大会议遗址	浰源镇洪浰村眼坑水
44	中共和平县委第三期党员干部训练班旧址	热水镇北联村兴隆
45	中共和西县委重要联络站旧址	阳明镇珊瑚村三背坑
46	捕狼山战斗遗址	青州镇先锋村湖塘围
47	连和人民义勇大队总部旧址	青州镇星塘村新寨
48	九连山区人民自卫总队医务所旧址	热水镇焦坑
49	粤赣边支队交通站旧址	彭寨镇群联瓦屋
50	和平人民义勇队交通站旧址	东水镇梅花村增洞
51	和平县立第四短期小学旧址	浰源镇山下村

和平县老区村庄名单

镇别	行政村	老区村庄名称	类型
热水	下径	鱼福、富斗洪、柑树坪、大潮背、陶福、高车坝	抗日战争
	南湖	热水、模溪、石圳、新洞	抗日战争
	田心	塘河、田心、大岭、陈坑	抗日战争
	九连	邓李坑、来人坑、若子坝、尖背、上营、下营	抗日战争
	北联	增光、赤光、叶村、卢联、新联、兴隆	抗日战争
	联丰	罗香、杉树下、中心	抗日战争
	中兴	罗村、永溪、王潭	抗日战争
青州	星和	星和	抗日战争
	星兴	星兴	抗日战争
	星联	星联	抗日战争
	星塘	星塘	抗日战争
	永丰	永丰	抗日战争
	先锋	先锋	抗日战争
	船埠	船埠	抗日战争
	山塘	山塘	抗日战争
	新建	新建	抗日战争
	片田	片田	抗日战争

（续上表）

镇别	行政村	老区村庄名称	类型
古寨	梅华	太阳、上坑、珠华、田心、园坑、罗地坑、杨梅、乌石、古瓦前、红桃	抗日战争
	河东	肖屋、裕子、新村、长排、陈屋、嶂下、桃子（原属嶂下）	抗日战争
	水西	坑尾、下园、永吉、社下、河树、河西（原属河西）	抗日战争
	三联	鸣丰、叶坑	解放战争
	丰和	丰裕、东江、维修	解放战争
	南兴	下良、连塘、锡光、河口、石塘	解放战争
	前程	东江、中心、杨屋	抗日战争
彭寨	泮溪	华星	抗日战争
	九子	九子	抗日战争
	群联	群联	抗日战争
	川九	川九	抗日战争
	二六	二六、芹塘	抗日战争
	宏星	大鱼塘、黄沙	解放战争
	梅园	大坪、梅溪、梅坪、观政、上园、下园、炉洞	抗日战争
	彭镇	华表	抗日战争
	星丰	七星、星恒、片田、含水	抗日战争
	寨下	河背、寨下	抗日战争
	隆周	上大龙、大龙、上田、下田、龙塘	抗日战争
	兴隆	南溪、吉嶂	抗日战争
	光溪	黄土坑、光子嘴	抗日战争
	墩史	豺肚狸、罗珠	抗日战争

（续上表）

镇别	行政村	老区村庄名称	类型
彭寨	长沙	牛角围、坑尾	抗日战争
	聚史	十聚围、塘背	抗日战争
	马塘	墩子头、南吉	抗日战争
	土厘	古楼、石排	抗日战争
	西长	长岭、五一、东风、甘一、甘二	解放战争
	三溪	荞下、林屋、大陈、中心、丰洞	解放战争
	岭西	横坑、新村、三雅塘、中心、围罗、坪营	解放战争
	玉水	大水、玉领、高塘	解放战争
	公和	塘屋、高塘、高楼、上围、中心、田心、龙心、洋畲	解放战争
公白	东联	山掩 新基一 新基二 大塘	解放战争
	新陂	丰岭 半坑 中心	解放战争
	新聚	楼下 坳下 大布 双汤 上塘 松沥	解放战争
	塘角	柯树 围子 新街 塘角	解放战争
阳明	丰道	秀山	抗日战争
	均联	社下	抗日战争
	新社	角前	抗日战争
	新塘	新门	抗日战争
	星星	朱屋	抗日战争
	大楼	芹菜塘	抗日战争
	谢洞	波罗、中心、象国、龙塘、水口、漂塘	解放战争
	均通	西坑、河东、河西、东坑、西尔、下径、三联、纸新	解放战争
	城东	东坝	抗日战争

（续上表）

镇别	行政村	老区村庄名称	类型
阳明	聚兴	上坝、车田、双茅	解放战争
	坪地	坪地、中心、三联、坪肚、柳营	解放战争
大坝	上镇	上镇	抗日战争
	半坑	半坑	抗日战争
	高发	高发	抗日战争
	水背	水背	抗日战争
	鹅塘	鹅塘	抗日战争
	石谷	石谷、蕉山	抗日战争
	坪溪	大坑、横坑、大田	解放战争
	石井	石甲、中井、树塘、婆塘、门山	解放战争
	龙狮	崒营、龙胜、下龙、下溪、水头	解放战争
长塘	鹅塘	鹅新、鹅中	解放战争
	龙陂	甘坑、上村、含水、横塘、黄陂、山下、树前、彭塘	解放战争
	罗福	罗业、罗联、罗星	解放战争
上陵	翠山	翠山	抗日战争
	富良	富棚、新良、芙容	解放战争
	百龙	瑞塘、兴龙、兴正、三益	解放战争
	寨西	雅古、张仙、汶通、寨东、寨西	解放战争
	上陵	大塘、田心、严坑、张屋、山下	解放战争
	米福	盘石、下河、塘尾、大尖	解放战争
	下陵	高陂、中心、柳叶、富寨	解放战争
	新民	新塘、田龙、树民、仔田、井光	解放战争

（续上表）

镇别	行政村	老区村庄名称	类型
上陵	瑞州	西湖、大坊、小片、契石	解放战争
	中洞	园塅、中心、社洞、水口、永安	解放战争
	丰溪	东河、新社、百塘、小溪	解放战争
下车	石含	石含	抗日战争
	河排	河排、上园	抗日战争
	狮形	狮形、仕岗	抗日战争
	雪一	连塘湾、福田、张坡、长文	抗日战争
	雪丰	丰嶂、东岭、竹背	抗日战争
	和二	铁岭、林坑、丰田	解放战争
	群丰	紫岭、丰南、杨坝、梅坪、石溪	解放战争
	云峰	李丰、仕坪、上围	解放战争
优胜	优镇	李塘	抗日战争
	鱼溪	浊水、甜鱼	抗日战争
	优二	大坪、上村、福中	解放战争
	秀溪	水金、水联、水中、秀河、秀江	解放战争
贝墩	树华	树华、伟光、横山、长吉、中心、大平、卫东、中东、堂下、群联、虎心、水晶	抗日战争
	河溪	狮形、塘尾、高山、古角、河溪	抗日战争
	共荣	石人塘	解放战争
	上溪	中心、大厅、粘田	解放战争
	三多	热水、大富、成坑、康湖	解放战争
	南坝	罗里塘、陂美、南坝、三口、黄湖、学东、下肖、低塅、杨屋、大鱼潭	解放战争

（续上表）

镇别	行政村	老区村庄名称	类型
贝墩	石村	石坑、营下、三合、畲禾、黄洞	解放战争
	下溪	凹下、塘肚、楼溪、社下	解放战争
	镇行	陶前、石牙、慎犖、华强、南华、蓝坑、水口	解放战争
东水	大坝	中心、田心、山背、新塘、塘背	抗日战争
	上坝	雄狮、上坝	抗日战争
	长热	大山	抗日战争
	曾坑	曾坑	抗日战争
	莫丰	莫丰	抗日战争
	大田	大田	抗日战争
	宋龙	竹湖、宋洞	抗日战争
	甘蔗	甘蔗、蕉坑	抗日战争
	云星	云新、水云潭	抗日战争
	中心	中心、文新	解放战争
	显塘	新开、石富、显塘、成塘、坳背	解放战争
	成源	桃坑、矮塘、新车、乌田、山下	解放战争
	六联	大新、横江	解放战争
	新坪	高月、蝉光、东坝、桐坡	解放战争
	梅花	大坪里、增洞、兰龙、合坑、佘头、梅子阁	解放战争
	董源	上围、昌下、永新、新围	解放战争
	软坑	软坑、寨江	解放战争
林寨	明星	塘犖	抗日战争
	新兴	乌石	抗日战争
	中洞	中洞	抗日战争

（续上表）

镇别	行政村	老区村庄名称	类型
林寨	山前	新丰、西门、新屋、红岭、三联	解放战争
	严村	横径、东安、周屋、九龙、蓝屋、魏屋、赵屋	解放战争
	杨洞	社埌、塘田、红梅	解放战争
合水	大罗	新联、中心、塘镇	解放战争
	西坑	新营、新甘、树前	解放战争
	三联	柏树、合前、高梅	解放战争
	政和	寨和、政义、苏潭	解放战争
	丰洋	向东、河东、围心、上洞、下洞、百兴	解放战争
	金坑	析星、店墩、园潭、蓝坑	解放战争
	中和	公岭、茶田、岭排、蕉坑、新吴、眼坑角	解放战争
	彰洞	兴围、河新、新塘、丰楼	解放战争
	丰岭	甘新、蕉坑、树园、鲁岭	解放战争
礼士	黄矛	下挙、叶屋、华屋、中心	抗日战争
	三联	上洞、曲楼、茶墩	抗日战争
	澄心	茶坪、上下罗、桂树、新下、红光、苏坑	抗日战争
	龙水	聚兴、下龙、赤水	解放战争
	梅坝	上坝、塘山、营盘	解放战争
	大塘	坳下、茶耳	解放战争
浰源	洪浰	眼坑水	抗日战争
合计	145个行政村	477个村庄	

备注：因合并行政村原因，此表由和平县老区办根据广东省及河源市老区村庄名单重新整理。

后记

　　根据中国老区建设促进会《关于编纂全国1599个革命老区县发展史》的安排意见，和平县于2108年4月成立《和平县革命老区发展史》编委会及编辑部，正式启动编纂工作。在中共和平县委、和平县人民政府的高度重视和大力支持下，编委会及编辑部经过近三年的努力，圆满完成编纂任务，《和平县革命老区发展史》正式付梓出版，

　　编纂《和平县革命老区发展史》时间紧、任务重、要求高。为了高质高效完成编纂任务，编委会及编辑部采取了四项措施：一是走出去学习成功经验。2018年5月，和平县委主要领导指派县党史研究室和县老促会一行6人到南雄市学习经验，结合和平县实际，梳理编纂思路，搭建编纂框架，拟出本书的编写提纲。二是召开部门协调会。和平县委主要领导先后3次主持召开部门协调会，要求各编纂单位做到认识到位、领导到位和责任到位，安排好写作人员，抓好编写进度，落实好各项工作，确保书稿重点突出，亮点纷呈，特色鲜明。三是发动老促会理事积极参与。和平县老促会召开各镇老促会理事会议，部署《和平县革命老区发展史》编纂工作，动员全体理事积极参与编纂工作。四是广泛征求修改意见。初稿形成后，请专家、教授、离退休干部与编委会成员一齐审阅指导，再根据反馈意见，编辑部成员讨论、修改、增补。有的章节数易其稿，才最终定稿。

　　《和平县革命老区发展史》的出版，是和平县委、县政府高度重视和正确领导的结果，是各镇和县直部门通力合作的产物，是广大离退休干部，尤其是县老促会全体理事积极参与的业绩，是全体编纂人员辛勤劳动的成果。在此，谨向上述单位和人员以及所有关心支持本书编纂工作的同志表示衷心的感谢和致以崇高的敬意！

　　编纂《和平县革命老区发展史》工作量大，而编纂人员的写作水平和阅历有限，本书错漏之处在所难免，敬请读者批评指正。

《和平县革命老区发展史》编纂委员会

2021年1月

广东人民出版社　党政精品图书

围绕中心，服务大局，做最具高度、深度和温度的主题出版物

中宣部主题出版重点出版物

《中华人民共和国通史》（七卷本）

· 全国第一部反映中华人民共和国70年光辉历程的多卷本通史性著作

· 中央党校、中央党史和文献研究院权威专家倾力打造

《账本里的中国》

一册册老账本，串起暖心回忆，讲述你我故事，体味民生变迁。

《全国革命老区县发展史丛书·广东卷》

· 挖掘广东120个革命地区的红色记忆

· 中国老区建设促进会牵头组织

《红色广东丛书》

· 广东省委宣传部重点主题出版

· 传承红色基因，弘扬革命精神

本书配有智能阅读助手，为您1V1定制

《和平县革命老区发展史》阅读计划

帮助您实现"时间花得少，阅读体验好"的阅读目的

建议配合二维码一起使用本书

您可根据自己的学习需求，量身定制专属于您的阅读计划：

阅读服务方案	阅读时长指数	为您提供的资源类型	帮助您达到以下学习目的
1. 高效阅读	阅读频次 较低　每次时长 较短　总共耗费时长 ■■	总结类	快速学习和掌握红色精神。
2. 轻松阅读	阅读频次 较高　每次时长 适中　总共耗费时长 ■■■	基础类	简单了解革命老区的历史。
3. 深度阅读	阅读频次 较高　每次时长 较长　总共耗费时长 ■■■■	拓展类	继承和发扬红色精神，推动老区发展。

针对您选择的阅读计划，您可以享受以下权益：

立刻获得的主要权益

▸ **专享本书社群服务：** 提供创造价值与私密的深度共读服务，群内分享阅读干货，发起话题探讨

▸ **1套阅读工具：** 辅助您高效阅读本书，终身拥有

每周获得的主要权益

▸ **专属热点资讯：** 16周社科文学类资讯推送，每周2次

▸ **精选好书推荐：** 16周文学社科热门好书推荐，每周1次

长期获得的主要权益

线下读书活动推荐： 精选活动，扩充知识开拓视野
不少于1次

抢兑礼品： 免费抽取实物大礼
不少于2次限时抽奖

微信扫码

添加智能
阅读助手

只需三步，获取以上所有权益：

1. 微信扫描二维码；

2. 添加智能阅读助手；

3. 获取本书权益，提高读书效率。

❋ 鉴于版本更新，部分文字和界面可能会有细微调整，敬请知悉。